우리 아이의
행복한 미래를 준비하는
유대인 교육법

우리 아이의
행복한 미래를 준비하는

유대인 교육법

백종욱 지음

차례

프롤로그
　　　아이의 행복한 미래는 부모와의 올바른 관계에서 시작된다　　007

PART 1　행복을 준비하는 유대인 교육

1. 유대교와 유대인 교육: 배움의 진정한 의미와 가치　　017
2. 호기심: 끊임없이 배울 수 있는 힘　　028
3. 독서: 지식을 쌓아 지혜로운 삶을 산다　　036
4. 하브루타: 관계중심의 성장 학습　　046
5. 가정: 가정에서부터 시작하는 유대인 교육　　056

PART 2　마음을 키우는 유대인 교육

1. 모든 교육의 시작은 마음에서부터: 정서지능　　067
2. 자녀는 하나님이 맡긴 선물: 자존감　　077
3. 다름을 존중하는 유대인 교육: 개성　　085
4. 유대인을 지키는 힘: 정체성　　094
5. 이른 독립을 준비하는 유대인: 자립심과 책임감　　102
6. 유대인의 만족지연교육: 인내심　　111
7. 실패를 두려워하지 않는 유대인: 회복탄력성　　121
8. 인생을 즐기는 힘: 호프마(유머)　　130
9. 행복한 삶을 사는 유대인: 감사　　139

우리 아이의 행복한 미래를 준비하는 유대인 교육법

PART 3 미래를 준비하는 유대인 교육

1. 더불어 사는 세상을 만드는 힘: 인성　　　　　　　　　151
2. 미래를 향해 나아가는 힘: 꿈과 비전　　　　　　　　160
3. 글로벌 시대를 준비하는 힘: 외국어　　　　　　　　　170
4. 함께 하는 미래를 위한 투자: 자선과 나눔　　　　　　180
5. 실패를 두려워하지 않는 도전정신: 후츠파　　　　　　190
6. 미래라는 문을 여는 열쇠: 상상력과 창의력　　　　　　200
7. 합리적 판단과 문제해결 능력: 비판적 사고　　　　　　210
8. 함께 미래를 준비하는 힘: 협동과 협업　　　　　　　219

PART 4 아이의 미래를 준비하는 유대인 경제교육

1. 경제교육은 빠르게 시작하라　　　　　　　　　　　231
2. 경제교육은 가정에서부터 시작하라　　　　　　　　239
3. 미래를 준비하는 유대인 성인식 선물　　　　　　　　247
4. 함께 사는 세상을 위해 기부를 실천하는 유대인　　　255
5. 시간을 소중히 생각하고 활용하는 유대인　　　　　　262

PART 5 유대인 교육으로 준비하는 우리 아이의 행복한 미래

1. 모든 교육의 시작은 가정에서부터 시작된다　　　　　273
2. 행복은 바른 관계에서부터 시작된다　　　　　　　　280
3. 이 세상에 완벽한 부모는 없다　　　　　　　　　　287
4. 부모가 행복해야 아이도 행복하다　　　　　　　　　295
5. 유대인 교육의 성공여부, 관건은 실천이다　　　　　　303

프롤로그

아이의 행복한 미래는 부모와의
올바른 관계에서 시작된다

　대부분의 부모들은 자녀가 성공해서 잘 되기를 바란다. 나 역시도 그런 아빠였다. 아이가 행복한 삶을 살기 위해서는 제대로 된 직업을 가져야 성공할 수 있다는 생각을 가진 사람이었다. 그러기 위해 지금 힘들더라도 참고 견디며 열심히 공부해야 한다고 아이에게 늘 강요했다. 아이가 학교에 가고 학년이 올라갈수록 매일의 대화는 잔소리로 바뀌었다. 아이에게 자극을 주기 위해 마음에 상처를 주는 말도 서슴지 않았다. 그럴수록 단란했던 아이와의 관계는 점점 멀어지고, 아이는 아빠의 눈치를 보며 점점 말수가 줄어들었다. 아빠와 아이의 좋았던 관계가 무너지고 있었다.

　아이에게 상처를 주고 있는 것을 알면서도 한편으로는 아이 잘 되라고 하는 말이라며 혼자 위안을 삼기도 했다. 하지만 아이는 마음의 상처를 더 받았고, 아빠가 조금만 뭐라 해도 눈물을 흘렸다. 아이의 눈물에서 무언가 단단히 잘못되어가고 있다는 것을 깨달았다. 아이와 많은 것을 함께 하고 공감하는 아빠, 아이가 힘들고 어려울 때 언제든 달려와 기댈 수 있는 든든한 아빠가 되고 싶었다. 하지만 현실은 아이에게 쓴소리하는 무서운 아빠가 되어 있었다.

더 늦기 전에 아이와의 무너져버린 관계를 회복하기 위해 아내의 도움을 받으며 노력하기 시작했다. 혼자서 하는 노력은 한계가 있기에 각종 강연을 듣고 아버지 학교도 다녔다. 다양한 육아와 교육 관련 서적들을 읽었고, 성격과 태도에 관한 책들도 찾아보았다. 수많은 책과 강연 등을 통해 얻은 결론은 아빠인 나 자신부터 변해야 한다는 것이었다. 그동안 나는 아이를 있는 그대로 받아들이지 못하고, 나의 기대에 부응하도록 다그치고만 있었다. 아빠의 욕심이 아이의 행복을 빼앗고 있었던 것이다. 많은 반성을 하고 아이를 변화시키기보다는 우선 문제의 시발점인 나 자신부터 변하기 위해 노력했다.

대부분의 책들이 아이를 성공시키기 위해 잘 양육하는 방법들을 여러 가지 사례를 들어 잘 설명해 놓았다. 하지만 보다 근본적인 양육 방향에 대해서는 등한시하고 있다는 생각이 들었다. 수많은 책을 읽으며 얻은 결론은 양육의 방법이 아니라 방향이 제대로 서야 한다는 사실이다. 훌륭하고 좋은 양육 방법들이 좋은 열매를 맺기 위해서는 먼저 부모와 자녀 사이에 건강하고 바른 관계가 이루어져야 한다. 그렇지 않고서는 조그마한 시련에도 금방 힘들고 지쳐 마음이 금방 무너지기 때문이다.

나는 아이를 성공시키기 위한 방법이 아닌 바르게 키우기 위한 방향을 유대인 교육에서 찾았다. 내가 주목한 것은 세상적인 성공을 위한 유대인의 교육 방법 아니다. 유대인들이 어떻게 교육하는지 그 방법을 아는 것도 중요하다. 하지만 진정 유대인을 이해하기 위해서는 '어떻게' 보다 '무엇을', '왜' 배우게 하는지를 알아야 한다. 그들이 토라와 탈무드를 평생 배우는 것은 세상에서 성공하기 위해서가 아니다. 배움의 진정한 이유는 하나님의 뜻을 이해하기 위해서다. 창조주의 뜻을 찾아가는 즐거움으로 평생 배울 수 있는 힘을 얻는다. 자녀들에게도 배움의 즐거움을 가르치기 위해 부모는 수고를 아끼지 않는다. 유대인에게 교육은 믿음을 전달하기 위한 도구이다. 오랜 역사 속에서 지키고 이어온 훌륭한 유산인 것이다.

유대인들은 교육을 통해 바른 관계를 맺고 진정한 행복을 추구한다. 그렇기에 그들은 하나님을 믿는 믿음을 자녀에게 우선적으로 가르친다. 유대인 부모는 다음 세대에 믿음을 온전히 전달해야 한다는 사명감을 가지고 있다. 그들은 아이에게 믿음을 강요하지 않는다. 토라와 탈무드를 공부하고 생활 속에서 하나님의 가르침을 실천하며 본을 보인다. 부모의 올바른 모습을 통해 자녀에게도 믿음을 전달하는 것이다. 유대인 아이들은 부모와 함께 토라와 탈무드를 공부하며 믿음을 키워나간다. 그러한 과정에서 하나님이 자신을 이 땅에 보낸 이유, 즉 소명어떤 특별한 목적을 위해 부름을 받는 것을 이르는 말을 찾기 위해 노력한다. 이 과정을 통해 아이들은 배움의 진정한 의미와 가치를 깨닫는다.

유대인들에게 배움은 성공을 위한 도구가 아니라 생존을 위해 없어서는 안 될 것이었다. 유대 민족의 역사는 고난과 핍박의 연속이었다. 디아스포라Diaspora, 이산(離散)을 뜻하는 그리스어로 헤어져 흩어짐을 의미하는 말로 뿔뿔이 흩어져 각기 다른 나라에 적응하며 살아야 했다. 홀로코스트를 피하기 위해 정처 없이 이주하며 살기도 했다. 고통과 고난의 역사를 겪으며 유대인들은 이를 극복하기 위해 배울 수밖에 없었다. 변화하는 환경에 적응하고 낯선 곳의 언어와 문화를 배워야만 했다. 유대인으로서 언어와 믿음을 지켜 그들의 정체성을 확실히 할 필요가 있었다. 유대인들에게 '교육'은 하나님이 주신 중요한 의무이자 생존을 위한 수단이었다. 교육을 통해 살아남았을 뿐만 아니라, 다양한 분야에서 커다란 성과를 이루어냈다.

유대인들은 세계의 정치, 경제, 언론, 문화 등 거의 모든 분야에서 주도적인 역할을 하고 있다. 유대인의 성공은 하루아침에 이루어진 것이 아니다. 그들은 각종 고난과 시련을 겪으면서도 하나님과의 관계를 이어나갔다. 자녀에게 믿음을 전달하고 유대인으로서의 정체성을 지키기 위해 배움과 가르침을 게을리하지 않았다. 하나님에 대한 믿음을 통하여 부모와 자녀 사이의 바른 관계를 형성해 나아갔다. 또 율법의 가르침에 따라 유대인 간에 서로 형제처럼 도와주고 협동하였다. 뿔뿔이 흩어진 디아스포라 속에서도 유대민족은 강력한 네트워크를 만들었다. 고난을 축복으로 바꾼 것이다.

지금 이 순간에도 유대인들은 정치, 경제, 문화 등 다양한 분야에서 눈부신 성취를 이루어내고 있다. 세계 경제와 미래 산업을 주도하는 것 또한 유대인들이다. 이러한 성과는 그들만의 교육방식 때문이라 해도 과언이 아니다. 하나님이 자녀에게 선물로 준 달란트능력를 찾기 위해 유대인 부모는 끊임없이 노력한다. 자녀와 함께 토라와 탈무드를 공부하고 대화하며 배움이 주는 유익을 알려준다. 독서와 토론을 통해 서로의 생각을 나누며 이해하는 힘을 기르고 소통하는 능력을 키우게 한다. 최고가 되라고 강요하기보다 자녀의 개성에 주목한다. 믿음의 본질에 충실한 관계 중심의 유대교육이 미래 사회를 이끄는 인재로 키우는 것이다.

교육에 관심이 있는 부모라면 유대인 교육을 모르는 사람은 거의 없다. 그동안 우리는 유대인 교육에서 자녀를 성공시키기 위해 훌륭한 방법들을 배우고자 노력했다. 하지만, 유대인의 교육은 성공을 위한 수단이 아니다. 교육을 통해 건강하고 바른 관계를 만들어가는 의도와 방향에 주목해야 한다. 신과 부모, 그리고 사람들과 좋은 관계를 만들어가기 위한 것이다. 훌륭하고 좋은 교육 방법들이 제대로 성과를 발휘하기 위해서는 건강하고 바른 관계가 이루어져야 한다. 가정에서 부모와 자녀가, 학교에서 선생님과 학생이, 그리고 친구들과 좋은 관계를 형성할 때 행복한 미래를 만들어 갈 수 있다.

부모와 자녀는 일방적인 관계가 아니다. 일상생활 속에서 서로에게 영향을 주고받는 상호작용적인 관계다. 부모는 먼저 자녀를 인격적으로 대하고 존중하며 열린 마음으로 아이를 받아들여야 한다. 자녀 역시 부모를 존경하고 권위를 인정할 때 바른 관계가 만들어진다. 가정에서 형성된 관계는 학교와 사회로 이어진다. 존중받으며 자란 아이는 건강한 자존감과 바른 인격을 형성되고 사회성 역시 잘 발달된다. 그럼으로 아이의 행복한 삶을 위해서는 가정에서부터 건강하고 바른 관계를 만들어가야 한다.

나는 유대인 교육을 통해 공부 방법이 아니라 관계가 우선이라는 사실을 깨달았다. 그동안 나는 아이가 완벽하게 자라기를 바랐다. 그렇기에 항상 아이를 다그치고 잔소리하기 바빴다. 아이에게 잔소리하는 나 자신이 너무 힘들었고, 아이 역시 마음의 상처가 깊었을 것이다. 이제는 그동안 무너졌던 아이와의 관계를 회복하기 위해 노력하고 있다. 아이와 함께 소통하며 되도록 아이의 입장에서 이해하려 노력한다. 아이의 행복한 삶을 위해 부모로서 삶을 나누며 아이의 성장을 돕고 있다. 아이에게 힘들거나 어려운 일이 있을 때, 먼저 인생을 산 선배로서 조언해 주며 아이가 스스로 결정하도록 돕는다.

아이는 공부를 잘 하고 성적이 좋아서 행복한 것이 아니다. 자신을 진정으로 이해해 주고 인정해 주는 부모가 있기에 만족하고 행복해하는 것이다. 이 세상에 완벽한 부모는 없다. 아이와 함께 성장하는 부모가 있을 뿐이라는 사실을 잊지 말자. 부모는 아이와 함께 배우고 성장하는 길을 선택해야 한다. 부모는 자녀와 소통하고 이해하기 위해 항상 인내하고 노력해야 한다. 아이의 성공만을 바라는 교육 방법을 밖에서 찾을 것이 아니다. 가정에서부터 자녀와의 바른 관계를 만들어가야 한다. 자녀를 위한다는 이유로 아이에게 상처를 주는 실수를 겪지 않길 바란다. 부모와 자녀가 건강하고 바른 관계를 만드는 것이 모든 교육의 시작이다

끝으로 아이를 항상 이해하도록 노력하라고 말씀해주셨던 이제는 하늘의 별이 되신 나의 아버지께 감사드린다. 사랑과 정이 넘치시며 언제나 자녀들을 위해 지금도 애쓰시는 어머니께도 감사드린다. 늘 아이와의 관계를 강조하며 깨닫게 해주고, 책을 쓸 수 있게 응원해준 아내에게도 감사한 마음을 전한다. 무엇보다 고집쟁이 아빠를 믿어주고, 마음으로 이해해 준 두 딸에게 너무 고맙고 사랑한다고 말하고 싶다. 마지막으로 이 책이 세상의 빛을 보기까지 물심양면으로 애써주신 모든 분들께 감사드린다.

PART 1

행복을 준비하는 유대인 교육

1. 유대교와 유대인 교육: 배움의 진정한 의미와 가치

2. 호기심: 끊임없이 배울 수 있는 힘

3. 독서: 지식을 쌓아 지혜로운 삶을 산다

4. 하브루타: 관계중심의 성장 학습

5. 가정: 가정에서부터 시작하는 유대인 교육

1
유대교와 유대인 교육: 배움의 진정한 의미와 가치

배움은 단순히 성공을 위한 목적이 아니다. 평생을 행복하게 살아가기 위한 수단이다. 인류는 기술이 발달하고 문명이 발전하며 다양한 성과들을 이루어냈다. 이러한 발전을 제대로 누리고 더 진보시키기 위해서는 배움이 필요하다. 하루가 다르게 새로운 지식과 정보가 쏟아지는 지식정보화사회를 거쳐 이제는 인공지능AI 시대다. 새로운 시대는 지금까지와는 다른 새로운 배움이 요구된다. 새로운 배움은 세상을 보는 눈을 키워주고 보다 큰 꿈을 가지게 한다. 꿈을 위해 노력하며 자신의 가치를 만들어 간다. 그런 면에서 배움은 미래를 위한 투자이다. 우리 아이의 행복한 미래를 위해 부모는 배움의 진정한 의미와 가치를 가르쳐야 한다.

유대인은 배우고 가르치는 목적이 분명하다. 그것은 세상의 성공과 개인의 안위가 아니다. 바로 하나님에 대한 믿음과 자신들의 정체성을 지키는 것이다. 더 나아가 창조주의 뜻을 깨닫고 세상을 개선시키는 삶을 실천하기 위해서다. 배움을 통해 삶의 진정한 의미를 발견하고, 바른 인격체로 살아가기 위해 공부하는 것이다. 유대인 부모는 무엇보다 자녀의 신앙적 성숙을 우선적으로 돕는다. 다음으로 세상을 바르고 건강하게 살아가는 데 필요한 능력을 전달하기 위해 노력한다. 온전한 유대인으로 성장하도록 그 길을 인도하는 것이다.

(1) 평생 배움의 시대

세상은 빠르게 변하고 있다. 미래를 예측하는 경제학자나 사회학자들은 평생 교육을 오래전부터 강조해 왔다. 어제 배운 지식이 내일은 달라질 수 있다. 빠르게 변화는 사회에 대처하기 위해 평생을 배워야 한다고 충고하는 것이다. 아이들뿐만 아니라 어른들 역시도 평생 배워야 한다. 초등학교부터 대학교까지의 과정을 마쳤다고 해서 배움이 끝난 것이 아니다. 다가올 미래를 준비하기 위해 자신이 무엇을 좋아하고 잘 하는지 스스로 파악하고 배워야 한다. 그렇기에 무엇보다 아이들에게 배움은 즐거운 것이라는 인식을 심어주어야 한다. 배움이 어렵고 힘들어지는 순간 아이의 삶은 시대에 뒤처지고 불행해질 수 있기 때문이다.

인류는 농업화 시대, 산업화 시대, 정보화 시대를 거쳐 인공지능 시대에 다다랐다. 시대가 바뀌면서 삶에 필요한 지식과 정보들도 변했다. 농업화 시대에는 농사짓는 방법을, 산업화 시대에는 생산성을 높이는 기술을 배웠다. 정보화 시대는 컴퓨터를 다루고 정보를 파악할 수 있는 능력을 길렀다. 인공지능 시대에는 보다 복합적이고 다양한 능력이 요구된다. 문제해결을 위한 논리적 사고, 효율적으로 문제를 해결하는 창의성, 다양한 분야를 이해하고 조화를 이루게 하는 의사소통과 협업 능력을 길러야 한다. 새롭게 급변하는 시대에 적응하며 살아가기 위해서는 평생을 배우고 익혀야 한다. 평생 배움을 실현하기 위해 무엇보다 배움을 즐기는 법을 아이에게 알려주어야 한다.

　정신의학과 박사이자 소아청소년 전문가인 오은영 박사는 모 TV 프로그램에 출연해 공부의 목적은 '자기효능감자신이 어떤 일을 성공적으로 수행할 수 있는 능력이 있다고 믿는 기대와 신념을 느끼는 것'이라고 말했다. 출연진들에게 고등학교 때 시험성적을 묻는 질문에 정확히 답한 사람은 아무도 없었다. 하지만 늦게까지 공부한 기억이 있느냐는 질문에는 모두 그렇다고 답했다. 점수를 기억하는 것이 아니라 열심히 했던 모습을 기억하는 것이다. 그러한 기억으로 '어떤 문제를 자신의 능력으로 해결할 수 있다는 신념'을 가지는 것이라고 설명했다. 배움의 진정한 의미는 성적이나 성공이 아니다. 바른 신념을 가지고 행복한 삶을 살아가기 위한 것이다.

(2) 평생 배움을 실천하는 유대인

유대인들이 믿는 종교는 유대교이다. 사는 곳이 다르고 언어가 달라도 유대교를 믿으면 유대인인 것이다. 유일신 하나님을 믿고 구세주 메시아를 기다리며 이 땅에 지상천국 건설을 사명으로 믿는다. 또 이세상을 하나님이 창조했고 모든 진리가 하나님께로부터 나온다고 믿고 있다. 하나님의 선택을 받은 민족으로서 믿음을 지키며 살아가기위해 유대인은 평생을 노력한다. 진리를 찾기 위해 하나님이 준 말씀 구약성경을 공부한다. 태어나면서부터 토라를 들으며, 평생에 걸쳐 탈무드의 의미를 완성하기 위해 배우고 실천한다. 유대교는 배움을 최고의 가치로 여긴다. 토라를 공부하고 탈무드를 배우는 것이 하나님께 드리는 최고의 예배라고 생각한다. 배우고 가르치는 삶이 예배드리는 삶인 것이다. 유대인들은 언제 어디서든 탈무드를 배우고 가르치는 일을 게을리하지 않는다. 가정에서 아버지와 자녀가 매일 시간을 내어 탈무드를 읽고 대화하며 서로의 생각을 나눈다. 유대교 회당 시나고그에서도 사람들이 하브루타를 하며 탈무드를 배운다. 그런 과정을 통해 하나님의 뜻을 깨닫고 그 뜻에 동참하도록 자신을 준비시켜 나아가는 것이다. 유대인을 '배움의 민족'이라 부르는 것도 이런 이유에서이다.

유대인들이 토라와 탈무드를 평생에 걸쳐 공부하는 이유는 세상에서 성공하기 위해서가 아니다. 자신들의 신앙과 정체성을 지키기 위해서다. 그들은 하나님의 뜻을 하나라도 더 이해하기 위해 평생을 공부한다. 기원전 1세기경 성서주석 원칙을 세운 위대한 랍비 힐렐Hilel은 성경에 대해 "인간 속에 심은 하나님의 형상이 완전히 개발되어 세계와 우주를 이해하고 지배하여, 모든 인류의 삶이 하나님의 평화에 이르는 것이 성경 전체의 뜻이다"출처, 유대인 창의성의 비밀[홍익희 (2013), 《유대인 창의성의 비밀》, 주 행성비 , 95p]라고 가르쳤다. 무엇보다 하나님의 뜻을 이해하는 것이 중요한 가치이다. 이러한 가르침은 유대인에게 토라와 탈무드를 평생 공부하도록 한다.

유대인은 자녀들에게 성경의 말씀에 따라 '하나님을 경외하는 것이 지식의 근본'임을 가르친다. 세상 무엇보다 하나님을 존경하고 사랑하며 따라야 한다고 알려주는 것이다. 그러한 가르침으로 유대민족의 역사는 이루어졌으며 지금도 그 믿음을 따라 살아가는 것이 유대인이다. 유대인들이 종교와 생활이 일치되는 삶을 살고 있는 이유이기도 하다. 그들은 어느 곳에 있든 무엇을 하든 하나님이 자신들과 함께 한다고 믿는다. 그리고 삶의 기준을 세상에 두는 것이 아니라 성경에 두고 살아가기에 힘든 고난도 견디고 이겨낸 것이다.

유대인들은 어릴 때부터 성경을 들려주고 말씀을 암송하게 한다. 노래로 불러주고 즐겁게 놀아주며 아이가 재미있게 익히도록 도와준다. 자녀들은 자라면서 부모와 함께 토라와 탈무드를 공부한다. 하나님의 말씀을 듣고 부모와 대화하며 자연스레 배움의 자세와 습관을 갖게 된다. 아이에게 믿음을 강요하는 것이 아니라 일상에서 체득할 수 있도록 도와주는 것이다. 유대인 부모는 배움의 자세와 습관이 자녀의 몸에 자리 잡을 때까지 계속해서 반복적으로 교육한다. 어릴 때부터 익힌 이러한 자세와 습관은 오랜 시간이 지나서도 유지된다. 그들이 평생을 배우고 가르칠 수 있는 원천이 되는 것이다.

유대인들은 자신들이 하나님의 선택을 받은 민족이라 믿는다. 그들은 세상을 향한 하나님의 계획이 있고 그 일에 자신들이 동참해야 한다고 생각한다. 하나님의 위대함을 세상에 보여주기 위해 열심히 교육을 받아 준비되어야 한다고 여긴다. 그러한 믿음은 실패와 시련을 이길 수 있는 힘을 준다. 뿐만 아니라 어려서부터 익힌 배움의 습관을 기초로 무엇이든지 최선을 다해 배우려 한다. 최선을 다하는 삶의 자세를 가지는 것이다. 유대인들이 다양한 분야에서 두각을 드러내는 것은 어찌 보면 믿음의 결과이다.

유대인들이 평생을 공부하는 이유는 믿음을 지키고 하나님의 뜻을 깨닫기 위해서다. 그저 성공하는 인생을 바라며 남들보다 잘 살기 위한 것이 아니다. 근본적으로 살아가는 이유를 찾고 실천하며 살아가기 위한 것이다. 유대인은 평생에 걸쳐 토라와 탈무드를 공부한다. 성경을 통해 믿음과 자신의 가치관을 정립한다. 단순히 앎으로 그치는 것이 아니라 삶에서 믿음과 가치관을 실천한다. 유대인 부모는 자녀를 세상적으로 성공한 사람을 만들기 위해 노력하지 않는다. 아이와 바른 관계를 만들고, 아이가 온전한 인격체로 성장하도록 최선을 다한다. 여기에 유대인 교육의 본질이 있다.

※ 토라와 탈무드

하나님은 모세와 언약을 맺으며 십계명과 토라를 주었다. 십계명은 모든 율법의 기초가 되는 것으로 하나님이 직접 돌판에 새겨 유대민족에게 전한 것이다. 유대교 율법서인 토라는 《구약성경》의 모세오경인 〈창세기〉, 〈출애굽기〉, 〈레위기〉, 〈민수기〉, 〈신명기〉를 가리킨다. 넓은 의미로 구약성경 전체를 가리키기도 한다. 토라는 십계명 이후에 주신 율법으로 유대인들이 지켜야 할 613개의 율법이 적혀 있다. 디아스포라로 전 세계에 흩어져 살던 유대인들도 이 율법을 지키며 자신의 믿음을 지켜왔다.

유대인을 하나의 신앙으로 묶어주고 우수한 교육과 경제활동을 가능하게 해준 바탕에는 《탈무드》가 있다. 모세가 받은 율법 토라는 예언자들에게 그리고 학자들에게 입에서 입을 통해 전달되었다. 이렇게 구전된 율법을 랍비들이 모아 정리한 것이 '구전 토라'인 《미쉬나(Mishnah)》이다. '미쉬나'는 토라에 대한 해석과 실생활에 어떻게 적용할 것인지에 대한 가르침이다. '미쉬나'를 해석하고 주석을 덧붙인 것이 《게마라(Gemara)》다. '미쉬나'와 '게마라'를 합쳐 탈무드라고 한다. 탈무드는 유대인의 정신적 지주이자 5,000년에 걸친 지혜가 담긴 생활 지침서이다.

탈무드에는 종교적인 율법 외에도 역사, 경제, 법률, 의학, 과학 등 다양한 분야의 지식들이 담겨있다. 오랜 세월 동안 쌓아온 유대인의 생각과 그들의 지혜가 담겨있는 것이다. 너무 오래되어 이제는 맞지 않을 것 같은 율법을 유대인들은 지금도 목숨처럼 지키며 산다. 도리의 율법을 지키고 탈무드의 지혜를 공부하며 역사의 위기를 극복하며 살아왔다. 토라와 탈무드를 공부하며 하나님에 대한 믿음과 유대인으로서 정체성을 지켰다. 그것이 유대인을 하나로 만든 기본이자 오늘날 유대인을 있게 한 실체인 것이다.

(3) 배움의 진정한 가치를 잃어버린 우리 교육

그에 비해 우리는 어떠한가? 우리도 유대인만큼이나 자녀 교육에 관심이 많고 자녀를 위해 희생한다. 하지만 유대인과 같은 노력에 비해 그 결과는 많이 다르다. 아마도 교육을 위해 자녀에게 전달하는 것이 달라서 일 것이다. 유대인들은 신앙을 전달하고 바른 인격을 지닌 자녀로 자라도록 가르친다. 반면 우리는 자녀에게 부모의 희망사항을 요구하고 세상에서 성공하기를 바란다. 바르게 자라기 위한 가치관을 알려주기 보다는 성공을 바라며 눈앞의 성적에 집착하는 것이다. 내면이 제대로 갖추어지지 않으면 아무리 큰 성공을 거두더라도 행복해지지 않는다.

우리는 공부의 목적을 성공을 위한 가시적인 성적에 둔다. 점수가 나쁘면 열심히 하지 않은 것이라 생각한다. 성적 하나로 아이의 모든 것을 판단하는 것이다. 아이들은 사춘기를 거치며 자신들이 잘 하는 것이 무엇인지, 좋아하는지 탐색하고 찾아야 한다. 하지만 부모들은 오로지 입시만을 바라보며 자녀들이 공부 외에 다른 것을 바라보지 못하게 막는다. 아이는 스스로 공부하는 목적을 찾지 못하고 부모가 강요한 목표를 위해 공부한다. 목적 없이 그저 점수만을 위해 하는 공부는 금방 지쳐 버린다. 마치 길을 잃은 자동차가 정처 없이 헤매다 연료를 다 소비하고 멈추게 되는 것처럼 말이다.

불행히도 우리나라는 여전히 구시대적 교육을 하고 있다. 교사의 일방적 가르침과 그것을 생각 없이 외우고 시험을 치른 후 잊어버리는 공부를 반복한다. 세상을 살면서 쓰지도 못하는 죽은 지식들을 위해 하루에 몇 시간씩 허비하고 있는 것이다. 이것이 문제가 있다는 사실을 알면서도 여전히 개선되지 않고 있다. 우리의 공부 목적이 좋은 대학을 가고 좋은 직업을 가지는 것이기 때문이다. 그렇기에 공부를 억지로 하고 목적이 달성되면 더 이상 배우려 하지 않는다. 우리에게 배움은 성공을 위한 도구일 뿐 그 이상도 이하도 아니다. 배움의 진정한 의미를 잃은 것이다.

(4) 배움의 진정한 의미를 깨닫게 하자

배움의 진정한 의미는 세상을 더욱 깊게 이해하고 자신을 새로이 만들어가는 데 있다. 세상은 끊임없이 변하고 있다. 지식의 유효기간도 짧아져 어제 배운 지식이 오늘은 쓸모없어지기도 한다. 끊임없이 배워야 하는 시대인 것이다. 배움을 단순히 사회적 성공을 위한 도구로만 여긴다면 인간은 불행해질 수밖에 없다. 유대인은 평생 배움을 통해 역경을 헤쳐나가고 세상을 변화시키며 행복한 삶을 만들어간다. 우리 역시 아이의 행복한 인생을 위해 공부를 강요해서는 안 된다. 아이에게 배움은 고통스러운 것이 아니라 즐거운 것이라는 사실을 가르쳐야 한다. 그러기 위해 배움의 목적은 성공이 아니라는 사실을 부모는 잊지 말아야 한다.

자신을 새롭게 만들어가기 위해서는 스스로 꿈을 꾸고 노력하는 힘을 길러야 한다. 공부는 그저 사회적으로 성공을 이루기 위한 필요한 도구가 아니다. 배움을 통해 자신을 만들어가는 과정이다. 그렇기에 부모는 아이에게 성적만을 위한 공부를 강요해서는 안 된다. 강요받는 공부는 고통으로 전달되고 기억되기 때문이다. 또 수동적으로 배우는 것은 능동적, 적극적으로 배우는 것에 비해 학습효과도 떨어진다. 능동적인 배움은 아이의 호기심을 자극하고 평생 배울 수 있는 힘을 기르게 한다. 그렇기에 부모는 강요하는 존재가 아닌 돕는 존재가 되어야 한다. 부모의 도움을 통해 아이는 배움의 즐거움을 알게 되고, 더 큰 세상을 보며 스스로 꿈을 찾을 것이다.

배움은 즐겁고 재미있는 것이라는 사실을 아이가 알게 하자. 배움의 목적은 성공이 아니라, 매일매일 조금씩 발전하고 나아지는 것이다. 자녀가 이미 다 자랐다고 해서 늦은 것이 아니다. 공부할 시간을 빼앗긴다고 늦추면 안 된다. 시간을 내어 가정에서 자녀와 함께 책을 읽고 이야기를 나누어 보자. 가르치려 하지 말고 아이들의 생각과 이야기를 들어주자. 그러한 시간이 쌓일수록 자녀들은 책을 좋아하게 되고 부모와의 대화를 즐겁게 여길 것이다. 책을 읽음으로 이해하는 독해력과 생각하는 사고력이 넓어질 것은 자명하다. 부모와 자녀 사이의 유대감도 좋아진다. 더불어 배움의 진정한 의미를 깨달을 것이다. 지금부터 시작해 보자.

2
호기심:
끊임없이 배울 수 있는 힘

국어사전에는 호기심을 '새롭고 신기한 것을 좋아하거나 모르는 것을 알고 싶어 하는 마음'이라 정의한다. 아이들의 호기심은 끝이 없다. 아이들은 궁금한 것을 질문하고 생각하면서 자신의 호기심을 하나하나 풀어나간다. 아이들이 호기심을 풀어가는 과정은 새로운 것을 배우는 과정이다. 궁금한 것이 생기면 질문을 하고 그 질문에 대한 답을 탐색한다. 호기심이 배움을 가능하게 하고 유지할 수 있게 하는 것이다. 호기심은 저절로 만들고 유지하지 못한다. 부모가 자녀의 호기심에 대해 제대로 접근하고 올바르게 인도해야 한다.

유대인의 교육은 호기심에서 출발한다. 가정에서부터 유대인 부모는 아이가 호기심을 기를 수 있도록 돕는다. 유대인 부모는 아이에게 많은 이야기를 들려주고 아이의 생각을 자주 묻는다. 대화와 질문을 통해 아이 스스로 생각하게 하고 호기심을 가질 수 있도록 한다. 유대인 부모는 시간이 걸리더라도 아이 스스로가 호기심을 채워갈 수 있게 기다린다. 유대인 아이는 놀이와 토론을 통해 지적호기심을 채워가며 알아가는 즐거움을 깨닫는다. 호기심을 자극해 아이에게 배움은 즐거운 것이라는 사실을 알려주는 것이다.

(1) 모든 배움의 출발점, 호기심

호기심의 시작은 관찰에서부터다. 아이들은 자신의 주변을 관찰하며 호기심을 키워나간다. 아이가 자람에 따라 호기심의 영역은 조금씩 확장된다. 끝없는 호기심은 더 많은 것을 보고 듣고 느끼게 한다. 배우고자 하는 마음도 호기심에서 시작된다. 자녀에게 적당한 환경을 제공하고 호기심을 자극하면 스스로 알고 싶어 하고 배우려 한다. 호기심에는 배움을 유지시키는 힘이 있다. 호기심을 가진 대상에 대해 조금씩 알게 되면서 배우는 기쁨을 알게 된다. 스스로 호기심을 충족시키면서 아이는 더 큰 도전으로 나아갈 수 있다.

호기심은 아이의 사고력을 키운다. 아이는 호기심을 가지고 주변을 탐색하고 관찰하며 유연한 사고를 형성해 간다. 나아가 환경이 넓어지면 사고의 범위를 더욱 확장할 수 있게 된다. 자녀의 사고력을 키워주기 위해서는 부모의 노력이 필요하다. 부모는 아이의 질문에 진심으로 응답해주어야 한다. 그리고 유연한 사고를 가질 수 있도록 흥미롭고 다양한 질문을 아이에게 해야 한다. 질문을 통해 아이가 생각하는 힘을 기르도록 돕는 것이다. 자녀는 호기심이 충족되는 순간 배움의 즐거움을 느낄 수 있기 때문이다. 호기심은 또 다른 호기심으로 이어져 사고의 확장으로 연결된다. 호기심은 아이에게 배움의 즐거움을 알게 하고 행복한 삶으로 인도한다.

(2) 호기심에서 시작하는 유대인 교육

유대인 교육의 출발점은 호기심이다. 자녀에게 호기심을 심어주어 상상력을 기르게 한다. 호기심과 상상력을 결합하고 지식을 더해 창의적인 인재로 기르는 것이다. 유대인들은 책을 통해 배우고 가르치며 지적호기심지식이나 지성에 관하여 알고자 하여 지적으로 만족하려는 호기심을 갖도록 자녀를 가르친다. 토라와 탈무드를 통해 끊임없이 진리를 찾으려 하는 것이다. 이러한 교육을 통해 유대인 자녀들은 진리를 찾는 것에서 그치지 않고 창의적인 인재로 자란다. 창의적인 인재로 길러진 유대인들은 세계 각 분야에서 선도적인 역할을 하고 있다.

유대인들은 자녀의 호기심을 자극해서 배움은 즐겁고 재미있는 것이라는 사실을 알려준다. 호기심으로 자녀 교육의 기초를 다지는 것이다. 유대인 부모는 자녀가 궁금해하는 것에 대해 바로 답을 주기보다는 질문을 통해 스스로 답을 찾을 수 있도록 이끌어 준다. 하나의 정답을 찾는 것이 아니라 함께 책을 찾아보고 서로의 의견과 생각을 나누며 다양한 생각을 하게 한다. 호기심으로 자란 자녀들은 상상력이 더해져 창의력이 넘치는 아이로 자란다. 이러한 창의성을 바탕으로 유대인들은 세상에서 혁신을 주도한다.

이처럼 유대인에게 있어 자녀 교육의 핵심은 호기심이다. 주변 모든 것이 새롭고 신기한 자녀들에게 호기심으로 세상을 바라볼 수 있도록 인내하고 기다린다. 참고 기다리며 아이들이 하나라도 더 눈으로 관찰하고 손으로 만져 보고 느껴보게 한다. 유대인들은 아이에게 답을 바로 알려주는 것은 아이의 호기심을 가로막는 것이라고 생각한다. 답을 알려주기보다 아이 스스로 많은 경험을 하도록 유대인 부모는 지켜보고 기다린다. 호기심이 자녀를 배움으로 이끌고 미래를 열어 주는 열쇠가 된다고 믿기 때문이다.

현대 물리학의 아버지라 불리는 아인슈타인은 어린 시절 그의 아버지로부터 나침반을 선물로 받았다. 그는 나침반의 바늘이 항상 북쪽을 가리키는 것에 대해 신기해하며 강한 호기심을 가졌다. 이런 호기심은 수학과 과학에 흥미를 가지게 했고 깊이 공부하게 했다. 작은 호기심이 커다란 성과로 이어진 것이다. 그는 "나는 특별한 재능을 가지고 있지 않다. 그저 지극히 호기심이 많을 뿐이다"라고 말했다. 재능이 중요한 것이 아니라 호기심이 중요하다는 것을 강조했다.

유대인 부모는 자녀가 호기심을 키울 수 있도록 적극적으로 돕는다. 아이의 궁금한 점을 해결하기 위해 바로 답을 알려주지 않는다. 자녀가 주도적으로 배울 수 있도록 꼬리에 꼬리를 무는 질문을 한다. 질문을 통해 호기심을 유지하도록 하는 것이다. 아이는 질문을 통해 궁금증을 해결하는 방법을 찾기도 하고 다른 질문을 생각하기도 한다. 이러한 과정을 거치며 아이들의 지적사고력은 향상된다. 또 아이들은 자신의 궁금증을 스스로 이해하고 답을 찾기 위해 노력한다. 끈기를 배우는 것이다.

(3) 호기심을 잃게 하는 우리 교육

아이들은 모든 것에 대하여 궁금해 한다. "왜?"라는 질문을 부모에게 끊임없이 던진다. 질문은 계속해서 이어진다. 자녀는 끊임없는 질문으로 부모를 지치게 하고, 때로는 곤란한 질문으로 당황시키기도 한다. 우리나라 부모들은 아이가 어린 시절 모든 것에 호기심을 가지고 질문하는 것을 대견하게 생각한다. 하지만 아이가 학교에 가는 나이가 되면 모든 관심은 성적으로 쏠린다. 시험공부 외에 다른 것에 호기심을 갖는 것은 쓸데없는 일이라며 아이들을 나무라기 일쑤다. 자녀의 호기심은 이내 없어지고 만다. 배우고자 하는 마음이 사라지는 것이다.

스탠퍼드 대학에서 한 사람의 다섯 살 때와 그로부터 40년이 지난 마흔다섯 살 때를 비교하여 연구한 적이 있다. 그 결과, 다섯 살 때는 하루에 창조적인 과제를 98번 정도 시도하고, 113번 웃고, 65번 정도 질문을 한 반면 마흔다섯 살이 되면 하루에 2번 정도 창조적인 과제를 시도하고, 11번 정도 웃고, 6번 정도 질문했다고 한다. 유영만 (2008), 《상상하여 창조하라》, 위즈덤하우스, 111p 나이가 들어감에 따라 세상에 대해 호기심이 사라지고 무덤덤해져 질문을 하지 않는 것이다. 궁금증이 사라지는 순간 배우려는 의지도 없어진다. 우리의 현실이 그렇지 않을까.

우리나라의 교육은 오로지 대학을 가기 위한 입시 교육이다. 맹목적인 암기 위주의 학습으로 자녀들의 호기심은 자연스레 무시된다. 우리는 관찰과 경험 위주의 교육이 아니라 주입과 암기 위주의 교육을 하고 있다. 이미 주어진 지식을 전하고 그것을 확인하는 것이다. 또 좋은 성적을 얻기 위해 이해되지도 않은 것들을 선행학습이라는 이름으로 배우고 있다. 아이가 관심도 없는 것을 억지로 주입하는 것이다. 이러한 교육 풍조는 배움에 대한 가치와 흥미를 사라지게 한다. 남과 다른 생각을 하는 재미도 새로운 것을 발견하는 흥미도 잃어버리는 것이다.

(4) 세상을 바꾸는 힘, 호기심

아이는 호기심을 통해 세상에 대해 질문하고 답을 찾으며 경험을 늘려간다. 아이의 호기심을 막으면 많은 경험을 할 수 없고 다양한 생각을 할 수 없게 된다. 호기심을 자르는 것은 상상력과 창의력을 가로

막는 것이다. 위험하지 않다면 아이에게 새로운 시도와 다양한 경험을 할 수 있게 하자. 놀이와 체험을 통해 아이는 생각의 폭을 넓히게 된다. 여행 또한 일상과 다른 새로운 경험을 통해 호기심을 자극시켜 준다. 다양한 경험을 통해 아이의 호기심을 자극시켜 보자.

아이가 무엇에 흥미를 가지고 있고 어떤 질문을 하는지 눈여겨볼 필요가 있다. 아이는 궁금한 것에 대해 관심을 가지게 되고 궁금증이 생기면 부모에게 질문을 한다. 배움이 시작되는 순간인 것이다. 이때 부모는 아이에게 바로 답을 알려주지 말고 질문으로 다시 생각하게 만들어 주는 것이 중요하다. 천천히 생각할 시간을 주어야 한다. 궁금한 것에 대해 자꾸 답을 해주면 결국 답만 찾게 된다. 하지만 아이가 질문했을 때 다시 질문으로 연결하면 아이는 깊게 생각하는 힘을 기를 수 있다. 호기심이 다른 호기심으로 연결되도록 이끌어 주는 것이다.

호기심은 자녀가 스스로 키우고 유지하는 것이 아니다. 부모가 자녀에게 관심을 가지고 옆에서 지켜보며 호기심을 유지할 수 있게 도와야 한다. 자녀의 호기심을 키우고 유지시키는 좋은 방법 중 하나는 함께 대화하는 것이다. 유대인은 항상 자녀와 대화한다. 책을 읽고 궁금한 것을 물어보고 일상에서 관심을 갖는 일에 대해 질문하고 토론한다. 자녀의 호기심을 부모가 함께 공유하고 대화하며 답을 찾아 나간다. 대화식 교육으로 자녀의 호기심을 유지하도록 만들고 배움으로 인도하는 것이다.

호기심은 인간의 사고를 확장시켰고 새로운 것을 상상하게 했다. 호기심이 인류의 발전을 주도한 원동력인 것이다. 또 새로운 미래를 만들어 가기 위해 필요한 힘이기도 하다. 이미 주어진 지식을 전하고 그것을 확인하는 교육으로는 발전할 수 없다. 아무런 의미도 없이 지식을 무조건 암기하는 것만으로는 호기심이 자랄 수 없는 것이다. 무궁무진한 호기심으로 새로운 것을 찾고 발견하는 것이 배움의 진정한 의미임을 깨달아야 할 때이다. 우리가 자녀의 호기심에 바르게 반응할 때 아이의 상상력과 창의력은 날개를 달게 될 것이다.

3
독서:
지식을 쌓아 지혜로운 삶을 산다

독서의 중요성은 동서고금을 막론하고 항상 강조되어 왔다. 책 속에 삶의 등불이 되는 지식과 지혜가 담겨 있기 때문이다. 오늘날 디지털의 발달로 인하여 인터넷 등 다양한 매체를 통해 지식 습득이 쉬워졌다. 하지만 독서의 중요성은 더욱 커지고 강조되고 있다. 독서는 생각하는 힘을 키우고 사고의 폭을 넓혀 준다. 독서를 통해 자신이 직접 경험할 수 없는 것들을 간접적으로나마 체험할 수 있다. 그리고 오랜 인간의 지식과 지혜를 손쉽게 얻을 수 있다. 다가올 미래사회에 기계로 대체 될 수 없는 인간의 사고력은 독서를 통해 길러진다. 독서를 통해 이해력과 사고력을 기르고, 상상하는 힘으로 창의력을 키워야 하는 이유다.

유대인들의 문화는 책과 밀접한 관계가 있다. 그들은 독서를 통해 세상을 지혜롭게 살아간다. 유대인이라면 누구나 토라와 탈무드를 읽으며 자신들의 신앙과 정체성을 지켰다. 토라와 탈무드가 전 세계에 흩어져 있는 유대인들을 하나로 묶은 것이다. 세계에서 책을 가장 많이 읽는 민족도 유대인이다. 그들은 독서를 통해 지식을 쌓고 힘든 고난과 역경을 헤쳐나갈 지혜를 얻는다. 유대인은 자신의 자녀들도 지혜롭게 살아가기를 원한다. 유대인 부모는 먼저 가정에서부터 솔선수범하며 책을 읽는다. 아이에게도 어려서부터 책을 읽어주며 함께 이야기를 나눈다. 아이에게 자연스레 독서하는 습관이 몸에 베이도록 노력하는 것이다.

(1) 지식과 지혜의 원천, 독서

독서는 지식과 지혜의 원천이다. 독서는 책을 읽는 사람에게 지식을 습득하는 것 이상의 유익함을 준다. 이해력과 사고력을 키워 생각하는 힘을 기르게 하고 메타인지를 가능하게 한다. 인류가 오랜 세월 동안 축적한 지식을 책을 읽음으로써 자신의 지식으로 만들 수 있다. 그러한 지식을 토대로 새로운 지식을 창조하기도 한다. 무엇보다 독서는 자신의 내면과 대화하며 스스로를 돌아보고 깊이 있게 생각하게 한다. 그래서 삶을 지혜롭고 행복하게 만들어간다. 인류가 오래전부터 지금까지 독서를 중요하게 생각하는 이유이다.

워렌 버핏은 "단기간에 인간을 가장 위대한 존재로 만드는 지름길은 독서밖에 없다"고 말했다. 그의 주장처럼 역사 속 위대한 인물들

중에 책을 가까이하지 않은 인물은 찾기 힘들다. 위인들은 독서를 통해 자신들의 지적호기심을 해결했다. 다른 사람의 경험과 생각에 자신을 비추어 보며 스스로의 정체성을 찾았다. 책을 통해 올바른 가치관을 형성하고 인생의 방향을 정하기도 했다. 위인들뿐만 아니라 사람들 역시 독서를 통해 지적호기심을 충족하고 무언가를 이루어 간다. 독서가 성장을 위한 발판이 되는 것이다.

독서는 다가올 미래를 위해서라도 우선적으로 갖춰야 할 덕목이다. 급변하는 시대를 위해서는 유연하고 새로운 생각을 가져야 한다. 책을 통해 옳고 그름을 판단하는 분별력을 얻게 되고 세상을 바르게 보는 안목을 가질 수 있다. 또 책 속에는 수 많은 사람들의 삶과 생각이 담겨 있다. 독서를 통해 그들의 삶과 생각을 간접적으로나마 경험하게 된다. 그렇게 함으로써 자신을 돌아보고 타인을 이해하고 공감하는 능력을 기를 수 있다. 무엇보다 독서는 창의성의 원천이다. 창의성이 뛰어난 사람들 대부분은 책을 가까이 한 사람들이다. 미래는 바른 안목을 가지고 새로운 것을 만들 수 있는 창의적인 사람을 필요로 한다. 그리고 공감하고 소통할 수 있는 인재가 필요한 시대다.

(2) 유대인 독서 문화

유대인은 하나님이 주신 '말씀'을 듣고 율법을 지키며 살아간다. 그들은 신의 명령을 지키기 위해 '말씀'을 듣고 기록하고 읽는 것을 게을리하지 않는다. 신의 뜻을 더 잘 이해하고 지키기 위해 항상 토라와 탈무드를 가까이 두었다. 유대인이 지켜야 할 율법, 전통적인 관습 등 삶의 철학과 지혜를 책 속에 담아두고 읽으며 지낸 것이다. 2,000년이 넘는 온갖 고난의 역사 속에서도 그들은 책을 통해 유대인으로서의 삶을 지켰다. 유대인은 가지고 다니기도 힘들고 금방 빼앗겨 버릴 유형적인 재산에 집착하지 않았다. 누구도 빼앗아 갈 수 없고 언제 어디서든 사용할 수 있는 무형의 지식을 위해 항상 책을 가까이했다. 오로지 그것만이 자신들을 지킬 수 있다고 믿었기 때문이다. 유대인 삶의 핵심이 책과 독서인 것이다.

유대인 부모는 자녀에게 독서를 강요하지 않는다. 유대인 가정의 거실에는 TV가 없다. 대신에 탈무드를 비롯한 여러 책들이 가득한 책장들로 둘러싸여 있다. 심지어 화장실에도 작은 책장이 붙어 있다. 항상 책을 읽을 수 있는 환경을 만들어 두는 것이다. 유대인 부모는 이곳에서 자주 책을 읽는다. 평소에 아이들에게 독서하는 모습을 자주 보여줌으로써 아이들도 자연스레 책을 읽는 분위기로 만든다. 부모가 먼저 모범을 보이는 것이다. 부모와 자녀가 함께 책을 읽으며 읽은 책에 대해 서로 이야기하는 시간을 갖는다. 유대인에게 독서는 지겹고 힘든 것이 아니라, 즐겁고 행복한 삶의 일부인 것이다.

유대인 부모는 아이가 어려서부터 책을 읽어주기 시작한다. 아이가 혼자 책을 읽을 수 있는 나이가 되어도 시간을 내어 읽어준다. 유대인들이 자녀에게 책을 읽어주는 것은 아이에게 독서의 방법을 가르치는 것이 아니다. 아이들이 책을 읽고 싶어 하도록 이끌어 주는 것이다. 부모가 다양한 목소리로 흥미진진하게 책을 읽어주면, 아이는 책은 흥미롭고 재미난 것이라 기억한다. 이렇게 독서를 즐겁고 신나는 것으로 받아들이는 것이다. 또한 부모와 자녀는 책이라는 매개체로 인하여 신뢰와 유대감을 형성하게 된다.

흔히들 유대민족을 '책의 민족'이라고 부른다. 세계에서 가장 책을 많이 읽는 민족 중의 하나가 유대인이기 때문이다. 유대인은 책을 통해 과거를 이해하고 현재를 살아가며 미래를 준비한다고 해도 과언이 아니다. 유네스코 조사에 따르면 유대인의 연평균 독서량은 64권에 달한다. 매주 1권 이상 책을 읽는 것이다. 유대인 중에 학자나 교수가 많이 배출되는 것도 어찌 보면 당연한 결과다. 유대인 자녀들은 미국의 대학입학 자격시험인 SATScholastic Aptitude Test에서도 우수한 성적을 내고 있다. 독서를 통해 이해력과 논리력 그리고 비판적 사고력을 키웠기에 가능한 것이다.

유대인은 책을 소중히 여기는 전통이 있다. 유대 격언 중에 '책과 옷이 동시에 더러워지면 먼저 책부터 닦아라'라는 말이 있다. 이처럼 유대인들은 고대로부터 현재까지 지식의 원천인 책을 소중히 생각하고 귀하게 여긴다. 지식이 책에서 나온다고 믿기 때문이다. 또 '만약 생활이 궁핍해져 물건을 팔아야 한다면 금, 보석, 집, 토지 순으로 팔아라. 마지막까지 팔아서는 안 되는 것이 책이다'라는 말도 있다. 유대인들이 책을 얼마나 소중히 생각하는지 엿볼 수 있는 것이다. 그뿐 아니라 유대인들의 묘지에도 늘 책이 놓여 있다. 이는 '생명이 다하더라도 공부는 끝나지 않는다'는 유대인의 책에 대한 철학을 보여준다.

(3) 책 읽지 않는 우리

우리의 독서 현실은 어떨까. 문화체육관광부에서 실시한 '2019년 국민독서실태조사'에 따르면 우리나라 성인의 연간 독서량은 6.1권이며, 초중고교 학생은 32.4권으로 나왔다. 종이책과 전자책, 오디오북을 합쳐도 성인은 연간 7.5권, 학생은 연간 41권이다. 성인 10명 중 4명은 1년에 책을 한 권도 읽지 않는 것이다. 이전과 비교해도 대한민국의 독서율은 해를 거듭할수록 떨어지고 있다. 학생들의 독서량이 그나마 유지되는 것도 반강제적으로 학교에서 독서기록을 평가에 반영하기 때문이다. 그렇기에 아이들은 즐겁게 책을 읽는 것이 아니라 어쩔 수 없이 독서하고 형식에 맞춰 보고서를 작성하기 바쁘다. 독서에 대해 거부감을 갖게 되는 것은 어찌 보면 당연한 일이다.

우리는 어린 자녀에게 독서의 즐거움을 알려주기보다 글자를 조기에 가르치려 한다. 다른 아이들보다 조금이라도 더 빨리 스스로 책을 읽고 혼자 공부하기를 바라기 때문이다. 조기에 읽기를 교육받은 아이들은 그렇지 않은 아이들에 비해 읽기 능력이 뛰어난 것은 아니다. 핀란드는 8세가 되어야 공식적으로 글을 배운다. 우리와 비교하면 글을 배우는 시기가 많이 늦다. 하지만 핀란드는 경제 협력개발기구OECD에서 실시된 읽기 능력 평가에서 최고를 차지했다. 조기 교육이 답은 아닌 것이다. 가정에서 책을 읽는 분위기를 만들고, 책을 읽어주는 것이 강조되는 이유다.

EBS 프로그램 [당신의 문해력글을 읽고 의미를 파악하고 이해하는 능력: 읽지 못하는 사람들]에서 글을 읽지만 이해를 하지 못하는 사람들의 모습을 보여주었다. 중학교 3학년 학생을 대상으로 진행한 '문해력 평가'에서 27%의 학생들이 적정 수준에 미달했고, 11%의 학생들은 초등수준으로 나타났다. 고등학교의 수업시간에는 영어단어를 번역한 '가제', '평론', '기득권' 같은 한글단어를 이해하지 못해 수업 진행이 곤란하기도 했다. 우리나라의 문맹률은 1.7%문해율은 98.3%정도이다. 거의 대부분의 사람들이 글을 쓰고 읽을 수 있다. 낮은 문맹률에도 불구하고 실제 내용을 이해하고 파악하는 능력은 현저하게 떨어지는 것이 현실이다.

태어날 때부터 핸드폰과 TV 등의 미디어를 접하며 자란 아이들은 책을 접할 기회가 그만큼 줄어들었다. 통계청의 생활시간 조사2016년에 따르면 우리나라 국민의 하루 평균 독서 시간은 6분평일 기준에 불과했다. 반면에 TV 시청은 1시간 53분, 인터넷은 50분으로 독서시간보다 월등히 높았다. 정보를 얻기 위해서도 책을 찾거나 신문기사를 읽지 않고 인터넷과 유튜브를 이용해 해당 정보만 빠르게 찾는다. 그렇게 영상매체를 주로 접하면서 깊게 생각하지 않는 것이다. 디지털 환경에서 다양한 매체의 이용이 늘어나면서 독서 시간은 점점 줄어들고 있다. 책을 접하는 기회가 줄어들면서 결국 글을 읽고 이해하기 어려운 상태가 되어 버린 것이다.

(4) 책 읽는 즐거움을 알게 하자.

오늘날은 매일 새로운 지식과 정보가 쏟아지는 시대이다. 이러한 시대에 적응하며 살기 위해서는 반드시 독서가 필요하다. 프랑스의 작가이자 철학자인 사르트르는 이렇게 말했다. "내가 세계를 알게 되는 그것은 책에 의해서였다." 또 철학자 데카르트는 "좋은 책을 읽는 것은 과거 몇 세기의 가장 훌륭한 사람들과 이야기를 나누는 것과 같다"고 말했다. 책을 읽음으로써 우리는 세상의 다양한 지식을 접하고 위인들을 만난다. 오랫동안 수많은 시행착오를 겪으며 얻은 지식과 지혜를 독서를 통해 얻는 것이다. 누구나 책을 여행하며 다양한 세상과 생각을 만나고 지식과 지혜를 넓히는 즐거움을 얻을 수 있다.

유대인의 사례에서 볼 수 있듯이 책을 좋아할수록 성공할 가능성은 높아진다. 마이크로소프트의 창업자 빌 게이츠는 "지금의 나를 있게 한 것은 마을 도서관이었다"라고 했다. 그는 "하버드 졸업장보다 더 중요한 것은 독서하는 습관"이라 말하며 독서의 가치를 강조했다. 우리

도 이러한 가치를 알기에 자녀가 책을 좋아하도록 도와야 한다. 독서
는 지식습득의 필수요건이자 모든 학습의 기본이다. 그렇기에 더더욱
아이에게 책 읽기를 강요해서는 안 된다. 억지로 책을 읽히는 순간 아
이는 독서와 멀어지고 배우는 즐거움을 잃게 된다.

책도 관심이 가야 눈길을 주는 법이다. 평소에 아이가 무엇을 좋아
하는지 어떤 것에 관심을 갖는지 살펴서 아이의 흥미를 끌 수 있는 책
을 고르는 것이 좋다. 아이와 함께 책을 고르는 것도 좋은 방법이다.
책을 선택할 때에는 아이의 연령과 수준을 고려한 책을 골라야 한다.
아이가 이해할 수 있는 단어로 이루어져 있고, 글의 맥락을 통해 유추
가 가능한 책이어야 한다. 너무 어렵거나 이해하기 힘든 수준의 책은
오히려 책을 멀리하게 될 뿐이다. 아이에게 맞는 적절한 수준의 책을
골라야 책의 내용에 푹 빠질 수 있는 것이다.

부모가 아이에게 책을 읽어주면 아이는 책을 좋아하는 아이로 자
라게 된다. 유대인들은 매일 아이가 잠들기 전에 책을 읽어주는 시간
을 가진다. 이 시간을 통해 아이의 감성을 자극하고 정서를 안정시켜
주는 것이다. 더불어 부모와의 애착형성에도 좋은 영향을 준다. 책을
읽어주는 것은 쉬운 일이 아니다. 하지만 아이의 바른 습관을 위해 부
모는 노력해야 한다. 자투리 시간을 이용해 아이에게 자주 책을 읽어
주자. 아이가 책이 좋아지고 책에 재미를 느끼면 스스로 읽겠다고 하
는 시기가 온다. 힘들더라도 그때까지 꾸준히 읽어주자.

유대인들처럼 거실에 TV를 없애고 책장으로 둘러싸는 것도 좋은 방법이다. 자라는 환경 속에 많은 책들이 있다면 아이는 자연스레 책을 가까이할 수밖에 없다. 가능하면 책장 한편을 비워두고 아이의 눈높이에 맞춰 책을 그곳에 보관하도록 해보자. 또 아이 스스로 책을 관리하고 정리하도록 도와주자. 아이에게 책을 소중히 생각하는 마음을 갖게 하고 책임감을 심어주는 것이다. 책이 아이의 소중한 친구가 될 때 아이는 보다 밝고 행복한 미래를 그릴 수 있다.

자녀를 독서로 이끄는 가장 좋은 방법은 부모가 책 읽는 모습을 보이는 것이다. '아이는 부모의 등을 보고 자란다'는 말이 있다. 말로 가르치는 것보다 행동으로 보여주는 것이 훨씬 효과적인 가르침이다. 아이는 부모의 모습을 보며 자란다. 가장 가까이서 부모의 모습을 바라보며 본능적으로 부모를 모방한다. 그렇기에 백번의 강요보다 한번 본을 보이는 것이 더 효과적이다. 자녀에게 말로만 책을 읽으라고 강요하지 말고, 부모가 먼저 독서하는 모습을 보여주자. TV를 끄고 핸드폰을 내려놓은 손에 책을 들자.

4
하브루타:
관계중심의 성장 학습

다가올 미래는 지식만으로는 살아가기 어렵다. 지식을 잘 외우는 게 중요한 것이 아니라 상황에 맞게 지식을 활용하는 지혜가 중요하다. 미래사회는 개성 있고 창의적이며 같이 협력할 줄 아는 인재를 원하고 있다. 유대인들은 어릴 적부터 하브루타를 통해 생각하는 힘을 기르고 남과 다른 의견을 제시하며 창의력을 기른다. 함께 성장하기 위해 협력하며 상대와 좋은 관계를 맺는 방법을 배우며 자란다. 우리에게도 하브루타와 같이 다양한 의견을 나누며 사고의 폭을 넓히는 지혜의 교육이 필요하다.

하브루타는의 본질은 학습이 아니라 서로 좋은 관계를 맺는 것에 있다. 좋은 점수를 받거나 남들과 비교해서 앞서려고 하는 데 목표가 있는 것이 아니다. 하브루타의 기본은 상호존중이다. 상대를 이해하는 것에서부터 하브루타는 시작된다. 서로 토론하고 논쟁하는 것도 상대를 이기기 위한 것이 아니라 함께 성장하기 위한 것이다. 나를 이해해주고 대화가 통하는 사람과 같이 학습하는 것이 얼마나 즐거운 일인가를 생각해 보라. 유대인들은 하브루타를 통해 믿음의 동반자와 함께 성장한다.

(1) 진정한 우정을 쌓는 하브루타

하브루타havruta는 '우정', '유대감' 등을 뜻하는 말이다. 정통 유대교에서 둘씩 짝을 지어 배우고 가르치며 함께 공부하던 개념이 오늘날 학습방법으로 확장된 것이다. 여기서 친구는 나이와 성별, 계급에 상관없이 함께 진리를 찾는 사람을 의미한다. 둘씩 짝을 이루어 서로 질문을 주고받으며 논쟁하고 토론하며 진리를 찾아가는 학습법이다. 유대교 경전에 국한되던 이러한 학습법은 오랜 세월을 거치며 유대인들의 생활 전반에 뿌리내렸다. 대화하고 토론하며 서로를 더 잘 이해하는 방법으로 자리 잡은 것이다.

유대인들은 하브루타로 유대교 경전인 토라와 탈무드를 이해하고 진리에 도달하기 위해 서로 대화하며 토론한다. 그들은 먼저 하나님의 뜻을 잘 이해하고 그 뜻대로 살아가기 위해 공부한다. 혼자만 그렇게 살아가기 위한 것이 아니라 공동체가 함께 살아가기 위해 서로 토론한다. 각자 이해한 것을 상대에게 논리적으로 설명하고 이해가 되지 않는 부분은 서로 질문한다. 이때 질문은 상대방과 경쟁하거나 이기기 위해서 하는 것이 아니다. 함께 진리를 찾아 하나님의 뜻을 알고 그렇게 살아가기 위한 것이다.

하브루타는 시험을 잘 보기 위해 또는 성적을 잘 받기 위한 방법이 아니다. '우정'이라는 의미에서도 알 수 있듯이 하브루타는 친구라는 관계를 만들기 위한 노력을 뜻한다. 서로 경쟁하며 상대를 이기기 위한 것이 아니라 다른 이의 생각과 의견을 존중하고 협력하기 위한 방법이다. 서로 목소리를 높이며 토론하는 모습을 보면 싸우는 것처럼 보이기도 한다. 하지만 진지하게 상대의 이야기를 듣고 그것을 이해하기 위해 서로 노력한다. 이해가 되지 않는 부분은 질문을 하거나 랍비에게 묻기도 하며 서로가 함께 진리를 찾아가는 것이다.

유대인들은 하브루타로 서로의 관계를 만들어간다. 우선 유대 경전을 읽으며 자신과 하나님과의 관계를 정립해 나아간다. 가정에서 부모와 대화하고 서로 이해하며 가족 관계를 돈독히 한다. 학교에서 친구와 공부하고 토론하며 우정을 쌓아간다. 이러한 관계는 사회에까지 이어지고 이를 통해 새로운 관계가 만들어지기도 한다. 하브루타는 학습방법을 뜻하기도 하지만 바른 관계를 만들기 위한 노력을 의미한다. 관계 중심의 유대사회를 형성하는데 하브루타가 크게 기여한 것이다. 그들은 이러한 관계로 유대민족끼리 서로 도우며 살고 있다.

앞서도 이야기했지만, 하브루타는 경쟁에서 이기기 위한 공부법이 아니다. 올바른 관계를 형성해 가기 위한 수단이다. 유대인들은 어린 시절부터 하브루타를 통해 올바르게 관계를 형성해 가는 방법을 배운다. 올바른 하브루타를 위해 먼저 전제되는 것이 수평적 관계이다. 유대인들은 하나님 아래 모든 인간은 평등하다고 생각한다. 부모와 자녀는 무조건 부모 말을 따라야 하는 종속적인 관계가 아니다. 선생과 학생도 일방적으로 가르치는 수직적인 관계가 아니다. 친구 또한 경쟁에서 이겨야 할 상대가 아니다.

하브루타는 경쟁이 아니라 협력관계를 지향한다. 하나의 정답을 남보다 먼저 찾기 위해 경쟁하는 것이 아니라 남과 다른 자신만의 답을 찾으려 노력한다. 유대 격언에 "100명의 유대인이 있다면 100개의 답이 있다"는 말이 있다. 이는 하브루타가 지향하는 것이 무엇인지를 보여준다. 하나의 정답만을 찾는 경쟁교육으로 아이들을 줄 세우는 것이 아니다. 대화하고 토론하며 서로를 이해하기 위해 노력한다. 질문을 통해 각자 자신의 답을 찾기 위해 도와주고 협력하는 관계로 발전해 가는 것이다.

(2) 나와 상대를 이해하는 하브루타

유대인은 탈무드를 소리 내어 읽는 것으로 공부를 시작한다. 유대교 회당시나고그이나 도서관에서 앞뒤로 몸을 흔들며 큰소리로 경전을 읽는 유대인들의 모습을 흔히 볼 수 있다. 율법서의 텍스트를 자신의 것으로 만드는 과정이다. 이렇게 체화시킨 텍스트를 서로가 얼마나 이해했는지 확인하기 위해 상대방에게 설명한다. 각자가 이해한 내용을 체계적이고 논리적으로 상대에게 이해시키기 위해 노력한다. 서로의 의견을 경청하고 이해하려는 노력으로부터 하브루타는 시작된다.

경청의 사전적 뜻은 '귀를 기울여 들음'이다. 상대가 전달하고자 하는 말의 내용뿐만 아니라, 그 내면에 있는 정서까지도 이해하려는 태도를 말한다. 즉 경청은 상대를 존중하는 태도다. 유대인의 하브루타는 이러한 태도를 바탕으로 한다. 서로의 의견을 듣고 이해하며 나와 다른 생각을 부정하는 것이 아니라 존중하는 것이다. 동시에 자신의 의견을 객관적으로 바라보고 서로의 사고를 넓히는 것이다. 큰 소리로 싸우는 것처럼 보이는 논쟁도 끝이 나면 서로에게 고마운 마음을 갖는다. 존중이 바탕에 깔려 있기 때문이다.

서로 짝을 지어 공부하는 하브루타에서 경청만큼 중요한 것은 질문이다. 좋은 질문은 토론과 논쟁으로 이어진다. 좋은 질문은 하루아침에 만들어지지 않는다. 텍스트를 이해하고 상대의 의견을 경청하여 주장하는 것이 무엇인지 정확히 파악해야 한다. 그리고 상대의 주장이 자신과 어떻게 다른지 논리적으로 확인하고 검증한 후에야 좋은 질문이 나온다. 좋은 질문은 발전 가능한 토론으로 연결된다. 상대를 존중하고 이해하는 태도 속에서 질문은 좋은 관계를 형성해 간다. 경쟁하는 마음으로는 좋은 질문이 나올 수 없다. 무엇보다 좋은 질문을 할 수 있는 분위기가 선행되어야 하는 것이다.

유대인은 하브루타를 통해 수많은 질문과 토론을 거치며 지식과 지혜를 쌓아간다. 주제에 대한 본질과 핵심을 파악하는 능력을 키우고, 논리적이고 체계적으로 생각을 정리하는 힘을 기른다. 좋은 질문을 주고받으며 능동적으로 학습하고 서로의 이해력을 높인다. 토론을 통해 다양한 생각을 하고 상대를 설득하기 위해 논리적 접근 방법을 개발한다. 유대인들은 하브루타를 통해 상대를 이해하고 자신의 의견을 바르게 전달하기 위한 교육을 받는 것이다. 그리고 하나의 문제를 통해 함께 토론하고 적어도 둘 이상을 깨달아 가며 지혜의 폭을 넓혀 간다.

(3) 주입식 암기 교육으로 줄 세우는 우리 교육

우리의 교육은 질문을 통해 스스로 답을 찾기보다 다른 사람이 알려주는 답을 암기하는 방식을 고수해 오고 있다. 교사가 가르친 내용을 완벽하게 외웠는지 평가하고 성적으로 줄을 세운다. 하나라도 더 외우기 위해 자녀들은 가정에서, 또 학교와 학원에서 늦은 시간까지 열심히 공부한다. 단 한 번의 실수로 경쟁에서 밀려날 수 있기 때문이다. 이러한 현실에서 깊이 있게 공부하는 것은 사치이다. 시험에 나오는 것만 중요하게 여긴다. 주입식, 암기식으로 공부하고 정답이 있는 문제만 풀다 보면 자연스레 생각의 폭은 좁아진다. 잊혀 버릴 지식만을 쌓을 뿐 문제를 해결할 지혜는 얻지 못하는 것이다.

우리는 이미 정해진 답을 얼마나 잘 외우고 찾느냐가 성적으로 이어진다. 누구보다 잘 외워야 높은 점수를 받는 상황에서 친구는 없다. 나를 제외한 모두가 경쟁대상인 것이다. 결국 아이들을 경쟁으로 내몰고 있는 것이다. 상대를 이해하려 노력하기보다 다른 사람보다 더 좋은 점수를 받기 위해 애를 쓴다. 인기리에 방영되었던 드라마 〈스카이캐슬〉을 보면 경쟁에 찌든 우리 교육의 현실을 알 수 있다. 무한경쟁의 상징과도 같은 피라미드의 정점에 오르기를 기대하고 부추기는 것이다. 남보다 앞서야 하는 경쟁 속에 남을 배려하는 마음을 아이에게 요구하기는 어렵다.

이러한 우리 교육의 문제점에 대하여 저명한 미래학자 앨빈 토플러는 "한국 학생들은 하루 10시간 이상을 학교와 학원에서 자신들이 살아갈 미래에 필요하지도 않을 지식과 존재하지 않을 직업을 위해 아까운 시간을 허비하고 있다"고 말했다. 잊힐 지식으로는 새로운 시대를 준비하기 어렵다는 의미다. 또 많은 시간을 지식 공부에 쏟으면서도 '왜' 배우는 것인지 알지도 못한 채 무작정 열심히 외우기만 한다. 배움의 즐거움을 알지 못하고 그 진정한 의미도 깨닫지 못한다.

경제협력개발기구OECD가 실시하는 국제학업성취도평가연구PISA에서 우리나라는 늘 좋은 성적을 거둔다. 이런 뛰어난 인재들이 어른이 되면 사라져 버린다. 모두 명문대 그리고 안정된 직업과 같은 하나의 목표를 향해 달려가는 것이다. 그러다 보니 경쟁은 점점 심해지고 목표를 이루지 못한 대부분은 낙오자가 되는 현실이다. 반면 하브루타 교육을 통해 자신만의 길을 찾아 묵묵히 걸어가는 유대인들은 각자의 분야에서 주목할 만한 성과를 이룬다. 이제는 미래사회를 살아갈 우리 아이들에게 '무엇이 필요한지', '어떻게 가르치고 배워야 하는지'에 대해 고민하고 변화되어야 할 때이다.

⑷ 하브루타로 변화하자

우리는 말을 아끼고 침묵하는 것이 미덕이자 예의라고 배우며 자랐다. 그래서 질문하는 것 자체를 권위에 대한 도전이라 여겼고 버릇없는 행동이라 생각했다. 이러한 생각은 우리 아이들에게도 전달되어 조용히 집중해서 공부하기를 강요한다. EBS [다큐프라임-왜 우리는 대학에 가는가]에서 한 실험을 통해 이를 반증하였다. 비슷한 수준의 학생들을 나누어 하나의 그룹은 '조용한 공부방'에서 혼자 집중하여 공부하게 했다. 다른 그룹은 '말하는 공부방'에서 짝을 지어 묻고 설명하며 공부하도록 했다. 3시간 후 치른 시험에서 '말하는 공부방'이 '조용한 공부방'에 비해 두 배 가까운 점수를 받았다.

이는 미국교육연구소NTL에서 발표한 '학습효율성 피라미드'를 통해서도 확인할 수 있다. '학습효율성 피라미드'는 다양한 방법으로 공부한 후 24시간이 지난 다음 기억에 남아 있는 학습 내용의 비율을 의미한다. 이 자료에 따르면 소극적 학습법으로 강의 듣기는 5%, 읽기는 10%, 시청각 수업 듣기는 20%, 시범강의 보기는 30%를 나타냈다. 적극적 학습법으로 집단 토의는 50%, 체험은 75%, 서로 설명하기는 무려 90%의 효율을 나타냈다. 혼자 조용히 학습하는 것보다 함께 상호작용을 통해 학습하는 것이 더 효율적이다. 아이들은 토론하고 함께 체험하며 배운 것을 서로 설명해주는 과정을 통해 학습을 더욱 정교화하고 오래도록 기억하는 것이다.

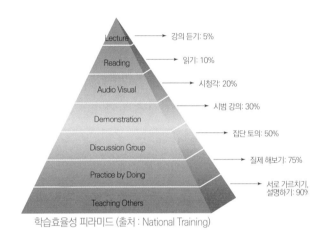

학습효율성 피라미드 (출처 : National Training)

굳이 학습 피라미드가 아니더라도 우리 아이들에게 암기식 교육보다 토론식 교육이 더 필요하다는 사실을 이미 알고 있다. 무작정 외우며 경쟁하는 공부보다 상대방과 좋은 관계를 형성하며 즐겁게 배울 수 있는 공부가 필요하다. 자신이 이해한 것을 설명하고 자기 의견을 소신 있게 말할 수 있는 교육을 해야 한다. 상대의 의견을 경청하며 더 좋은 방향으로 나아가도록 노력해야 한다. 그러기 위해 우선 부모부터 아이를 가르치겠다는 생각을 내려놓아야 한다. 가르치려 들면 자녀들은 부모와의 대화를 피하고 자신들의 귀와 입을 막을 것이다.

　우리는 자녀에게 열심히 공부할 것을 강요한다. 그래야 이 험한 세상을 살아갈 수 있다고 믿기 때문이다. '공부했니?'라는 질문 속에는 지시와 명령이 내포되어 있다. 아이에게 공부를 강요할 것이 아니라 함께 책을 읽고 서로의 생각을 나누어 보자. 우선 부모가 자녀를 존중해주며 수평적 관계를 유지하도록 노력해야 한다. 가정에서부터 자녀가 편하게 자신의 의견을 이야기하고 무엇이든 질문할 수 있는 분위기를 만들어 주자. 세상의 변화는 작은 질문에서부터 시작된다는 사실을 알려주자. 가정에서 시작된 안정적이고 편안한 관계는 학교로 또 사회로 이어질 것이다.

　앞서도 이야기했듯이 하브루타에서 가장 중요한 것은 올바른 관계를 맺는 것이다. 우리가 세상을 사는 것은 시험 정답을 맞히려고 사는 것이 아니다. 가정에서, 학교에서, 사회에서 서로 좋은 관계를 맺고 함께 토론하며 같이 성장하는 것이 하브루타의 진정한 의미이다. 그 과정에서 배움의 즐거움을 깨닫고 자신의 길을 찾아간다. 인생에 정답은 없다. 더 이상 아이들을 정답만 찾는 주입식 경쟁 교육에 묶지 말자. 성적 중심의 경쟁 구도 안에서는 성장에 한계가 있다. 함께 성장할 수 있도록 자녀를 관계중심의 아이로 자라게 하자.

5
가정:
가정에서부터 시작하는 유대인 교육

자녀 교육의 기초는 가정이다. 자녀에게 있어서 가정은 인생의 첫 학교이고 부모는 첫 스승이기 때문이다. 가정은 한 사람을 건전하게 성장시키기 위한 가장 중요한 장소이다. 자녀는 부모의 행동과 모습을 보고 자라기에 부모는 자녀의 본보기 선생이 된다. 유대인은 가정에서 자녀와 함께 책을 읽고 대화하며 배움이 즐거운 것이라는 사실을 알려준다. 그들은 하나님에 대한 믿음을 지키고 가족이 서로 사랑하며 부모와 자녀가 존중하며 살아간다. 그러한 유대인의 삶은 학교와 사회로 이어진다. 가정교육이 학교교육과 사회교육의 기초가 되는 것이다.

(1) 온전한 유대인은 가정에서부터 시작된다

유대인은 건강하고 똑똑한 아이를 얻기 위해 닛다Niddah, '월경'이라는 뜻을 가진 말로 유대인의 전통적인 타이밍 임신법을 의미한다. 임신법으로 계획하여 아이를 가진다. 믿음을 중시하는 유대인들은 아이를 갖기 전부터 토라를 읽고 율법에 맞추어 임신을 준비한다. 아이를 임신하면서부터 매일 뱃속에 있는 태아에게 토라를 읽어주고 기도를 들려준다. 아이가 건강하게 태어나기를 바라는 마음으로 부모는 하나님과 함께 준비하는 것이다. 유대인 산모는 아이가 태어나면 쌀 강보에 정성으로 바느질해 말씀을 수놓는다. 온전한 유대인으로 태어나고 자라기를 바라는 마음에서다.

유대인은 태아와 이야기를 나누며 태교한다. 유대인 부모는 뱃속의 아이에게 율법책을 읽어주고 기도한다. 아이의 엄마뿐만 아니라 아빠도 태교에 적극적으로 참여한다. 책을 읽어주기도 하며 그 내용에 대해 아이와 대화한다. 한마디로 유대인의 태교는 아이와 대화를 나누는 태담인 것이다. 아이는 엄마의 뱃속에서 부모의 사랑스러운 목소리를 들으며 정서적으로 안정감을 느낀다. 또 태아와의 대화를 통해 아기의 뇌세포를 자극해서 뇌를 발달시킨다. 태담은 부모에게도 긍정적인 영향을 미쳐 심리적으로 안정감이 들게 한다.

유대인들은 어린아이들에게 수시로 책을 읽어준다. 다정하게 책을 읽어줌으로써 부모의 사랑을 전달하고 아이들의 생각하는 힘을 기른다. 특히 아이를 재우기 전에 반드시 책을 읽어주고 아이의 머리에 손을 올려 기도한다. 잠들기 전 책을 읽어주는 것을 '베갯머리 이야기'라

하며 유대인은 이를 통해 자녀의 정서를 안정되게 한다. 아이의 머리에 손을 올리고 기도함으로써 하나님이 축복해주고 지켜주는 것을 알게 한다. 유대인은 이 시간을 통해 부모와 자녀 사이에 안정된 애착을 형성한다.

유대인은 '베갯머리 이야기'를 당연한 부모의 의무로 여기고 무슨 일이 있어도 지키려 노력한다. 그 시간이 자녀에게 사랑을 온전히 전하며 정서적인 안정과 마음의 행복을 전달할 수 있기 때문이다. 또 책을 읽어줌으로써 아이에게 책을 좋아하는 마음을 갖게 한다. 아이들은 책의 내용을 들으며 머릿속에 그림을 그리고 또 다음 이야기를 상상하기도 한다. 지적호기심이 자극되는 것이다. 베갯머리 이야기를 듣고 자란 아이는 자연스레 책을 가까이하게 된다. 이야기를 듣고 책을 가까이하며 자란 아이는 언어적인 감각도 잘 발달한다.

유대인은 베갯머리 이야기 못지않게 밥상머리 교육을 중요시한다. 유대인은 아무리 바쁘더라도 저녁식사는 온 가족이 모여 함께 하려한다. 유대인의 식사시간은 하루를 무사히 보내게 해주신 하나님에게 감사함으로 시작된다. 아버지의 수고와 음식을 준비한 어머니에게 존중과 감사함을 표시한다. 자녀를 마음껏 축복하고 함께 대화하며 가족의 사랑을 확인하는 시간이다. 유대인 자녀들은 자신에게 있었던 일을 부모에게 말하고 부모는 그것을 경청한다. 서로의 관심사에 대해 토론하기도 하며 하브루타의 기초를 다진다. 부모와 자녀 사이에 올바른 관계를 형성해 가는 것이다.

유대인 아이들은 대게 5세가 되면 의무교육을 받는다. 우리의 자녀들은 초등학교 입학 전 일찍 한글을 익히게 하고 수학과 영어 학원을 다니며 선행학습을 한다. 그와 달리 유대인 자녀들은 의무교육을 받기 전에 선행학습을 하지 않는다. 대신 가정에서 부모와 함께 배움에 필요한 마음과 태도를 준비한다. 토라와 탈무드를 읽고 토론하며 하나님의 뜻을 찾고 유대인으로서 신앙을 키운다. 부모와 대화하며 사랑과 배려를 배우고 질문과 토론으로 호기심과 사고력을 기른다. 가정에서부터 배움은 즐거운 것이라는 사실을 깨닫게 하는 것이다.

(2) 부모는 아이의 첫 선생님이다

유대인을 구분하는 여러 기준이 있지만 어머니가 유대인이면 그 자녀는 무조건 유대인으로 본다. 우리와 달리 유대인은 모계혈통을 따르는 것이다. 그만큼 유대인을 만드는 데에는 어머니의 역할이 절대적이라는 뜻이다. 어머니가 아이들의 최초의 선생님이기 때문이다. 유대인 자녀는 어머니를 통해 토라와 탈무드를 들으며 자란다. 그리고 가정에서 유대교 율법을 배우며 지킬 것을 가르침 받는다. 유대인들이 어머니의 혈통으로 유대인을 구분 짓는 이유다. 가정교육에서 어머니의 역할은 결정적이다.

'하나님은 너무 바빠서 대신 어머니라는 존재를 만드셨다'는 유대 속담이 있다. 어린 시절 아인슈타인은 성적은 엉망이었고 어떤 것도 잘못하는 학습부진아로 낙인 받았다. 그러한 아인슈타인을 천재과학자로 만든 것은 그의 어머니이다. "너는 남과 다른 특별한 능력을 가지고 있단다. 남과 같아서야 어떻게 성공하겠니?"라며 아인슈타인을 격려했다. 또 수많은 질문에도 귀찮아하거나 화를 내지 않고 정성을 다해 답해주었다. 자신을 인정해주고 믿어준 어머니 덕분에 위대한 물리학자가 탄생 된 것이다.

유대인은 자녀가 세 살이 되면 탈무드를 가르친다. 아버지와 자녀가 탈무드를 펴놓고 마주 앉아 함께 읽고 토론한다. 아버지는 아이를 가르치려 하기보다는 자녀의 이야기를 진지하게 들어주며 자신감을 가지고 말하게 한다. 대화와 토론을 통해 생각하는 힘을 키우고 리더십을 가지게 하는 것이다. 또 아이와 함께 놀아주며 아이의 행동과 말에 집중한다. 아이의 관심사를 파악하고 창의력과 호기심을 키워주기 위해 유대인 아버지는 자녀를 유심히 관찰하는 것이다.

유대인은 이 땅의 모든 복은 하나님으로부터 온다고 믿는다. 유대인 아버지는 자녀에게 하나님의 축복을 가르치고 전할 수 있는 큰 권리와 권위를 가진다. 유대의 시조인 아브라함이 그의 아들 이삭을 축복했고, 이삭이 그 아들 야곱에게 축복을 전했으며, 야곱은 그의 아들들을 축복하였다. 오로지 아버지만이 그 아들에게 하나님의 축복을 전할 수 있는 것이다. 유대인 자녀들은 아버지의 권위가 하나님에게서 온 것임을 알고 아버지의 권위를 존중한다. 부모를 존중하는 것이 하나님을 존중하는 것이라 여기기 때문이다.

유대인 부모들은 자녀들과 함께 하는 시간을 소중하게 생각하고 그 시간을 허투루 쓰지 않는다. 자녀를 온전한 유대인으로 기르는 것은 하나님이 부모에게 준 의무라 생각한다. 그 의무를 충실히 수행하기 위해 기다리고 인내하며 자녀를 돌보는 일에 온 힘을 다한다. 토라와 탈무드를 통해 자녀가 하나님을 알도록 가르친다. 배움을 통해 아이가 성장할 수 있도록 배움은 즐거운 것이라는 사실을 알려준다. 책을 가까이하고 대화와 토론을 좋아하는 아이로 기르는 것이다.

(3) 부모가 아닌 학부모가 되어버린 우리 부모들

우리도 자녀가 태어나서 자라기까지 많은 것을 신경 쓰고 잘 키우기 위해 엄청난 노력을 한다. 우리의 이러한 노력은 세계에서 둘째가라면 서러울 정도다. 아이들을 위해 엄청난 교육비를 부담하고 자녀에게 시간과 마음을 쏟는다. 부모들은 많은 것을 희생하며 자녀를 교육시킨다. 이런 교육열이 나쁘다는 것이 아니다. 하지만 높은 교육열이 바르지 못한 방향으로 흐르는 것이 문제다. 입시위주의 경쟁에서 남보다 앞서야 하고 다른 사람보다 높은 점수를 받아야 성공한다고 생각한다. 타인에 대한 존중과 배려는 찾아볼 수 없다. 오로지 경쟁상대만 있을 뿐이다.

이런 입시경쟁은 결과만을 놓고 평가하기에 당연히 배우는 즐거움을 느낄 수 없다. 아이들은 왜 배우는지 무엇 때문에 공부하는지 의미도 알지 못한 채 그저 영어단어를 외우고 수학문제를 풀기에 급급하다. 어려서부터 아이들은 입시를 위해 사교육에 내몰리며 공부한다. 배움을 통해 꿈을 찾기보다는 단지 시험만을 준비한다. 성적 하나로 모든 것을 평가받으며 다른 재능은 그냥 무시되어 버린다. 어린 시절 다양한 경험을 통해 관심분야를 찾고 흥미를 갖도록 하는 유대인과 차이가 있는 것이다.

"부모는 멀리 보라 하고, 학부모는 앞만 보라 합니다. 부모는 함께 가라 하고, 학부모는 앞서가라 합니다. 부모는 꿈을 꾸라 하고, 학부모는 꿈꿀 시간을 주지 않습니다. 당신은 부모입니까? 학부모입니까?" 과거 공익 광고에 나왔던 문구다. 부모들은 학부모가 되는 순간 자녀를 바라보는 관점이 바뀌게 된다. 아이의 대부분을 칭찬하고 격려하던 부모는 학부모가 되면서 성적에 연연하며 자녀를 경쟁으로 밀어넣는다. 당연히 점수에 일희일비하며 자녀의 모든 것을 성적으로 판단한다. 자녀를 있는 그대로 사랑하던 부모의 모습은 더이상 찾을 수 없다.

《가족시간과 삶의 질》아산재단 연구총서에 따르면 어린 자녀가 있는 경우에는 가족이 함께 식사를 하는 시간이 하루 평균 40~50분으로 나타났다. 자녀들이 자라면서 이러한 시간은 급속도로 줄어든다. 아이들은 공부를 위해 학교와 학원으로, 부모는 생업을 위해 일터에서 각자의 시간을 보낸다. 가족이 함께 하는 시간이 절대적으로 부족한 것이다. 유대인들처럼 2~3시간씩 가족이 함께 식사하며 서로 대화하기가 힘든 것이 우리의 현실이다. 이런 부족한 시간마저도 우리는 자녀에게 성적과 태도에 대해 잔소리하기 바쁘다. 정작 즐겁고 행복해야 할 가정에서의 시간이 힘들고 어려운 시간이 되어버린다.

(4) 모든 배움의 시작은 가정에서부터

조승연 작가는 어느 한 TV 프로그램에서 SAT미국대학입학 자격시험 논술에서 만점을 받은 유대인 친구의 이야기를 한 적이 있다. 그 친구는 따로 시험 준비를 하지 않았는데도 전 과목에서 만점을 받아 미국 대통령의 만찬 초청도 받았다고 했다. 조승연 작가는 유대인 친구에게 어떻게 높은 점수를 받을 수 있었는지를 물었다. 유대인 친구는 이렇게 대답했다고 한다. "시험에서 나온 논제가 내가 식탁에서 아빠와 하던 것보다 쉽게 나왔다." 시험 점수 만점의 비결이 '아버지와의 토론'이었던 것이다. 유대인 교육의 힘은 가정에 있다는 것을 나타내는 좋은 사례이다.

부모라면 누구나 자녀가 잘 되기를 바란다. 우리에게 자녀가 잘 된다는 것은 시험에서 높은 점수를 받고 좋은 대학을 가서 번듯한 직장을 가지는 것이다. 그래야 잘 살고 행복할 수 있다고 믿는다. 정작 자녀의 내면에 귀 기울이지 않으면서 겉으로 보이는 것들에 신경을 쓰는 것이다. 그러면서 자녀의 성적에 집착하고 공부에 일일이 참견한다. 혹시 한 번이라도 실패할까 봐 걱정하고 끊임없이 잔소리를 한다. 등 떠밀려 하는 공부에 자녀는 배움의 즐거움을 느낄 수가 없다. 자녀에 대한 우리의 집착과 참견, 걱정과 잔소리를 걷어내자. 자녀가 배움의 즐거움을 알게 하고 스스로 선택하며 살 수 있도록 돕는 것이 진정한 부모가 할 일이다.

배움의 시작은 학교나 학원에서 시작되는 것이 아니다. 바로 가정에서부터 시작된다. 앞서도 말했듯이 자녀가 가장 처음 만나는 선생님은 부모다. 하지만 자녀를 가르치는 일은 생각대로 되지 않는 것이 현실이다. 부모의 욕심으로 자녀를 어린 시절부터 입시경쟁으로 밀어넣지 않도록 주의해야 한다. 자녀에게 무엇을 가르치려 하지 말자. 유대인처럼 자녀에게 책을 읽어주고 자녀와 대화하자. 아이의 이야기를 경청하고 때로는 질문으로 스스로 깨달을 수 있도록 돕는 것이 부모가 할 일이다. 아이가 인생의 첫 번째 선생님인 부모와 함께 독서하고 대화하는 것이 즐겁게 느껴지게 하자. 그렇게 된다면 자녀는 배움이 즐거운 것이라 믿게 되고 평생을 실천하게 된다.

PART 2

마음을 키우는 유대인 교육

1. 모든 교육의 시작은 마음에서부터: 정서지능

2. 자녀는 하나님이 맡긴 선물: 자존감

3. 다름을 존중하는 유대인 교육: 개성

4. 유대인을 지키는 힘: 정체성

5. 이른 독립을 준비하는 유대인: 자립심과 책임감

6. 유대인의 만족지연교육: 인내심

7. 실패를 두려워하지 않는 유대인: 회복탄력성

8. 인생을 즐기는 힘: 호프마(유머)

9. 행복한 삶을 사는 유대인: 감사

1
모든 교육의 시작은 마음에서부터: 정서지능

'스스로 마음을 다스리지 못한다면 마음이 당신을 다스릴 것이다' 라는 말이 있다. 사람은 누구나 마음 즉 감정에 영향을 받아 행동한다. 슬프면 눈물을 흘리고, 화가 치밀어 오르면 분노를 표출하며, 즐거움이 넘치면 기쁨을 나타낸다. 이러한 감정을 정서라고 하며 우리에게는 다양한 정서가 있고 상황에 따라 정서가 변하며 행동으로 이어진다. 무엇보다 정서가 중요한 이유다. 그러므로 어려서부터 자신의 정서를 제대로 표현하고 조절하는 교육이 필요하다. 자신과 타인의 감정을 이해하고 수용하며 감정을 조절하는 능력, 즉 정서지능을 길러야 하는 것이다.

유대인 부모는 베드사이드 스토리 등을 통해 어린 자녀에게 정서적으로 안정감을 심어준다. 그리고 민감하고 신속하게 아이의 요구를 알아차리고 적절하게 반응함으로 안정된 애착을 형성한다. 부모의 일관성 있고 긍정적인 반응이 자녀에게 믿음을 주고 안정감을 느끼는 신뢰관계로 발전하는 것이다. 또 가족이 안식일을 함께 하며 많은 이야기를 하고, 《탈무드》를 배우고 가르치며 생각을 나눈다. 유대인 부모는 대화를 통해 소통하며 이이의 마음을 읽고 공감해준다. 아이가 자신의 감정을 알고 타인의 감정을 이해하는 정서지능이 바탕이 되어야 행복한 삶을 살 수 있는 것이다. 유대인이 무엇보다 아이들의 정서적인 건강을 중요시하는 이유다.

(1) 모든 것은 마음에서부터 시작한다

'사람의 몸은 마음에 의해서 움직여진다. 마음은 보기도 하고, 아름다운 소리를 듣기도 한다. 또한 걷기도 하고 서기도 하며, 때로는 기뻐하기도 하고 슬픔에 잠기기도 한다. 때로는 바위처럼 굳어지기도 하고, 솜처럼 부드러워지기도 한다. 서로를 미워하기도 하고, 사랑하기도 하며, 남을 원망하기도 하고, 남에게 설득을 당하기도 한다. 또한 끊임없이 무언가를 찾고, 잘못을 반성한다. 이처럼 마음은 다양한 모습을 지니고 있다. 마음을 슬기롭게 다스릴 줄 아는 사람이야말로 가장 강한 사람이 될 수 있다.' 《탈무드》에 나오는 마음에 관한 이야기다.

이처럼 유대인은 무엇보다 정서교육을 중요시한다. 삶을 이끄는 것은 지식이 아니라 마음이라 여기기 때문이다. 아이가 어떤 물건이나 상황에 집중하는 것도 호기심에서 비롯된 행동이다. 자녀가 공부를 열심히 하는 것도 배우고자 하는 마음에서부터 시작된다. 어떠한 행동을 하기 위해서는 우선은 하고자 하는 마음이 필요한 것이다. 정서가 안정된 아이는 힘들고 어려운 상황을 만나도 잘 흔들리지 않는다. 어떠한 상황에서도 마음에 품은 의지가 흔들리지 않는 심지가 굳은 아이로 자란다.

유대인 부모는 자녀에게 자신의 감정에 솔직하고, 마음에 정서가 풍부하도록 가르친다. 자신의 감정을 솔직하게 표현하게 하고 어떻게 다스리는지에 대해 알려준다. 유대인 아버지와 어머니는 함께 자녀를 기르며 서로 긍정적인 유대감을 형성하도록 노력한다. 그럼으로써 자녀의 정서에 안정감을 주고 건강한 정서를 가지도록 한다. 유대인 아버지는 자녀에게 율법과 탈무드를 가르치며 감정을 조절하는 이성에 많은 비중을 두고 교육을 한다. 유대인 어머니는 사랑으로 자녀를 대하며 자신의 감정을 솔직하게 표현하도록 정서교육을 한다.

대부분의 아이들은 보통 부모를 보며 자라기에 부모의 정서지능을 배우며 자란다. 유대인 자녀도 자신의 첫 선생님인 부모에게서 정서를 배운다. 유대인 부모는 자녀에게 좋은 정서를 전하기 위해 진심을 다해 따뜻하게 대한다. 또 유대인들은 성경을 공부하며 하나님의 성품을 배운다. 토라와 탈무드를 통해 하나님의 뜻을 배우는 과정에서 인간의 마음이 아닌 신의 마음을 깨닫는다. 유대 민족을 선택하고 환란의 역사 속에서도 자신들을 지켜준 하나님의 사랑을 알게 되는 것이다. 이러한 가르침과 깨달음 덕분에 유대인들은 세상을 품고 더 큰 꿈을 꾸며 리더로 성장한다.

(2) 유대인의 정서를 위한 교육

세계에서 범죄율이 가장 낮은 민족은 유대민족이다. 유대인들이 자신의 감정을 적절히 표현하고 조절하는 법을 배우며 자라기 때문이다. 유대인은 부모와 자녀 사이에 친밀한 정서적 관계, 즉 애착을 형성한다. '자녀를 잘 양육하라'는 하나님의 말씀에 따라 부모는 아이를 세심하게 관찰하며 정성으로 기른다. 특히 어린 아이의 요구에 신속하고 적절하게 반응하는데 이런 부모의 태도는 아이에게 안정감을 심어준다. 아이는 부모가 항상 나를 보호해주고 지켜주는 존재라는 믿음을 가지게 되는 것이다.

유대인은 머리에 손을 얹고 하는 축복기도 등을 통해 자녀와 많은 신체접촉을 하며 자녀에게 안정감을 심어준다. 스킨십을 통한 자극이 뇌에 전달되고 정서를 안정시키는 신경회로를 활성화시킨다고 전문가들은 말한다. 부모의 다정한 말 한마디와 따뜻한 체온을 전하는 스킨십이 자녀로 하여금 긍정적인 정서를 경험하게 한다. 아이는 부모에게서 사랑과 애정을 느끼고 스트레스를 줄여 행복감을 얻는다. 자녀는 안정된 애착을 통해 긍정적인 자아를 만들어간다. 부모라는 믿음의 존재를 토대로 안정적인 정서지능을 형성하는 것이다.

유대민족은 다른 민족들에 비해 정서지수가 높다. 유대인 부모는 매일 저녁 베갯머리 이야기를 통해 아이들의 정서를 자극한다. 부모는 따뜻한 목소리로 다양한 이야기를 들려준다. 이는 아이의 뇌를 자극하여 생각하는 힘을 기를 뿐만 아니라 마음에도 정서가 풍부한 아이로 자라게 한다. 또 잠자리에 들기 전 하루 동안 있었던 여러 가지 일들을 이야기한다. 즐겁고 기쁜 일에는 같이 기뻐해 주고, 슬프고 안 좋았던 일이 있었다면 힘든 감정을 풀어준다. 부모가 아이들의 마음을 알아주고 공감해주며 정서를 안정시키는 것이다.

유대인들은 가족이 함께하는 시간을 많이 가진다. 율법이 정한 안식일을 철저히 지키며 가족과 많은 시간을 보낸다. 유대인은 온 가족이 모여 함께 식사하며 대화를 한다. 아이들도 어리다고 무시하지 않고 존중하며 대화에 참여시킨다. 토라와 탈무드를 함께 공부하며 서로의 의견을 경청하고 존중하며 자신의 생각을 이야기하는 법을 익힌다. 유대인 부모는 자녀가 자신의 생각이나 감정을 잘 표현할 줄 아는 아이로 키운다. 자녀의 이야기를 경청하고 마음에 공감하며 정서지능을 높이는 교육을 하는 것이다.

(3) 아이의 정서보다 성적을 우선시하는 우리 부모들

우리 교육은 오랫동안 정서지능에 대한 관심을 두지 않았다. 오로지 학습을 위한 지능지수IQ에만 관심을 두고 공부만 잘하면 되는 분위기를 만들어 왔다. 그만큼 한국 부모들은 자녀의 마음을 외면한 채 오직 성적에만 관심을 두었던 것이다. 제대로 정서지능이 형성되지 못한 아이들은 자신의 감정을 주체하지 못하고 폭발하는 경우가 있다. 자신이 어떤 감정을 느끼는지 또 그 감정의 원인이 무엇인지도 알지 못한다. 감정을 주체하지 못하고 주변 사람들에게 공격적인 성향을 보인다. 아이들은 감정에 대해 제대로 배운 적도 없고, 그것에 대해 제대로 알지 못하기 때문이다. 또 바르게 표현하는 법을 배우지 못한 것이 원인이다.

우리는 감정을 잘 드러내지 않는 것이 미덕이라고 배웠다. 예를 들어, '남자는 태어나서 죽을 때까지 3번만 운다'라든지 '벙어리 3년, 장님 3년, 귀머거리 3년' 등 자신의 감정을 숨기고 잘 드러내지 않도록 교육받았다. 자신의 감정을 솔직히 표현하는 것은 버릇없는 행동이라 여겼다. 그래서 다른 사람을 불편하게 할 수 있다고 생각하기에 감정표현을 억제하도록 배웠다. 감정표현을 자제하는 것이 좋은 것이라는 분위기가 우리 사회 전반에 퍼져 있다. 자신의 감정을 속이고, 마음이 힘들더라도 참고 인내하는 것을 강요받으며 자란 것이다. 우리가 바른 정서지능을 형성하기 어려운 이유다.

요즘 들어 한국의 부모들도 자녀의 감정에 많은 관심을 가지고 정서지능을 키워주려 노력한다. 그러나 아직 아이의 정서보다는 성적에 더 큰 관심을 둔 부모들이 월등히 많다. 그런 부모들은 자녀를 정서적으로 학대한다. 수시로 다른 아이와 비교하며 아이의 마음에 상처를 준다. 때때로 자녀가 공부 외의 것에 관심을 가지기라도 하면 부모는 못마땅해하며 공부나 하라고 다그친다. 계속되는 잔소리에 아이들의 정서는 무너진다. 아이의 마음을 보듬어주고 이해해줘야 하는 부모가 아이에게 정서적 학대를 가하는 것이다.

한국의 부모들은 아이를 훈육한다는 명분으로 욱하고 화를 내는 경우가 많다. 부모의 미숙한 감정 분출이 자녀의 마음을 상하게 하고 정서를 망치는 것이다. 부모는 자녀를 통해 자신이 이루고자 하는 욕망을 채우려고 끊임없이 아이를 다그친다. 우리 아이들은 싫든 좋든 부모의 불편한 감정을 그대로 받아들여야 한다. 부모에게 주어진 권위를 남용하며 자녀에게 감정적으로 상처를 주는 것이다. 부모로부터 정서적으로 배려받지 못한 자녀는 마음에 상처를 평생 가지고 살아야 할 수도 있다. 자녀를 위한다는 부모의 마음이 욕심이 아닌지 생각해야 한다.

(4) 모든 교육은 정서적 안정에서부터 시작된다

뉴욕타임스의 두뇌 과학 분야 전문기자인 다니엘 골만Daniel

Goleman은 《정서지능》이란 책에서 "사회에서의 성공을 위해서는 지능지수IQ보다 정서지수EQ가 중요하다"는 것을 강조했다. 공부만 잘하는 우등생보다 타인의 마음에 공감하고 자신의 마음을 다스릴 줄 아는 사람이 더 성공한다는 것이다. 우리가 정서지능에 주목하는 이유도 사람들과 함께 어울려 사회 활동을 하는 데 꼭 필요한 능력이기 때문이다. 정서지능이 풍부한 사람은 좋은 인간관계를 맺고 성공할 가능성도 높다.

2016년 세계경제포럼에서 다가오는 4차 산업혁명시대에 필요한 10대 역량에 감성지능을 포함시켰다. 문제를 해결하기 위해 자신과 타인의 감정을 조절하고 이해하는 능력이 강조되고 있기 때문이다. 또 뛰어난 인재의 기준이 학력이 아니라 정서지능이 높은 사람으로 바뀌고 있다. 정서지능이 높은 사람은 감정을 무조건 억누르지 않고 적절히 표현하며 다스린다. 다른 사람과도 이해와 공감을 통해 좋은 관계를 형성한다. 대화와 협력이 필요한 미래사회에 정서지능이야말로 자신과 다른 사람의 잠재력을 이끌어낼 수 있는 필수 능력인 것이다.

감정코칭으로 유명한 존 가트맨 박사의 연구에 따르면 정서지능이 높은 아이들에게는 감정을 잘 다스리는 부모가 있었다. 부모의 정서가 아이들에게도 영향을 미치는 것이다. 부모가 아이의 이야기를 잘 들어주고 공감해주면 아이는 부모를 신뢰하고 정서도 안정된다. 아이는 안정된 정서지능을 바탕으로 호기심과 도전정신을 키운다. 만약 힘들고 지치더라도 부모로부터 위안을 얻고 다시 일어설 힘을 얻는다. 아이의 정서지능을 키우기 위해 부모는 자녀에게 관심을 가지고 따뜻한 스킨십과 안정적으로 반응해주는 태도가 필요하다. 자녀가 자신의 감정을 솔직하게 표현하게 도와야 한다. 부모는 아이의 감정을 이해하고 공감해주며 바르게 표출할 수 있도록 이끌어야 한다.

사람의 마음에는 감정이라는 연료를 채울 수 있는 감정탱크가 있다. 원하는 것을 하기 위해 또 바라는 것을 이루기 위해서는 감정탱크가 채워져 있어야 한다. 마치 자동차가 원하는 목적지에 가기 위해 연료통에 기름을 가득 채우는 것처럼 말이다. 자녀의 감정탱크를 채워주기 위해 우선 부모는 자녀를 향한 변함없는 사랑이 있어야 한다. '네가 공부를 잘하면' 혹은 '말을 잘 들으면'과 같은 조건을 붙이면 안 된다. 부모의 자녀에 대한 사랑은 무조건적이고 변함없어야 한다.

둘째는 아이가 이 세상 무엇보다 소중한 존재라는 것을 알게 해주는 것이다. 유대인들처럼 하나님이 맡긴 선물이라 여기고 귀한 존재로 대해야 한다. 그러면 자녀는 자신을 소중히 생각하고 어디서나 바르게 행동하게 된다. 마지막으로 감정적으로 흔들리지 않는 부모의 안정이 필요하다. 부모가 감정이 일관되지 않고 상황에 따라 흔들리면 자녀는 불안감을 느끼게 된다. 아이의 감정탱크를 채워주는 것은 부모의 역할이다. 그러기 위해 부모는 자녀와 많은 시간을 함께 해야 한다. 아이를 인정해주고 이해해주며 공감해주자. 모든 것은 안정적인 정서에서 출발한다는 것을 잊지 말자.

2
자녀는 하나님이 맡긴 선물:
자존감

자존감은 '자기 자신이 가치 있고 소중하며, 유능하고 긍정적인 존재라고 믿는 마음'이다. 한마디로 자신을 스스로 존중하는 마음을 말한다. 비슷한 개념으로 잘 할 수 있다고 믿으며 자신을 신뢰하는 마음인 자신감이 있다. 다른 사람들로부터 자신을 지키는 마음인 자존심도 있다. 균형 있고 건강한 자존감이라는 토대 위에 바른 자신감과 자존심이 만들어진다. 자존감을 잘 길러야 세상의 풍파를 견디고 자신의 마음을 잘 지킬 수 있는 것이다. 부모는 자녀가 어떤 고난에도 흔들리지 않고 이겨나갈 수 있도록 바른 자존감을 길러주어야 한다.

유대인 부모는 자녀를 하나님이 맡긴 선물이라 생각하며 존중한다. 아이를 스스로 판단하고 자신의 의견을 이야기할 수 있는 동등한 인격체로 대하는 것이다. 유대인은 아이를 온전한 유대인으로 성장시키는 것은 자녀를 맡긴 하나님에 대한 의무로 여긴다. 유대인 가정에서 부모는 자녀와 많은 시간을 함께한다. 성경을 가르치며 아이가 하나님의 자녀임을 알게 하고 스스로 소중한 존재임을 깨닫게 한다. 유대인 부모는 하나님이 아이에게 준 재능이 무엇인지 발견하기 위해 노력한다. 항상 곁에서 지켜보며 다양한 체험을 할 수 있도록 기회를 제공한다. 작은 것 하나라도 자녀 스스로 선택하도록 돕는 것이 유대인 부모의 역할이다. 유대인 자녀는 존중받으며 스스로 선택하고 행동함으로써 바른 자존감이 만들어진다.

(1) 하나님 아래 모든 인간은 평등하다

유대인들은 하나님이 인간을 창조했다고 믿는다. 하나님의 형상을 따라 만들고 코로 하나님의 영혼생기을 불어넣어 지음받은 것이 인간이라고 말한다. 그래서 유대인들은 인간 안에 하나님의 영혼이 함께한다고 생각한다. 인간은 나이, 지위고하를 막론하고 고귀한 존재이며 모두가 평등하다고 여긴다. 이러한 평등사상은 가정에서도 이어진다. 부모와 자녀는 주와 종의 관계가 아니라 서로 동등한 인격체이다. 아이는 부모의 소유가 아니라 존중받아야 하는 독립된 하나님의 자녀인 것이다.

유대인은 자녀를 하나님이 맡긴 선물이라 여긴다. 너무나 감사하게 받은 선물이지만 신이 맡긴 것이기에 부모의 소유가 아니다. 유대인은 자녀의 소유권이 근본적으로 하나님께 있다고 믿는다. 그래서 유대인 부모는 자녀를 하나님의 뜻에 따라 온전한 유대인으로 양육할 의무가 있다고 생각한다. 토라의 말씀을 이해하고 율법을 잘 지키며 세상을 위한 하나님의 뜻에 동참하도록 가르친다. 하나님과 온전한 관계를 정립하고 유지하며 살아갈 수 있도록 자녀를 양육하는 것이다.

유대인 부모는 아이를 잘 양육하는 것이 하나님에 대한 의무임을 알고 정성을 다해 가르친다. 토라와 탈무드를 가르치며 하나님의 위대함을 알려주고 자녀가 그 뜻을 찾아 꿈을 가지도록 돕는다. 자녀와 함께 책과 일상에 대해 대화하며 서로를 이해하려 노력한다. 자녀가 여러가지 다양한 경험을 할 수 있게 하고 긍정적인 말로 격려한다. 아이가 스스로 재능을 발견하고 그것을 발전시켜 나아가도록 돕는다. 온전한 유대인으로 성장하여 공동의 가치를 추구할 수 있도록 가르친다.

부모는 애정과 관심을 통해 자녀로 하여금 부모에 대한 사랑과 신뢰를 형성하게 한다. 유대인은 자녀들과 놀아주고 이야기하며 함께 많은 시간을 갖는다. 스킨십을 통해 따듯한 온기를 전하고 축복하며 기도해 준다. 자녀가 어떤 것에 관심이 있고 무엇을 잘 하는지 항상 관심을 기울인다. 자녀의 말을 경청하며 서로 대화를 통해 믿음을 쌓아간다. 하나님과의 관계처럼 부모와 자녀 사이에도 믿음의 관계를 형성하는 것이다. 어린 시절부터 만들어진 사랑과 신뢰의 관계는 나이가 들어서도 서로 이해하고 존중하는 관계로 이어진다.

(2) 흔들리지 않는 유대인을 만드는 힘, 자존감

유대인 자녀들은 부모와의 바른 관계 속에서 자존감을 키우며 자란다. 유대인은 일방적으로 명령하는 수직적 가정환경이 아닌 서로 소통하는 수평적 가정환경을 만든다. 자녀와의 대화를 통해 충분히 설명하고 이해시키기 위해 노력한다. 또 항상 관심을 가지고 자녀를 관찰하며 사소한 것이라도 칭찬한다. 유대인 부모는 결과를 칭찬하는 것이 아니라 노력한 과정을 칭찬해 준다. 이러한 태도는 자녀의 자신감과 도전정신을 키운다. 자녀의 행동에 긍정적으로 반응해주는 것이다. 부모와 자녀 사이에 만들어진 긍정적인 관계는 자녀에게 바른 자존감을 형성할 수 있게 도와준다.

앞서도 말했듯이 유대인들은 하나님의 영혼이 자신들 안에 살아있다고 믿는다. 자신을 귀하게 여기는 것이 자신 안에 있는 하나님을 존중하는 것이라 생각한다. 나에게 생명을 주신 하나님의 이름을 거룩히 여기는 삶을 사는 것이다. 유대인은 이것을 '키드쉬 하셈'이라 부른다. 어떤 고난과 역경에도 하나님과 함께 있음을 믿으며 자신을 귀하게 여기고 다시 일어설 힘을 얻는다. 오랫동안 나라 없이 떠돌던 유대인들이 오늘날 세계를 주도하는 민족이 된 것도 이러한 사상적 배경 때문이다.

유대인들은 하나님이 인간에게 각기 다른 재능달란트을 주셨다고 믿는다. 유대인 부모는 자녀가 남과 다른 자신의 재능을 찾아 발전시켜 나아가도록 돕는다. 자녀의 개성을 존중해주는 것이다. 누군가에게 보여주거나 다른 아이와 비교하여 남보다 앞서기를 바라지 않는다. 각자의 재능을 살려 세상을 개선시키는데 사용하는 것이 온전한 유대인으로 사는 것이라 믿기 때문이다. 자녀의 가능성을 믿어주고 할 수 있다는 마음을 심어준다. 유대인은 남과 비교하지 않음으로 아이의 자존감을 지키고 키운다.

유대인은 자녀의 선택을 존중함으로 자존감을 키워준다. 유대인 부모는 자녀가 스스로 무언가를 선택하고 결정할 수 있도록 돕는다. 동시에 자신의 선택에 책임도 따른다는 것을 알려준다. 자녀를 믿고 지지해주며 책임감도 기를 수 있도록 가르치는 것이다. 가정의 규칙 또한 부모가 일방적으로 정하지 않고 자녀와 상의해서 정한다. 유대인 부모는 자녀의 마음에 공감해주고 아이의 입장을 고려해 스스로 규칙을 정하도록 돕는다. 가정에서부터 스스로 결정하고 책임지는 습관을 기르는 것이다. 이러한 자율성은 아이로 하여금 자존감을 키울 수 있게 한다.

(3) 남과의 비교는 불행의 지름길

우리는 입시위주의 교육으로 아이들을 성적 하나로 판단한다. 한국 부모들은 학교 성적이 자녀의 미래를 결정한다는 생각에 남들과 비교하여 자녀를 평가한다. 부모들은 자녀만의 특별한 개성에 집중하기보다는 다른 학생과의 경쟁에서 이기라고 강요한다. 자녀는 더 높은 시험 점수를 받기 위해 수학이나 영어 학원으로 내몰린다. 부모는 자녀의 성적에 일희일비하며 다른 아이들과의 비교도 서슴지 않는다. 이러한 현실 속에서 우리 아이들은 자존심에 상처를 입고 자존감이 바르게 형성되지 못하는 것이다.

우리 부모들은 자녀가 세상적으로 성공하기를 바란다. 그래서 아이의 성향이나 개성을 무시한 채 부모의 욕심대로 자녀를 기르려 한다. 한국의 부모는 세상 기준에 맞춰 이미 답을 정해 놓고 자녀는 따르기만을 바란다. 그저 자녀가 말 잘 듣고 열심히 공부하는 착한 모범생이기를 원한다. 정작 자녀는 자신이 진정으로 하고 싶은 것이 무엇인지 생각하지 못한다. 그것을 생각한다 하더라도 해볼 기회조차 얻지 못한다. 자녀를 있는 그대로 인정하지 않고 부모의 기준대로 기르려 할 때 아이의 자존감은 무너진다.

우리는 부모의 욕심 때문에 지나치게 자녀를 통제하려 한다. 아이가 경쟁에서 뒤처지면 성공하지 못한다고 생각하기 때문이다. 끊임없이 자녀의 일상에 간섭하며 부모가 원하는 방향으로 아이를 끌고 가려 한다. 혹시 자녀가 실패할까 봐 아이 스스로 선택하고 행동할 수 있는 기회를 차단하는 것이다. 부모의 그늘에 갇혀 자란 아이는 자신감을 잃게 되고 의존적인 존재로 자라게 된다. 또 의지가 강한 자녀는 통제하고 간섭하는 부모와 부딪히게 되고 크게 불화를 겪을 수 있다.

반대로 의지가 약한 자녀는 부모의 뜻대로 자랄 수는 있겠지만, 결국 자존감이 결여될 수밖에 없다.

(4) 무너진 자녀의 자존감을 회복시키자

자녀의 무너진 자존감을 회복시키는 것은 무엇보다 중요한 일이다. 우리의 자녀들은 세상을 살아가는 동안 수많은 위기와 어려움들을 만날 것이다. 그러한 위기를 극복하고 어려움을 견딜 수 있는 힘은 자신을 믿고 존중하는 마음에서 시작된다. 자녀의 자존감을 높이고 회복시키는 데는 무엇보다 부모와의 대화가 핵심이다. 이 대화는 부모의 기대를 강요하고 바람을 요구하는 것이 아니다. 자녀의 이야기를 경청하고 아이의 마음을 이해하는 대화가 절실히 필요한 것이다.

육아전문가 오은영 박사는 한 TV 프로그램에서 아이의 자존감을 높여주는 부모의 행동수칙 몇 가지를 강조했다. 첫째는 아이와 대화할 때 아이의 말을 끊지 말라고 말했다. 부모가 자녀의 이야기를 경청할 때 아이는 존중받는다고 느낀다. 둘째로 다른 사람 앞에서 자녀를 나무라면 안 된다고 했다. 다른 사람이 보는 앞에서 자녀가 꾸지람을 들으면 자신은 존중받지 못하는 존재로 생각하게 되는 것이다. 셋째, 아이가 스스로 할 수 있도록 기다려줘야 한다고 강조했다. 혼자 힘으로 해냈다는 생각이 들 수 있도록 부모는 나서지 말고 기다리는 것이다. 마지막은 결과보다 과정을 구체적으로 칭찬해 주어야 한다고 이야기했다.

　자존감은 '자신이 사랑받을 만한 가치가 있는 소중한 존재'라고 느끼는 감정이다. 나 자신이 느끼는 삼정이지만 다른 사람괴의 관계에 중대한 영향을 끼치는 요소이다. 결국 자존감이 바르게 형성된 아이는 타인과의 관계도 긍정적으로 만들어 갈 수 있다. 자녀의 자존감 형성에 가장 중요한 것은 양육에 대한 부모의 마음가짐과 태도다. 앞서 말한 오은영 박사가 강조한 내용은 이미 우리가 알고 있는 것들이다. 문제는 부모의 욕심이 눈과 귀를 가리고 사랑하는 마음을 가려 행동으로 옮기지 못하는 것이다. 우리의 욕심을 걷어내고 아이들이 자존감을 바르게 만들어 갈 수 있도록 도와주자.

3
다름을 존중하는 유대인 교육:
개성

다른 사람이나 개체와 구별되는 자신만의 고유한 특성을 개성이라 한다. 개성은 다른 사람과 나를 구분 짓는 중요한 요소이다. 개성이 없다면 자신이 누구인지 또 이 세상에서 자신의 의미가 무엇인지 모를 수 있다. 개인의 정체성이 흔들릴 수 있는 것이다. 개성은 특별한 사람에게만 있는 것이 아니라 누구나 가지고 있다. 다가올 미래는 과거와 달리 개성이 주목받고 존중받는 시대이다. 더 이상 획일화된 교육으로는 개성 있는 인재를 기를 수 없다. 아이가 무엇을 좋아하는지 남과 다른 특기는 무엇인지 부모는 항상 살피고 찾아야 한다. 아이의 개성을 칭찬하고 북돋워 주는 부모의 관심과 열린 마음이 아이를 개성 있는 인재로 자라게 한다.

유대 민족은 하나님의 말씀인 율법을 지키며 살아간다. 하나님의 명령을 지키고 따르기에 구별되고 선택된 백성이 된다고 여기기 때문이다. 선민으로 살기 위해 유대인들은 다른 민족과 구별되는 삶을 살도록 자녀들에게도 가르친다. 유대인들은 누구에게나 남과 구별되는 개성과 재능이 있다고 믿는다. 하나님이 사람을 세상에 보낼 때 각자에게 특별한 의미와 임무를 부여한다고 생각해서다. 그러기에 유대인들은 하나님이 주신 달란트대로 다른 사람과는 다르게 살라고 가르친다. 아이에게 세상적인 성공을 위해 남보다 더 많이 공부하고 더 잘되라고 강요하지 않는다. 그들은 하나님의 말씀을 깨닫고 그에 따라 받은 능력을 발휘하며 사는 것이 바른 삶이라 가르친다.

(1) 다르다고 해서 틀린 것이 아니다

다른 사람이나 개체와 구별되는 개개인이 가지고 있는 고유한 특성을 개성이라 한다. 획일화된 사회에서 남들과 나를 구분 짓는 개성이 없다면 개인의 정체성은 흔들린다. 자신을 잃어버리고 남과 똑같은 삶을 살도록 강요받는 존재가 되는 것이다. 개성은 사람이라면 누구나 가지고 있으며 사람마다 각각 다르다. 다르다는 것은 틀린 것이 아니다. 각자가 타고난 개성을 인정하지 않고 틀린 것으로 대하는 순간 서로 상처가 생기기 시작한다. 각자의 다름을 인정하고 다양성으로 받아들이며 존중할 때 우리는 한 단계 더 성숙해진다.

언제 어디에서건 개성 있는 사람은 존재한다. 개성이 강한 사람은 많은 억압을 받기도 했지만 시대를 이끄는 리더로 성장하기도 했다.

역사에 남은 위대한 사람들은 각자가 개성이 뛰어난 인물들이었다. 엉뚱한 상상으로 다양한 발명품을 발명한 에디슨, 넘치는 호기심으로 상대성 이론을 만든 천재과학자 아인슈타인, 기존의 것을 거부하고 새로운 혁신으로 애플을 탄생시킨 스티브 잡스 등 수 많은 인물들이 있다. 모두가 같은 생각을 할 때 자신만의 개성으로 위대한 업적을 만든 것이다.

우리는 어릴 때부터 자신을 소중하게 여기는 것처럼 다른 사람도 귀하게 여기라고 배운다. 인간은 모두 소중하고 귀한 존재이며 자신만의 개성을 가지고 있기 때문이다. 서로를 존중하기 위해서 우선되어야 하는 것이 서로 다르다는 것을 인정하는 것이다. 서로 다름을 인정하지 않고 획일적으로 대하면 개성은 무시되고 관계는 무너진다. 개성이 무시 될 때 인간의 창조적인 능력은 발현될 수 없다. 그렇기에 다양성을 인정하고 개성을 존중하는 것이 무엇보다 필요하다. 개성을 인정하는 것이 인간을 존중하는 기본이기 때문이다.

지금과 같은 획일적인 가르침으로는 새로운 것을 만들어 낼 수 없다. 다가올 미래는 개성이 주도하는 시대이기 때문이다. 자신의 생각을 제대로 표현하고 나타낼 수 있는 사람이 필요하다. 개인의 다양함을 인정하고 화합하는 사회는 발전할 가능성이 높다. 또한 정신적으로도 성숙한 사회가 된다. 각각의 개성들이 다양한 모습과 생각을 존

중하며 지내기 때문이다. 개성 있는 사람은 자기철학이 있고 일상을
능동적으로 살아간다. 그렇기에 부모는 아이 스스로 개성을 찾고 키
워서 꿈을 만들어 갈 수 있도록 도와야 한다.

(2) 아이의 개성에 집중하는 유대인 교육

유대인은 자신들이 하나님에게 선택받은 민족이기에 다른 민족과
구별되고 거룩하다 여긴다. 그들은 누구나 이 세상에 태어날 때 하나
님이 준 특별한 능력를 가지고 태어난다고 믿는다. 하나님이 아이 각
자에게 남과 구별되는 개성과 재능을 주었다고 가르친다. 이러한 믿
음으로 유대인들은 자녀를 구별되게 가르치고 양육한다. 자녀를 존중
하고 남과 비교하지 않으며 자신만의 재능을 발견할 수 있도록 돕는
다. 아이의 개성대로 남과 다른 자신만의 생각을 하게하고 다르게 행
동하도록 가르치는 것이다.

유대인 교육의 핵심 중 하나는 아이 개개인이 갖고 태어난 개성을
찾는 것이다. 유대인 부모는 하나님이 아이에게 심어놓은 재능을 발
견하기 위해 최선을 다한다. 그러기에 항상 아이의 개성을 살피고 어
떤 것에 관심을 가지고 좋아하는지 세심하게 관찰한다. 유대인 부모
는 아이의 행복한 삶을 위해 남과 다른 점을 찾고 그것을 키워주려 노
력한다. 아이의 개성을 발견하고 잘 키워나갈 수 있게 가르치는 것이
행복한 삶을 위한 기본이라 여기기 때문이다. 그래서 유대인 부모는

아이가 다양한 경험을 체험할 수 있도록 한다. 다양한 경험을 통해 자신의 재능을 발견하고 키워나갈 수 있도록 돕는 것이다.

아이의 생김새가 다르듯 개성도 천차만별이다. 각자 하나님이 부어준 자신만의 개성을 지닌 존재인 것이다. 그 개성을 살려주는 것이 유대인 자녀 교육의 기본이자 유대인 부모의 의무이다. 유대인들이 개성 교육에서 가장 중요시하는 것은 서로 다름을 인정하는 것이다. 같은 부모 아래에서 태어나고 자란 형제, 자매 사이에도 각기 다른 개성이 있다. 유대 격언에 '형제의 머리를 비교하면 양쪽을 다 죽이지만 개성을 비교하면 양쪽을 다 살릴 수 있다'는 말이 있다. 유대인 부모는 형제, 자매 사이라도 아이를 절대 비교하지 않는다.

유대인들은 비교가 모든 갈등의 원인이라 여긴다. 탈무드는 '우리가 항상 어떤 것이나 어떤 사람과 비교하는 것이 갈등의 가장 큰 원인이다'라고 가르친다. 유대인 부모는 아이를 남과 비교하지 않음으로 갈등의 원인을 없앤다. 부모로서 아이를 비교하며 갈등으로 마음과 정신을 소비하지 않는 것이다. 대신 아이가 가진 개성과 재능을 발견하는 데 집중한다. 유대인 부모는 자녀에게 남보다 뛰어난 최고가 되라고 하지 않는다. 자신만의 개성을 살려 남과 다르게 하라고 가르친다. 그러기에 유대인은 남과 다른 아이의 개성을 찾아 달란트를 키우도록 돕는 것이 무엇보다 중요하다고 여긴다.

(3) 획일적인 교육으로 개성이 무시되는 우리

과거 한국은 빠른 성장을 위해 보다 효율적으로 사람을 길러야 했다. 먹고 살기 위해 인재를 빨리 기르고 선별하기 위해 획일적인 교육을 한 것이다. 문제는 여러 가지 조건이 좋아진 현재에도 과거의 교육이 여전히 진행되고 있다는 것이다. 아이들의 다양한 생각과 개성은 무시되고 정답만을 찾는 표준화된 교육만이 있을 뿐이다. 다가올 미래에는 표준화된 인물이 아닌 다양한 개성과 재능을 갖춘 인재가 필요하다. 아이를 남들과 비교하여 가장 잘하도록 강요하는 교육은 아이의 재능을 사라지게 한다. 더 늦기 전에 아이의 개성을 발견하고 재능을 꽃피울 기회를 만들어 주는 교육이 필요하다.

한국 교육은 짧은 시간에 민주화와 산업화를 이루는 데 큰 일조를 했다. 그러나 과도한 입시와 무한 경쟁 속에서 개인은 항상 희생의 대상이 되었다. 성적이라는 하나의 기준으로 아이들을 줄 세우고 비교했다. 남들보다 뛰어나야 성공한다는 사회적 분위기가 조성되었다. 이런 분위기로 인해 한국 부모들은 자녀를 남과 비교하고 더 뛰어나게 하기 위해 노력했다. 아이가 남과 다르게 잘 하는 점에 주목하지 않은 것이다. 잘 하는 것은 당연한 것이고, 그저 남과 비교해 약한 부분을 찾아내고 보완해주려 했다. 아이는 부족한 부분을 매번 지적당하며 마음에 상처가 생기는 것이다.

우리가 살아가는 시대는 다양한 모습의 구성원들이 존재한다. 이러한 시대에 우리는 우리와 다른 다양한 모습과 생각을 얼마나 존중하고 있을까? 우리는 여전히 다른 모습과 생각을 획일적인 기준에 맞춰 존중하지 못하며 살고 있다. 새로운 시대를 살아가야 하는 아이에게 부모로서 기성세대의 생각을 강요하는 모습이 그렇다. 개성이 존중받고 다양함이 인정받는 미래를 준비하게 자녀를 돕지 않는다. 아이에게 성적 하나의 기준만을 바라보며 입시위주의 공부만을 강요한다. 남보다 앞서야 한다는 획일적인 사고를 벗어나지 못 하는 것이다.

한국의 아이들은 초등저학년까지는 개성과 창의성을 키우는 다양한 활동을 하며 자란다. 하지만 초등고학년이 되는 순간 좋은 대학을 가기 위한 입시 위주의 공부에 매달리기 시작한다. 심지어 개성을 존중하는 예술분야까지 입시라는 굴레를 벗어나지 못한다. 아이의 개성을 발견하는 교육을 하는 것이 아니라 높은 점수를 받기 위한 교육을 하는 것이다. 아이가 남들과 다르기보다 뛰어나기를 바라는 것이다. 좋은 점수를 받기 위해 아이가 조금이라도 다른 생각을 하면 그것은 잘못된 것이라고 가르친다. 아이들은 자신의 생각을 말할 기회를 잃게 되며 당연히 개성을 찾을 기회도 사라진다.

(4) 아이의 개성과 재능에 집중하자

세계에서 가장 영향력 있는 영화인은 바로 스티븐 스필버그일 것이다. 그는 최초의 블록버스터 영화인 〈죠스〉를 시작으로 〈인디아나 존스〉, 〈쥬라기 공원〉 등 수 많은 걸작들을 제작했다. 어린 시절 스필버그는 책을 잘못 읽는 난독증으로 학습 지진아 학급에 편성되기도 했다. 학창 시절 친구들과 잘 어울리지 못하며 따돌림을 당하기도 했다. 급기야 고등학교 때 학교를 그만두었다. 그런 스필버그의 재능을 발견하고 발전시키도록 도운 것은 그의 부모였다. 그의 어머니는 스필버그가 남들과 다르다는 믿음을 가지고 긍정적으로 그를 대했다. 그의 어머니는 항상 스필버그와 눈높이를 맞추고 대화하며 아들의 말을 경청해 주었다. 아들이 무엇에 관심이 있고 어떤 것을 좋아하는지 듣고 공감해준 것이다.

스필버그의 아버지는 아들에게 다양한 경험을 할 수 있는 기회를 제공해 주었다. 시간을 내서 밤하늘의 별을 보러 가기도 하며 아이의 상상력을 자극했다. 영화를 좋아하는 스필버그에게 8mm 카메라를 사주며 스스로 영화를 만들어 볼 수 있게 했다. 스필버그가 고등학생 때 그의 아버지는 아들이 만든 영화를 상영하기 위해 마을 극장을 대여하기도 했다. 그렇게 스필버그는 세계에서 가장 영향력 있는 영화인으로 자란 것이다. 만약 그의 부모가 스필비그를 억지로 학교에 적응하도록 강요했다면 오늘날의 그는 없었을 것이다. 스필버그가 남과 다른 것을 인정하고 개성과 재능을 찾아 키워주었기에 가능했던 것이다.

하기 싫은 공부를 억지로 한다고 해서 자녀의 삶이 행복해지는 것이 아니다. 자신의 개성을 찾고 재능에 맞는 일을 하며 사는 것이 행복으로 연결된다. 그러기에 부모는 자녀가 진정으로 하고 싶은 것을 찾도록 도와주어야 한다. 개성이란 누군가로부터 배우는 것이 아니다. 하나님이 아이 안에 심어놓은 것이다. 그래서 부모는 아이 내면의 소리에 귀 기울여야 한다. 가능한 많은 시간을 아이와 함께 보내며 '아이가 정말 원하는 것이 무엇인지' 들어야 한다. 자주 아이와 대화하고 열린 마음으로 아이의 말을 들어주자. 또 아이와 함께 다양한 경험을 하고 무엇을 느꼈는지 나누는 것도 아이의 개성을 파악하는 좋은 방법이다.

자녀의 개성을 위해 무엇보다 부모가 먼저 해야 하는 것은 남과 비교하는 마음을 버리는 것이다. 앞서도 이야기했듯이 비교는 자신과 아이가 특별한 존재라는 것을 잊게 한다. 다른 사람과 비교당함으로 열등감을 갖게 하고 스트레스만 생긴다. 남과 비교하는 습관을 버리자. 그래야 아이에게 집중할 수 있다. 남과 비교하는 습관을 버리는 가장 좋은 방법은 '자신과 비교하는 것'이다. 다른 누구의 삶이나 남들이 원하는 모습이 아니라 자신 스스로 어떤 삶을 살고 싶은지 찾아야 한다. 자신만의 기준으로 어제, 오늘 그리고 내일의 자신을 바라보는 것이다. 헤르만 헤세는 "중요한 일은 다만 자기에게 지금 부여된 길을 한결같이 똑바로 나아가고, 그것을 다른 사람들의 길과 비교하지 않는 것이다"라고 말했다. 아이가 남이 아닌 자신의 모습을 보며 발전시켜 나아갈 수 있도록 도와주자.

4
유대인을 지키는 힘:
정체성

　심리사회적으로 정체성은 '개인이 속한 집단에 대한 귀속감 내지는 일체감'을 의미한다. 다시 말해 '자신의 존재에 대하여 바르게 인식하고 구성원으로서 자긍심을 가지는 것'이라 할 수 있다. 이러한 정체성은 선천적으로 타고나는 것이 아니다. 자신이 속한 집단이나 단체에서 역사와 신념을 배움으로써 정체성을 키워나간다. 정체성이 확고히 자리 잡으면 흔들리지 않는 자긍심과 유대감을 만들 수 있다. 확고한 정체성이 형성되는 것이다. 이를 바탕으로 어떠한 어려움과 위기가 닥쳐와도 자신의 가치관과 신념은 쉽게 흔들리지 않는다.

　유대인들은 수 세기 동안 터전을 잃고 서로 다른 나라에 흩어져 살아왔다. 그들은 온갖 고난과 박해 속에서 살아남기 위해 다른 나라의 언어와 문화를 익혀야 했다. 그럼에도 불구하고 유대인으로서의 정체성은 지켰다. 자신들의 종교와 전통을 지키며 다른 민족과 같아지지 않도록 자신들을 구별한 것이다. 유대인은 어느 곳에 있든 토라와 탈무드를 배우며 유대인으로서 신앙을 지켰다. 그들의 명절인 절기를 지키고 유대 역사를 배우며 전통을 이어왔다. 자녀들에게도 안식일을 함께 보내며 가정에서부터 정체성을 심어주었다. 학교와 회당에서 역사와 전통을 가르치며 정체성을 키우게 했다. 유대인으로서 긍지를 가지게 하고 유대감을 키우도록 가르친 것이다.

(1) 정체성으로 하나 되는 유대인

과거 유대인들은 예루살렘 성전을 중심으로 하나님을 믿는 믿음을 지켜나갔다. 솔로몬 왕에 의해 세워졌던 예루살렘 성전은 다른 민족의 침략을 받으며 수차례 파괴되었다. 그리고 또 재건되기를 거듭했다. 이후 로마제국에 의해 예루살렘이 점령당하며 성전은 완전히 파괴되었다. 지금은 그 일부분만 남아 '통곡의 벽'으로 불린다. 이렇게 종교적 구심점을 잃고 뿔뿔이 흩어진 유대인들은 자신들의 믿음을 잃지 않도록 노력했다. 유대교 경전인 토라와 탈무드를 가정에서 또 회당에서 가르치고 배우며 신앙을 지켰다. 믿음을 지키는 것이 유대인으로서 정체성을 지키는 것이라 생각했다.

유대인들이 정체성을 지키는 이유는 하나님의 택함을 받은 민족이라는 '선민의식' 때문이다. 선민의식 그 자체만으로도 유대인으로서 자긍심과 민족적 유대감을 굳건히 한다. 유대민족은 나라를 잃고 수

천 년을 전 세계에 흩어져 다른 민족들 사이에 살았다. 그러면서도 자신들의 가치관과 민족적 정체성을 더욱 확고히 다졌다. 다시 나라를 세우고 영토를 회복할 수 있었던 것도 변하지 않는 믿음과 정체성이 있었기에 가능했던 것이다. 유대인들은 지금도 전통과 역사를 배우고 가르치며 자신들의 정체성을 이어간다.

세계 어느 곳에 있든지 대부분의 유대인 가정은 그들만의 절기를 지킨다. 성경에 나오는 하나님의 명령에 따라 반드시 절기를 지키며 신께 감사하는 마음을 갖는다. 유대인들은 율법에 따라 때에 맞춰 할례, 성인식 등의 의식을 치른다. 절기와 의식을 지키며 자신들의 문화를 지키는 것이다. 절기를 지키고 때에 맞춰 의식을 행함으로써 자신들은 하나님의 택함을 받은 민족이라는 것을 확고히 한다. 자신들의 문화를 지키며 하나 되는 유대인으로서 소속감과 유대감을 다져 민족의 결속을 강화한다.

(2) 유대인의 정체성 교육

성경에 의하면 하나님은 세상을 창조하는데 6일이 걸렸고, 7일째 되는 날 휴식을 가졌다. 유대인들은 하나님의 계명에 따라 이날을 '안식일'로 정하고 철저히 지킨다. 안식일을 히브리어로 '샤바트Shabbat'라고 하는데, 그 뜻은 '멈추다', '중단하다'의 의미가 있다. 하던 일을 멈추고 세상을 만드신 하나님을 기억하는 날을 의미한다. 안식일을 지키는 것은 모세가 받은 십계명 중 하나로써 하나님과 유대인들 사이에 맺은 언약이다. 유대인들은 이 언약을 기억하고 하나님이 그들에게 베풀어준 은혜에 감사하고 기뻐하며 예배를 드린다.

　유대인들에게 있어 안식일은 그들의 정체성과 깊은 관련이 있다. "유대인이 안식일을 지킨 것이 아니라 안식일이 유대인을 지켰다"는 말이 있다. 안식일을 지킴으로써 하나님의 계명을 지키고 창조주로 인정하는 것이다. 안식일은 단순히 쉬는 날이 아니라, 가족과 함께 보내며 온전히 하나님께 예배드리는 날이다. 유대인 부모는 자녀에게 성경을 가르치고 신앙을 교육한다. 유대인이라면 남녀노소를 막론하고 누구나 안식일을 철저하게 지킨다. 안식일 준수는 부모만 하는 것이 아니다. 유대인 자녀들도 안식일을 지키게 함으로써 가정에서부터 신앙교육과 유대민족의 정체성 교육이 시작되는 것이다.

　유대인들은 다음 세대에게 역사와 전통을 반드시 가르친다. 유대인의 자긍심과 정체성을 환기시키고 잘 전달하기 위한 것이다. 유대인 자녀는 정체성을 강화하고 더불어 사는 법을 배우기 위해 '유대인 캠프'에 참여한다. 전 세계의 거의 모든 유대인 아이들은 어린 시절부터 이 캠프에 참여한다. 캠프에서는 주로 유대의 역사와 전통, 히브리어 등을 배우고 각종 스포츠 및 다양한 체험활동을 한다. 아이들은 단체 생활을 통해 사회성을 확립한다. 뿐만 아니라 세계각지의 친구들을 만나며 다양하고 폭넓은 세상을 경험한다.

'유대인 캠프'는 전 세계에 퍼져있는 유대인 아이들을 위한 프로그램이다. 어려서부터 하나 되는 유대인을 배우는 것이다. 캠프를 통해 유대인 아이들은 세계 여러 나라에서 온 유대인 친구들을 만나고 교류하며 자란다. 그들은 자신들의 유대감을 쌓고, 다양한 친구와 문화를 접하며 어울리는 법을 자연스레 깨우친다. 아이들은 캠프에서 다양한 또래들과 어울려 조화롭게 지내며 유대인 네트워크의 기초를 다진다. 무엇보다 중요한 것은 아이들과 함께하며 유대인으로서 자긍심과 정체성을 고취한다. 그럼으로써 유대민족에 대한 강한 애착심을 형성하는 것이다.

(3) 진정한 자신을 찾지 못하는 우리 아이들

우리 아이들도 '내가 누구인지', '무엇을 해야 하는지' 수많은 고민을 한다. 강한 유대감과 다양한 경험을 통해 자신이 누구인지 알아가야 하지만 현실은 그렇지 못하다. 입시에 쫓겨 생각할 시간이 없고 고민을 나눌 사람이 없는 것이 현실이다. 한국 부모는 공부를 열심히 해서 성공하는 삶을 살도록 강요하며 공부 외의 모든 경험을 차단한다. 자신에 대해 답을 찾을 기회조차 잊지 못하는 것이다. 자존감과 정체성이 확립되지 않으면 힘들고 어려운 일이 닥쳤을 때 견디지 못한다. 통계청 자료에 따르면 경제협력개발기구OECD 국가 중 자살률이 가장 높은 나라가 우리였다. 특히 10~30대의 사망 원인 1순위가 자살이었다. 우리 아이들이 바른 자존감과 정체성을 정립했다면 그 결과는 달라졌을 것이다.

우리도 민족적 정체성을 확립하기 위해 역사를 배우고 가르친다. 정작 역사 교육이 우리 아이들에게 민족적 자긍심이나 유대감을 형성하지는 못하는 것이 현실이다. 시험성적을 위해 선조들이 이룬 업적과 사건들을 외울 뿐이다. 아이들은 역사 교육을 통해 우리 민족이 추구해온 가치와 전통을 배우는 것이 아니다. 그저 암기하고 외우는 교육 때문에 오히려 역사를 어려워하고 힘들어한다. 시험을 위한 역사 교육으로는 아이들에게 우리 민족의 정체성과 가치관을 전달하기 어렵다.

(4) 확고한 정체성은 아이의 미래를 좌우한다

심리 사회적 발달이론을 수립한 정신분석학자 에릭슨은 청소년기가 '정체성 대 혼돈identity vs. role confuison'의 시기라고 했다. 그 이론에 따르면 '자신이 누구인지' 또 '무슨 일을 할 것인지'에 대해 정립이 되면 건강한 정체성이 만들어진다고 한다. 그렇지 못 할 경우 자신의 역할에 대해 혼란이 오며 정서적으로 불안정해진다고 정의했다. 에릭슨은 건강한 정체성을 만들기 위해 청소년기에 두 가지를 경험해야 한다고 했다. 하나는 '소속감'이고 다른 하나는 '새로운 것을 시도하는 탐색'이다.

우선 가정에서부터 우리 자녀가 건강한 소속감을 만들도록 다양한 경험을 할 수 있게 하자. 아이들은 충분한 사랑과 인정을 받음으로써 안정감과 소속감을 느낀다. 자신을 믿어주고 지지해주는 부모가 있다는 것만으로도 정서적 인정감을 찾고 도전할 수 있는 용기를 얻는다. 자녀의 이야기를 경청해 주고 어려움을 함께 고민해 주자. 여행이나 체험프로그램을 통해 다양한 경험을 해볼 수 있게 하자. 자녀가 스스로 결정하고 행동할 수 있도록 부모는 곁에서 지켜보며 도와야 한다. 건강한 정체성은 부모와의 바른 관계를 형성하는 것부터 시작된다.

올바른 정체성을 형성하기 위해서는 자기 자신에 대해 알아야 한다. 내가 무엇을 알고 모르는지에 대해 아는 능력, 즉 메타인지 metacognition가 필요하다. 메타인지는 문제해결력과 자기조절능력으로 이어진다. 이는 아이가 스스로 성장할 수 있게 돕는 원동력이 된다. 메타인지는 타고나는 것이 아니라 학습에 의해 개발되는 것이다. "너 자신을 알라"고 말한 고대 그리스의 철학자 소크라테스는 질문과 대답을 통해 제자들이 스스로 정체성을 찾게 했다. 유대인들도《탈무드》를 배우며 끊임없이 자신의 정체성에 대해 질문을 던진다. 우리 아이들이 무엇을 좋아하고 잘하는 것은 어떤 것이지 고민할 수 있도록 시간을 허락해 주자. 충분히 고민하고 스스로 답을 찾은 아이는 열정으로 자신이 하고 싶은 것에 매진할 것이다.

정체성이 확립된 아이는 자신이 누구인지 또 무엇을 해야 하는지에 대해 스스로 답을 찾는다. 또 어떤 어려움이 닥치더라도 자신을 지키며 흔들림 없이 목표를 향해 나아갈 수 있다. 이러한 정체성은 하루아침에 생기지 않는다. 부모는 자녀와 함께 오랜 시간 고민하고 생각해야 한다. 아이와 많은 시간을 보내며 대화와 질문을 통해 자녀의 정체성을 확립할 수 있도록 도와야 한다. '나는 누구인가', '무엇을 해야 하는가'를 자녀에게 질문하기 전에 우선 부모인 나부터 이 질문에 대한 답을 고민해보자. 부모의 정체성이 확실할 때 자녀에게도 바른 정체성을 전달할 수 있을 것이다.

5
이른 독립을 준비하는 유대인:
자립심과 책임감

자녀는 적정한 시기가 되면 부모의 품을 떠나 자신의 인생을 살아야 한다. 부모는 그것이 순리라는 것을 알면서도 허전한 마음에 자녀를 위해 조금이라도 더 무언가 해주고자 애쓴다. 하지만 아이가 부모의 그늘에서 벗어나야 독립적으로 자랄 수 있다. 부모는 자녀가 어릴 때부터 주체적으로 바로 설 수 있도록 자립심을 키워주어야 한다. 아이의 발달 단계에 맞춰 육체적, 정신적, 경제적으로 부모도 자녀도 독립을 준비해야 하는 것이다. 그렇기에 타인에게 의지하지 않고 스스로 일어서려는 자립심을 아이에게 심어주는 것이 중요하다. 동시에 자신의 선택과 행동에 책임져야 한다는 사실도 알려주어야 한다.

부모가 언제까지 자녀와 함께 할 수 없기에 유대인은 자녀가 스스로의 힘으로 세상을 살아갈 수 있게 가르친다. 가정에서부터 작은 일이라도 돕게 하며 혼자 힘으로 해낼 수 있도록 격려한다. 자녀가 조금 미숙해도 유대인 부모는 자녀가 스스로 해낼 때까지 인내하며 기다린다. 혹 실수하거나 실패하더라도 격려하며 다시 도전하도록 응원한다. 또 유대의 전통에 따라 조금 이른 성인식을 통해 자녀가 스스로 온전한 유대인이 되도록 돕는다. 자립심을 심어주는 동시에 그에 따른 책임도 알려주며 유대 공동체의 일원으로 성장하게 하는 것이다.

(1) 넘어진 아이가 스스로 일어나기를 기다린다

동양인 최초로 이스라엘대학의 교수가 된 류태영 박사가 어느 유대인 가정을 방문했을 때의 일이다. 유대인 부모가 자신의 아이에게 걸음마를 가르치고 있었다. 이제 막 걸음마를 배운 아이가 뒤뚱거리며 넘어지려하자 류 박사는 아이의 손을 잡았다. 아이가 다치기라도 할까 걱정되는 마음에서였다. 유대인 부모는 류 박사에게 "한국의 부모들은 아이가 넘어지려 할 때 그렇게 붙잡아 주느냐"고 반문하며 이렇게 이야기했다. "사람은 결국 혼자 살아가야 한다. 아이에게 필요한 것은 부모의 손이 아니라 스스로 일어나겠다는 의지이다." 이 말에 류 박사는 많은 것을 느꼈다고 한다.

유대인의 자립심에 대한 철학을 엿볼 수 있는 일화이다. 아이들의 자립심을 길러주기 위해서는 무엇보다 부모의 역할이 중요하다. 한국의 부모는 아이의 기를 살려주기 위해 되도록 아이가 원하는 대로 해주고 많은 것을 해주려 한다. 유대인들은 이와 같은 양육 태도가 아이를 의존적 존재로 키운다고 지적한다. 그들은 자녀가 스스로 자신의 일을 해결할 힘을 키워주는 것이 무엇보다 중요하다고 여긴다. 유대인 부모는 자녀가 스스로 해낼 수 있는 힘을 기를 수 있도록 한 발짝 뒤로 물러서서 지켜보며 기다린다.

유대인이 자녀를 가르치는 이유는 책임감과 자립심을 가지고 스스로 세상을 살아갈 힘을 기르게 하는 데 있다. 그렇기에 유대인 부모는 자녀가 살아갈 수 있는 힘을 길러 주는데 집중한다. 그들은 자녀에게 자립심을 가르치지 않으면 부모 노릇을 제대로 하지 못하는 것이라 생각한다. 유대인 부모는 자녀에게 강요하거나 부모가 나서서 도와주지 않는다. 인내하고 기다리며 무엇보다 자녀가 스스로 선택하고 행동하도록 기회를 준다. 그리고 최선을 다해 그 선택에 노력과 책임을 다할 것을 강조한다.

(2) 유대인의 자립심 교육

유대인 부모는 가정에서부터 자녀의 자립심을 키운다. 아이에게 집안의 작은 일부터 스스로 하도록 권하는 것이다. 대화와 토론을 통해 할 수 있는 것과 해야 할 일을 정하고 부모는 아이의 발달단계에 맞춰 조정해 준다. 아이들은 '장난감 정리', '자신이 입을 옷 정하기', '식사시간 돕기' 등 다양한 집안일에 참여한다. 유대인 자녀는 작은 일부터 혼자 힘으로 해나가고 도움으로써 할 수 있다는 자신감과 성취감을 경험한다. 이런 경험을 통해 어렵고 힘든 일에도 도전하고 스스로 해결함으로써 자신의 가능성을 확인한다. 또 집안일을 도우며 책임감도 키운다. 유대인 부모는 자녀가 실수나 실패를 하더라도 인내심을 갖고 혼자 하도록 격려한다.

유대인은 전통에 따라 성인식을 13세에 치른다. 다른 나라보다 무려 7~8년이 빠르다. 유대인에게 성인이란 하나님과 직접 계약을 맺은 사람을 의미한다. 성인식의 히브리어도 '바르 미츠바Bar Mitzvah'라고 하는데 이는 우리말로 '계약율법의 아들'을 의미한다. 즉 성인이란 스스로 하나님의 계명을 지키고 율법의 가르침에 책임을 지는 사람인 것이다. 유대인은 이른 성인식을 통해 자녀가 스스로의 삶을 주도적으로 살아가도록 한다. 그리고 그에 따른 책임을 지는 사람으로 기른다. 자녀에게 어릴 때부터 자립심을 키워주고 책임감을 심어주는 것이다.

유대의 성인식은 일정한 나이가 되었다고 성인으로 인정하는 우리와는 구별된다. 유대인은 13세의 소년이지만 자기 스스로 삶에 대해 책임을 지게 하는 성인식을 위해 최소 1년 전부터 준비한다. 유대인은 성인식을 행함으로써 공동체의 일원이 되기 위해 철저히 성인식을 준비하는 것이다. 유대인 소년은 토라의 축복문을 낭송하고, 한 부분을 큰 소리로 읽는다. 그리고 미리 정한 주제로 친지들과 사람들 앞에서 강론한다. 이렇게 함으로써 자녀는 독립적인 유대인이자 성인으로 인정받는다. 그 부모는 자녀에 대한 종교적 책임과 의무를 면하게 된다.

성인식 이전 1년이 자립심에 대한 훈련이었다면, 이후 1년은 유대인으로서 책임감에 대해 훈련을 받는다. 매주 금요일 저녁과 토요일 아침에 예배에 참석해야 하는 의무가 생긴다. 사회를 위해 봉사하는 훈련도 받는다. 병원에서 병자를 돌보거나 양로원에서 노약자를 돌보기도 한다. 사회봉사단체에서 자원봉사자로 섬겨야 한다. 이러한 봉사를 통해 사회에 대한 책임감을 가르치는 것이다. 유대인에게 성인이란 스스로 온전히 믿음을 지키고, 사회에 봉사하는 사람을 의미한다. 성인식을 통해 자녀의 자립심을 키우고 책임감을 길러주는 것이다.

(3) 자립심을 키우지 못하는 우리 아이들

우리 주변에는 독립할 시기가 지난 자녀들을 부모가 여전히 끼고 사는 경우를 종종 본다. 사회적, 구조적인 문제도 있지만, 무엇보다 한국 부모가 자녀의 성공을 위해 많은 것을 희생하기 때문일 것이다. 자녀의 성공에 집착하다 보니 자녀를 자립시키는 데는 크게 신경 쓰지 않는다. 성공하면 자연스레 자립한다고 생각하지만 현실은 그렇지 않다. 우리사회를 돌아보면 '마마보이', '파파걸'에 대한 신문기사들이 가끔 올라온다. 요즘은 '캥거루족부모에게 경제적으로 의존하는 20~30대의 젊은이들을 일컫는 용어', '자라족자립할 시기가 되었지만 경제적으로 어려운 상황이 닥쳤을 때 부모라는 단단한 방어막 속으로 숨어버리는 젊은이들을 빗댄 신조어'

에 대한 뉴스도 심심찮게 보이는 것이 현실이다. 자립심이 제대로 자라지 못한 우리 아이들이 성인이 된 후에도 여전히 부모를 의지하며 사는 것이다.

한국의 부모들은 자녀의 교육을 위해 시간과 돈 등 많은 부분을 희생한다. 엄밀히 말하면 시험 점수를 위해 희생한다고 봐야겠다. 자녀를 위해 많은 희생을 하지만 정작 무엇이 중요한지 놓치고 있다. 한국 자녀들은 공부만 하면 다른 모든 것은 하지 않아도 용서가 되고 이해를 받는다. 입시 때문에 자녀가 자립심을 키울 기회를 갖지 못하는 것이다. 우리는 자녀의 성공을 바라며 평생 책임질 것처럼 모든 걸 쏟아붓는다. 하지만 이러한 희생이 결국 자녀의 홀로서기를 가로막는 엄청난 잘못임을 깨닫지 못하고 있다.

한국의 아이들은 입시를 강요받는다. 또 자녀를 위해 많은 것을 희생하느라 바쁜 부모들로 인해 가정에서 적절히 교육받지 못한다. 오로지 학교와 학원에서 입시를 위한 지식만을 주입 받으며 자란다. 스스로 선택권 없이 공부만을 강요당한 아이에게 자립심을 요구하는 것은 무리일 것이다. 또 공부에 대한 책임감은 자녀에게 부담으로 다가선다. 제대로 된 자립심과 책임의식을 키우기 어려운 것이 우리의 현실이다. 이렇게 자란 아이는 자기중심적이고 인내심이 부족한 것은 물론 사회성과 인성도 부족한 어른으로 자란다.

(4) 아이의 건강한 홀로서기를 도와주자

우리 아이들은 부모로부터 3번의 독립을 거치며 성장한다. 첫 번째 독립은 육체적 독립으로 태어나서부터 초등학교까지 이루어진다. 두 번째는 중, 고등학교 때 사춘기를 거치며 부모로부터 정신적, 감정적으로 독립하는 시기이다. 마지막으로 아이들은 고등학교나 대학교를 졸업할 즈음에 부모로부터 경제적으로 독립을 한다. 자녀가 온전한 독립을 이루기 위해서는 무엇보다 부모와의 친밀감과 안정감이 바탕이 되어야 한다. 부모의 격려와 지지를 받으며 아이는 자립심을 기르고 자신의 행동에 책임을 질 수 있는 어른으로 성장하는 것이다.

아이가 자립심을 기르기 위해서는 한걸음 물러서서 기다릴 줄 아는 부모의 마음이 필요하다. 부모가 자녀의 발달 단계에 맞춰 스스로 해낼 수 있는 성공 경험을 쌓을 수 있게 기회를 제공해야 한다. 부모가 직접 나서서 대신해 주는 것이 아니다. 아이가 스스로 해낼 수 있도록 격려하고 지켜봐 주는 것이 부모의 역할이다. 한국 부모는 아이가 아직 연약하다는 이유로 안전을 위해 자녀를 통제한다. 또 학업을 이유로 조바심을 내며 다른 것을 해볼 기회를 박탈하기도 한다. 결국 아이는 자립심을 기를 기회를 잃어버리고 자라서도 의존적인 사람이 된다.

유대인 부모는 아이들에게도 집안일을 분담하여 맡게 함으로 자립심을 길러준다. 이스라엘의 한 잡지사에서 조사한 내용에 따르면 집안일을 잘 도운 아이와 그렇지 않은 아이는 차이를 보였다. 집안일을 잘 도운 아이는 그렇지 않은 아이에 비해 실업률은 1/15, 범죄율은 1/10에 불과했다. 그리고 평균 수입은 20% 정도나 높았다고 한다. 또한 종단연구특정 현상이나 대상에 대하여 일정 기간 동안 측정을 되풀이하는 연구 방법에서 아이들을 추적 연구해 발표했다. 그 결과 집안일을 도운 아이들이 가족관계와 교우관계가 좋았으며 학업성적도 더 뛰어났다. 우리도 가정에서부터 아이에게 자립심을 기를 기회를 주고 가르쳐야 한다. 자녀의 나이와 발달에 맞춰 심부름과 작은 일부터 책임을 맡아 할 수 있게 하자.

아이의 자립심을 키우기 위해서는 스스로 해내는 경험을 하는 것이 무엇보다 중요하다. 그러기 위해 스스로 하고자 하는 의욕을 북돋아 주고 도전할 수 있는 용기를 심어주어야 한다. 칭찬과 격려는 아이에게 자신감과 도전정신을 심어준다. 조금 서툴더라도 아이의 노력과 과정에 의미를 두고 스스로 해낼 수 있게 격려해 주자. 결과에 초점 두고 칭찬하면 아이들은 실패를 두려워하게 되고 과정을 즐기지 못한다. 아이들이 한 차원 높은 도전을 위해서라도 과정을 칭찬해 주는 것이 필요하다.

부모가 보기에 쉬운 일들도 자녀는 처음 접하는 것들이 대부분이다. 아이가 낯설고 힘든 상황을 마주할 때 스스로 해결하고 극복할 수 있도록 지켜봐 주는 것이 중요하다. 아이에게 "할 수 있다", "천천히 해보자" 등의 말로 응원하고 혼자 힘으로 하도록 격려해 주자. 아이가 힘들어하고 다시 도움을 요구한다면 힌트를 주고 스스로 생각해 보도록 만들어 주어야 한다. 아이 스스로 해낸다면 자신감을 갖게 되고, 실패하더라도 도전할 수 있는 마음을 기를 수 있다. 자녀가 자립심이 있는 아이로 성장한다면 빠르게 변화하는 세상에서 능동적으로 적응할 수 있다. 더불어 세상을 바꾸는 리더십도 갖춘 아이로 성장할 것이다.

6
유대인의 만족지연 교육: 인내심

인내심을 이야기할 때 자주하는 이야기로 인디언 기우제가 있다. 미국 애리조나 사막지대에 농사를 짓고 사는 인디언 부족은 생존을 위해 기우제를 드린다. 놀라운 것은 인디언들이 모여서 기우제를 드릴 때마다 100% 비가 내린다는 것이다. 그 이유는 비가 올 때까지 기우제를 지내기 때문이라고 한다. 척박한 사막에서 한해 농사가 부족의 생명을 좌우하는 것이기에 기우제는 간절함 그 자체다. 인디언들은 간절함으로 인내하고 인내하며 언젠가는 내릴 비를 기다리는 것이다. 비결은 신통한 능력이 아니라 원하는 것을 얻기까지 참고 견디는 끈기와 인내심이다.

유대인은 역경을 이겨내는 힘을 무엇보다 중요하게 생각하며 인내심을 자녀들에게 가르친다. 그들은 인내심이 어렵고 힘든 것을 참고 견디게 하여 자신을 강하게 단련시키는 힘이라 생각한다. 그리고 평생 배움을 유지할 수 있는 능력이라 여긴다. 유대인들은 그들의 역사를 통해 인내와 감사를 배운다. 그들은 오랜 시간 수많은 시련의 파고를 넘으며 웬만한 고난에도 견뎌낼 수 있는 마음을 키웠다. 또 다음 세대를 준비하는 자녀들에게도 그러한 마음을 기를 수 있도록 가르친다. '젊어 고생은 사서도 한다'는 우리 속담처럼 희망을 가지고 역경을 즐기는 마음의 근육을 키우는 교육을 하는 것이다.

(1) 기다려라, 그리고 희망을 가져라!

알렉상드르 뒤마의 장편소설《몬테크리스토 백작》은 주인공이 누명을 뒤집어쓴 채 오랜 세월 인내하며 귀인을 만나 복수에 성공하는 내용을 담고 있다. 소설에는 인내와 희망을 전하는 주인공의 유명한 대사가 있다. "기다려라, 그리고 희망을 가져라!" 이 말은 소설 전체의 주제를 담은 말이다. 어려운 시기가 닥쳤을 때 현재의 어려움이 지나가기를 인내하고 견뎌내는 것을 이야기한다. 그리고 다가올 미래가 좋아질 것이라는 희망을 가지고 기다리는 것을 전하고자 한 것이다.

데일 카네기 연구소에 따르면 '인내심이란 분노, 걱정, 좌절을 느끼지 않고 기다릴 줄 아는 능력'이라고 정의했다. 인간은 인생에서 수많은 시련과 어려움에 부딪친다. 이것을 버티고 이겨내는 힘이 인내심이다. 인내심으로 시련을 극복하고 어려움을 이겨내며 나를 단련시켜 한 단계 더 성장하는 것이다. 심리학자 알프레드 아들러는 "인간에게 가장 놀랄 만한 특징 중의 하나는 마이너스를 플러스로 바꾸는 힘을 갖고 있다는 사실이다"라고 말했다. 그리고 그 힘의 중심에 인내력이 있다고 강조했다.

전 세계적으로 유대인들처럼 고난의 역사를 철저히 기억하는 민족은 드물다. 유대인은 그들의 마이너스 역사를 플러스로 바꾸었다. 나라를 잃은 고난의 역사를 인내심으로 극복하고 다시 나라를 찾은 것은 물론 강한 영향력을 세계에 미치고 있다. 유대인은 그들의 역사와 삶을 통해 인내하는 자가 결국 위기를 극복한다는 사실을 보여준 것이다. 그들의 조상은 디아스포라로 전 세계에 흩어져 살며 이방인으로서 차별과 박해를 받으며 살아왔다. 하지만 강한 생존력으로 인내하며 고난을 딛고 일어나 더 큰 성장을 이루었다.

유대인의 가장 중요한 교육 중 하나가 역사교육이다. 그들의 고난의 역사는 결코 헛되지 않았다. 유대인들은 역사 속에서 온갖 어려움을 인내심을 가지고 견디어 더욱 강하게 단련되었기 때문이다. 유대인들은 아이들에게 수많은 박해와 핍박을 견뎌낸 민족정신을 강조하며 역사를 가르친다. 2,000년이 넘는 고난의 역사를 거치며 믿음을 가지고 견딘 인내심을 교육하는 것이다. 유대인들은 역사교육을 통해 자녀들에게 어떤 시련도 이겨낼 수 있는 인내심과 끈기를 가르친다. 그들이 세계에 중추적인 역할을 하는 강한 민족이 된 이유다.

(2) 인내심을 기르는 유대인의 만족지연 교육

유대인들은 자신의 자녀를 '사브라'라고 부른다. '사브라'는 사막의 척박한 환경을 견디고 이겨낸 선인장 꽃의 열매이다. 비 한 방울 오지 않으며 땡볕이 내리쬐는 혹독한 조건 속에서도 살아남아 열매를 맺는다. 고난의 역사를 이겨내고 살아남아 다시 큰 민족을 이룬 자신들이 선인장의 열매와 같다고 생각한다. 유대인들은 그들의 자녀들도 고난을 이겨내고 멋진 꽃을 피우며 열매를 맺기를 기대한다. 또 자녀에게 자신이 얼마나 소중하고 강인한 존재인지를 알려준다. 그들이 자녀들을 '사브라'라 부르는 이유다.

유내인들은 사녀가 사막에서 꽃을 피우고 열매를 맺는 '사브라'처럼 자라기를 바란다. 그러기 위해 유대인은 자녀들에게 어렵고 힘든 경험을 해볼 수 있는 기회를 마련한다. 의도적으로 역경과 시련을 경험하게 하여 인내심을 길러주는 것이다. 이스라엘 교육심리학자들은 인생의 성공을 위해서는 지능지수IQ, 역경지수AQ, 감성지수EQ가 필요하다고 말한다. 그 중 지능지수는 20% 정도를 담당하는 반면, 역경지수와 감성지수는 80% 정도로 큰 영향을 미친다고 주장한다. 유대인들은 '역경교육'이야 말로 인생의 뿌리를 깊고 튼튼하게 내리도록 한다고 믿는 것이다.

유대인은 아이들에게 인내하는 힘을 기르기 위해 먼저 기다리는 것을 가르친다. 유대인 부모는 자녀의 요구를 즉각적으로 들어주지 않는다. 자녀가 요구하는 것을 즉시 충족시키면 기다릴 줄 모르고 인내하지 못하는 아이로 자란다고 여기기 때문이다. 유대인들은 끊임없이 요구하는 자녀에게 "싸브라누트!"라고 말한다. 이는 우리말로 '잠깐만 기다려!'라는 뜻이다. 유대인 부모는 자녀에게 기다리라고 명령하지 않는다. "싸브라누트!"라고 말하면서 기다려야 하는 상황을 아이에게 설명해주고 인내심을 기르도록 한다.

만약 즉각적으로 들어줄 수 있더라도 유대인 부모는 의도적으로 상황을 만들어 아이의 인내심을 키우도록 한다. 아이에게 만족을 지연시킴으로 기다리고 인내하는 힘을 길러주는 것이다. 만족지연을 과학적으로 설명해 준 실험이 그 유명한 '마시멜로 테스트'이다. 스탠포드 대학의 심리학자 미셸W. Mischel 박사는 1966년에 653명의 아이들을 상대로 실험을 진행했다. 아이들을 기다리지 못하고 마시멜로를 즉시 먹은 그룹과 인내하며 기다린 후 보상으로 마시멜로를 하나 더 받은 그룹으로 나누었다. 종적연구를 통해 15년 후 십대가 된 아이들을 조사했다. 인내심으로 더 큰 보상을 기다렸던 그룹의 아이들이 대인관계나 학업성적 모두 훌륭한 결과를 나타냈다.

이처럼 유대인의 성공 키워드 중 하나는 인내일 것이다. 그들은 힘겨운 역사를 인내심으로 버티며 살아남았다. 그리고 다른 민족들 사이에서 박해를 견디며 오늘날 세계를 주도하는 민족으로 성장했다.

'인내'는 유대민족을 대표하는 단어인 것이다. 그들은 자녀에게도 인내를 가르치기 위해 노력한다. 그들의 자녀들이 살아가야 할 미래는 결코 쉽지 않다는 것을 잘 알고 있기 때문이다. 그리고 참고 견딜 수 있는 인내심이야말로 미래에 꼭 갖추어야 할 능력이라 여긴다. 유대인 부모가 자녀에게 "싸브라누트!"를 말하며 인내심을 기르도록 하는 이유이다.

(3) 아낌없이 부어주는 부모의 잘못된 자녀 사랑

한국의 부모는 자녀에게 더 많은 것을 주기 위해 노력한다. 고생은 부모세대에서 다 떠안고 자녀들은 편안히 살기를 바라는 부모의 마음에서다. 부모는 자녀에게 성공을 위해 공부만을 강요하며 다른 것은 모두 부모가 해주려 한다. 아침에 아이들을 차로 등교시켜 주고 집에 오면 자신의 방 청소 한 번 시키지 않는다. 기죽지 말라고 최신 핸드폰과 브랜드 옷을 사준다. 성적을 위해 빚을 내서라도 과외나 학원을 보낸다. 자녀들은 가만히 앉아 받기만 할 뿐이다. 온실 속에서 자란 꽃은 작은 비바람에도 꺾인다. 자신의 힘으로 어렵고 힘든 일을 감당해 보지 않고 자란 아이들은 작은 시련에도 견디지 못한다. 결국 아이들은 쉬운 일만 찾거나 캥거루족으로 전락할 수 있다.

요즘 시대는 만족을 모른다. 원하는 것이 있으면 거의 모든 것을 얻을 수 있다. 그리고 즉시 얻어야 좋다고 생각한다. '과도한 만족'의 시대인 것이다. 이런 환경에서 자란 아이들에게는 기다릴 줄 아는 인내심을 찾아보기 힘들다. 만약 원하는 것을 당장 얻지 못하면 아이들은 부모 또는 누군가를 비난하거나 쉽게 포기하는 마음을 가지게 된다. 한국 부모들이 자녀들에게 힘든 것은 피하게 하고 오로지 좋은 것만 주려는 태도가 아이들을 과도한 만족 상태로 만든 것이다. 이것은 큰 잘못이다. 과도한 만족을 체험한 아이는 작은 시련도 견디지 못한다. 오히려 이기적이고 폭력적인 아이로 자라기도 한다.

한국의 부모들은 자녀가 인내심 있는 아이로 자라기를 바라면서도 정작 부모 자신은 아이를 기다려주지 않는다. 남들보다 좋은 성적을 얻기를 바라며 지나친 욕심과 기대를 갖는다. 또 아이가 기대에 못 미치면 조급해 한다. 자녀는 부모의 욕심과 조급함에 자신의 마음도 조급해지며 참을성 없는 아이로 자란다. 그리고 아이들이 스스로 잘하지 못하면 한국 부모들은 나서서 해준다. 아이가 어설퍼도 스스로 하도록 기다려주는 유대인 부모와는 사뭇 다른 모습이다. 결국 아이는 자신이 하지 않아도 된다는 사실을 알고 의존적이고 쉽게 포기하는 아이로 자란다. 부모의 욕심과 조급함이 자녀를 망치는 것이다.

우리는 인터넷 사용이 일상화된 시대를 살고 있다. 또 스마트폰이 보편화됨으로써 원하는 정보를 금방 찾고 많은 편리를 얻는다. 반면에 우리는 집중력을 잃고 오래 기다리지 못한다. 쿼터리즘Quarterism 세대가 된 것이다. 쿼터리즘이란 어떤 일에 15분 이상 집중하기 힘든 현상을 뜻하는 신조어로 4분의 1을 의미하는 쿼터quarter에서 나온 말이다. 인터넷과 스마트폰 사용으로 집중력과 인내심이 떨어지는 아이들을 일컫는 것이다. 깊이 생각하지 않고 즉흥적으로 행동한다. 그래서 진중하게 기다릴 줄 모르고 긴 시간 인내하는 것을 힘들어하는 것이 요즘 세대들이다.

(4) 인내는 쓰다. 하지만 그 열매는 달다

우리는 인내심이 얼마나 중요한지 이미 알고 있다. 자신이 목표한 꿈을 이루기 위해 가장 바탕이 되는 것이 인내심이기 때문이다. 하지만 많은 부모들이 자녀가 실패하거나 좌절하는 모습을 보지 않기 위해 나서서 도와준다. 어설프고 시간이 걸리더라도 아이 스스로 할 수 있을 때까지 부모는 기다려야 한다. 그런 경험을 통해 아이의 마음에 "하니까 되네"라는 믿음이 생기면 다음에도 인내심을 가지고 끝까지 할 수 있게 된다. 자녀에게 스스로 할 수 있는 기회를 주자. "네가 스스로 해 보겠니?"라고 말해보자.

자녀에게 인내심이 부족하다고 나무라거나 지나치게 인내심을 요구하는 것은 오히려 부정적인 영향을 미친다. 아이는 인내심을 강요받으면 자신에 대해 실망하기도 한다. 자칫 스트레스를 받아 심리적으로 불안정하게 될 수도 있다. 부모의 강요와 조급함은 자녀를 좋지 않은 결과로 몰아간다. 부모가 먼저 참을성을 가지고 아이를 기다려주는 것이 좋다. 부모가 먼저 참고 인내하는 모습을 보이면 아이는 그 모습을 통해 자연스럽게 인내하는 법을 배운다. 아이의 부족함을 책망하지 말고 서두르지 말자. 부족한 것은 아이가 아니라 부모의 인내심이다. 자녀는 부모의 무한한 인내심을 바라보며 바르게 성장한다.

미국 매사추세츠공과대학MIT 뇌인지과학 연구진은 부모의 행동이 아이들의 인내심에 가장 큰 영향을 미친다는 사실을 세계적인 과학 저널 '사이언스'지에 발표했다. 생후 13~15개월의 유아 262명을 대상으로 두 그룹으로 나누어 실험을 진행했다. 한 그룹은 유아에게 2분 동안 여러 번 시도를 통해 경첩과 걸쇠로 닫힌 투명한 플라스틱 상자를 열고 고무 개구리를 빼내는 것을 보여주었다, 또 다른 그룹에게는 10초 내에 간단하게 빼내거나 몇 번 시도하다 포기하는 모습을 보여주었다. 그 후 아이들에게 직접 해보도록 시험했다. 그 결과 시간이 걸리더라도 성공하는 모습을 본 그룹의 아이들은 포기하지 않고 꺼낼 때까지 시도를 했다. 다른 그룹의 아이들은 쉽게 포기하는 모습을 보였다. 이 연구를 통해 '아이들은 돌을 막 지난 시기부터 부모를 보고 인내심을 배운다'는 결과를 얻었다.

자녀가 인내하는 능력을 기르기 위해서는 무엇보다 부모의 역할이 중요하다. 아이를 세심하게 관찰하며 발달수준에 맞는 만족지연 방법을 찾아야 한다. 우리 아이에게 맞는 적절한 방법을 통해 기다릴 줄 아는 아이로 자라도록 돕는 것이다. 그러기 위해 무엇보다 부모와 자녀 사이에 신뢰가 우선 형성되어야 한다. 부모는 항상 일관성 있는 태도로 자녀를 대해야 한다. 동일한 아이의 행동에 대해 상황에 따라 화를 내기도 하고 어떤 때는 그렇지 않다면 아이는 헷갈려하기 시작한다. 부모의 일관뇌시 잃은 행동으로 자녀는 혼란에 빠지고 부모를 신뢰하지 못하게 된다. 부모는 자녀가 스스로 해낼 수 있다는 믿음을 가져야 한다. 자녀에게 부모가 자신을 믿고 기다려준다는 신뢰가 형성될 때 인내심이 자랄 수 있는 것이다.

7
실패를 두려워하지 않는 유대인:
회복탄력성

인간은 누구나 수많은 실패를 경험하며 살아간다. 일상의 사소한 실패로 인해 어떤 이들은 좌절을 겪으며 쓰러져 일어서지 못하기도 한다. 반면 어떤 사람들은 실패를 극복하고 다시 일어서서 더욱 성장한다. 누구에게나 실패가 성공의 어머니가 되지는 않는 것이다. 넘어졌을 때 다시 일어나 달려갈 마음을 가진 사람들에게만 실패는 성공의 밑거름이 된다. 이처럼 실패와 좌절에도 무너지지 않고 다시 회복하고 성장하게 하는 내면의 능력을 '회복탄력성'이라 한다. '회복탄력성'은 실패와 좌절을 극복하고 자신을 치유하고 성장시키는 마음의 근육인 것이다.

유대인 부모는 자녀들의 실수에 대해 질책하기보다 오히려 격려한다. 인간은 누구나 실수를 하기에 아직 생각과 행동이 서툰 아이들은 당연히 실수를 한다고 생각한다. 중요한 것은 자녀의 실수를 대하는 부모의 자세다. 유대인 부모는 자녀가 실수했을 때 아이에게 '마잘 톱!'이라 말한다. 히브리어 '마잘 톱!'은 우리말로 '축하한다!'는 의미이다. 그들은 아이가 실수를 통해 배우고 깨달으며 한 단계 더 성장한다고 여긴다. 실수를 격려하는 문화 속에서 아이들은 도전정신을 키운다. 부모의 격려와 지지가 자녀에게 실패를 두려워하지 않고 넘어져도 일어설 수 있는 회복탄력성을 길러주는 것이다.

(1) 실패는 성공의 어머니

발명왕 토마스 에디슨은 "실패는 성공의 어머니다"라는 유명한 명언을 남겼다. 그는 전구를 발명하기 위해 수많은 실패를 경험했다. 오래가고 내구성 있는 제품을 만들기 위해 에디슨은 10,000번 이상 실험했고 실패를 거듭했다. 수많은 실패와 사람들의 비난에도 에디슨은 좌절하지 않았다. 그는 1만 번의 실패를 당연히 거쳐야 할 실험이라 생각했다. 에디슨은 자신의 실패에 대해 "나는 실패하지 않았다. 다만 작동하지 않는 1만 가지 방법들을 발견했을 뿐이다"라고 말했다. 에디슨을 위대한 발명가로 만든 것은 그의 어머니 덕분이다. 자신이 알을 품어 병아리를 부화시키려 한 에디슨의 엉뚱한 경험을 어머니는 격려해 주었다. 실패에 대한 어머니의 격려는 에디슨을 실패를 두려워하지 않는 위대한 발명가로 만들었다.

이제 막 걸음마를 배우기 시작한 아이가 제대로 걸을 때까지 약

2,000번 넘게 넘어진다고 한다. 아이가 일어서고 뒤뚱거리며 한 걸음씩 걷기 위해 수없이 많은 실패를 경험하는 것이다. 아이는 넘어지고 비틀대던 경험을 통해 넘어지지 않고 앞으로 걸어가는 방법을 터득한다. 아이는 뒤뚱거리며 걷다가 넘어지고 엉덩방아를 찧어도 다시 일어서는 의지를 잃지 않는다. 부모는 아이가 걸음마 하는 모습을 옆에서 지켜보고 격려한다. 어느 날 갑자기 일어나 걷는 것이 아니라는 것을 알기에 부모는 아이의 실패를 꾸준히 응원한다.

이처럼 세상의 모든 부모는 자녀의 실패를 아주 어릴 적부터 응원하고 격려해왔다. 그러나 한국의 부모는 아이가 걷고 난 다음부터는 아이의 실패와 실수에 대한 격려를 잃어버린다. 반면 유대인 부모는 가정에서부터 아이의 실수와 실패를 장려한다. 자녀가 실수와 실패를 통해 배운다고 생각하기 때문이다. 그들은 아이가 실수를 반복하며 견뎌내고 극복하는 방법을 스스로 찾을 수 있게 격려하고 기다려준다. 유대인 부모는 자녀에게 실수나 실패를 두려워하지 않는 마음을 심어주는 것이다.

어려서부터 유대인들은 실수나 실패에 대한 두려움을 가지지 않도록 교육받는다. 인간은 누구나 실수하고 실패를 통해 성장한다고 여기기 때문이다. 아이는 실수를 통해 조심성을 키우고 실패를 딛고 일어서는 경험을 통해 도전정신을 기른다. 유대인들은 실패를 두려워하지 않기에 새로운 것에 어렵지 않게 도전한다. 실수나 실패를 두려워하여 도전하지 않고 안정된 길로만 가려는 한국과는 사뭇 다르다. 유대인들은 아이에게 실수나 실패할 경험을 차단하는 것은 배움의 기회를 차단하는 것이라 여긴다. 실패는 성공을 위해 반드시 거쳐야 할 과정이라 생각한다.

(2) 실패를 두려워하지 않는 유대인의 회복탄력성 교육

유대인 부모는 아이가 잘못을 하거나 실수를 했을 때 화를 내거나 감정적으로 대하지 않는다. 오히려 그들은 자녀들에게 실수나 실패를 격려한다. 실수나 실패한 경험으로 인해 새로운 것을 배우고 더욱 성장한다고 여기기 때문이다. 실수한 아이에게 어쩌다 그렇게 했는지 물어보고 이이의 이야기를 들어준다. 그리고 무엇이 잘못되었는지 차분히 설명해준다. 유대인들은 아이가 실수했을 때 '마잘 톱!'이라 말하며 축하해준다. 아이가 실수라는 경험을 통해 성장하는 모습을 축하해주는 것이다.

유대인들은 아이들에게 누구나 실수하고 실패한다고 이야기해준다. 실패해도 괜찮다고 말해주며 심리적인 두려움을 없애준다. 두려움은 마음에서 비롯되는 것이기에 실수한 아이의 마음을 다독여 주는 것이다. 부모로부터 격려와 위로를 받고 자란 유대인 자녀는 실수나 실패를 두려워하지 않는다. 두려움이 없기에 새로운 것을 마주할 때 알고 싶어 하는 호기심으로 즐겁게 다가갈 수 있다. 유대인 부모들은 자녀에게 실패해도 다시 일어설 수 있는 힘, 즉 회복탄력성을 심어주는 것이다.

유대인 자녀들은 실수나 실패를 통해 다음에 어떻게 대처하고 행동할 것인지를 배운다. 유대인 부모는 실수한 것을 축하만 하고 끝내는 것이 아니라 자녀와 대화를 통해 발전하도록 이끈다. 우선 "마잘 톱!축하한다"이라 말하며 아이의 마음을 안정시킨다. 그다음 아이에게 왜 실수했는지 생각해 보고 설명할 기회를 준다. 아이는 다시 생각해 보며 상황을 이해하는 능력을 기르고 조심성 있게 행동하는 법을 깨닫는다. 부모와의 대화를 통해 아이는 자신의 실수를 되돌아보고 다시 도전할 수 있는 용기를 얻는다. 실수나 실패를 거치며 성공할 수 있다는 믿음과 자신감을 얻는 것이다.

유대인 부모들은 그들의 자녀에게 성장하며 크고 작은 시련을 경험하게 한다. 실패하고 다시 일어서는 경험을 해보아야 더 큰 시련을 감당할 수 있다고 여기기 때문이다. 시련을 견딘 아이들은 마음에 '힘들어도 견딜 수 있고, 다시 도전하면 된다'는 생각이 자리 잡는다. 어려서부터 아이들의 마음에 회복탄력성을 심어주는 것이다. 회복탄력성이 높은 아이로 자란 유대인 자녀들은 실패를 두려워하지 않는다. 실패하더라도 다시 도전해보려 하는 마음을 가지고 더 좋은 방법을 찾으려 노력한다.

(3) 한번의 실패도 용납하지 않는 우리

한국 사람들은 한 번의 실패가 인생 전부를 나락으로 떨어뜨린다고 생각한다. 그러기에 한 번의 실수나 실패도 용납하지 않는다. 사회뿐만 아니라 가정과 학교에서도 마찬가지다. 학교에서도 성적관리를 위해 한 문제라도 틀리면 난리가 난다. 내신이 떨어지고 원하는 대학에 가지 못하면 성공하지 못한다 생각하기 때문이다. 한국의 부모는 자녀가 한 번이라도 실패하지 않도록 하기 위해 자녀의 주변을 맴돌며 통제한다. 한 번의 실패가 인생의 낙오자로 인식되는 사회 분위기 때문에 우리는 실패를 용납하지 못 한다.

한국의 부모들은 자녀의 작은 실수를 받아들이기 힘들어한다. 우리 자녀는 모든 것이 완벽해야 한다고 생각해서다. 그러기에 아이가 조금이라도 실수하면 견디지 못한다. 아이가 무엇이 잘못되었는지 생각할 겨를도 없이 부모는 아이의 실수를 지적한다. 아이 스스로 실수를 바로 잡을 기회를 주는 것이 아니라 부모가 나서서 어떻게 해야 하는지 알려준다. 한번 알려준 것을 못 하거나 잊어버리면 아이들을 혼내고 야단친다. 부모의 부정적인 반응으로 인하여 자녀는 실수나 실패를 두려워하게 되고 숨기고 속이려 하게 된다.

한국의 아이들은 부모가 거의 모든 것을 해주기에 실패를 경험해보지 못하고 자란다. 오로지 학습만을 강요받기에 실패를 경험하지도 못하고 스스로 극복할 기회도 얻지 못한다. 한국의 부모는 아이의 성공만을 바라본다. 아이의 실패가 마치 자신의 실패인 것처럼 감정이 이입되고 힘들어한다. 그래서 아이의 실패를 되도록 보지 않기 위해 열심히 자녀의 실패를 차단한다. 실패의 경험이 없는 아이는 인생의 거센 비바람을 제대로 헤쳐나갈 수 없다. 부모의 우산 아래에서만 자란 아이는 한계에 다다르면 쓰러져 다시 일어서지 못한다. 성장하며 실패를 이겨내는 법을 배우지 못했기 때문이다.

(4) 실패는 끝이 아니다. 성공을 위한 과정이다

우리 모두는 어릴 때부터 크고 작은 실패를 경험하며 자란다. 걸음마를 배우며 수없이 넘어지고 일어선 경험을 통해 아이는 스스로 걷는 법을 배운다. 만약 한두 번 넘어졌다고 다시 일어서지 않았다면 우리는 평생 걷는 법을 익히지 못했을 것이다. 기억해야 할 것은 우리는 수없이 넘어지고 일어서기를 반복한 존재라는 것이다. 우리 자녀들에게도 넘어지고 일어서는 경험이 필요하다. 인생에 크고 작은 파도가 수없이 다가오지만 그것을 극복하고 헤쳐나가는 법을 가르쳐야 한다. 그래야 실패에도 쓰러지지 않고 다시 일어서는 회복탄력성을 갖게 된다. 아이들에게 실수와 실패가 성공을 위한 과정이라는 것을 가르쳐야 하는 이유다.

성공을 이룬 사람들은 누구나 쓰라린 실패와 좌절을 겪고 극복한 경험을 가지고 있다. 농구 천재 마이클 조던은 "나는 농구 인생을 통틀어 9,000개 이상의 슛에 실패했고, 3,000번의 경기에서 패배했다. 살면서 수없이 많은 실패를 거듭한 것이 바로 내가 성공할 수 있었던 이유다"라고 말했다. 전략컨설팅 회사인 맥킨지는 성공한 사람들을 조사하고 '더 많이 성공한 사람들이 실패한 경험도 더 많았다'는 특징이 있는 것을 알아냈다. 실패를 통해 성공한다는 사실을 알기에 기꺼이 위험을 감수하는 태도를 가진 것으로 분석했다.

실패의 경험은 개인의 회복탄력성을 강하게 만든다. 성공한 사람은 실패했을 때 좌절하지 않고 성공을 위한 하나의 과정으로 생각했다는 것이다. 중요한 것은 우리 아이들에게도 이러한 마음을 길러주어야 한다는 사실이다. 아이에게 실패의 가치를 알게 하고 스스로 극복하는 태도를 기르도록 해야 한다. 실패가 단지 실패 그 자체로 끝나는 것이 아니라 힘들고 어려운 상황을 어떻게 견뎌야 하는지 알려주어야 한다. 그리고 스스로 헤쳐나갈 방법을 찾도록 부모는 인내하며 기다려주어야 한다. 아이들은 이러한 과정을 거치며 실패의 진정한 가치를 알게 되고 마음에 회복탄력성을 기를 수 있다.

아이의 실패를 막을 것이 아니라 아이에게 실패할 기회를 충분히 허락해야 한다. 아이가 서툴게 행동하거나 힘들어하더라도 스스로 해낼 때까지 격려하며 지켜봐 주자. 아이들에게는 스스로 어디가 잘못되었는지 고민해보고 고쳐나갈 시간을 허락해야 한다. 실패를 통해서 배우게 하는 것이다. 아이의 첫 숟가락질을 생각해 보라. 아이는 혼자 한 숟가락을 떠먹기 위해 흘리는 것이 더 많다. 식탁이 난장판이 되고 아이 얼굴이 음식으로 범벅이 되는 것이다. 이때 부모가 참지 못하고 아이에게서 숟가락을 뺏어 떠먹이면 아이 스스로 숟가락질을 하는 날은 점점 늦어진다. 한국의 부모들은 아이의 실패에 조금은 둔감해질 필요가 있다. 아이 스스로 극복하는 방법을 찾을 때까지 참고 인내해 주어야 한다.

부모는 아이의 실패에 대해 열린 자세를 가져야 한다. 한 번의 실패에 모든 것이 끝인 것 마냥 아이를 혼내거나 부정적인 말들로 상처를 주어서는 안 된다. 마음의 상처를 받은 아이들은 비관적으로 인생을 바라보게 된다. 자녀가 실패로 인해 좌절했을 때 그것이 부끄러운 것이나, 잘못된 것이 아니라는 것을 말해주면 된다. 부모는 "괜찮아. 다음에 잘 할 수 있어"라고 격려해 주면 된다. 혹시 부모가 실수나 실패를 통해 성장한 경험이 있다면 그것을 이야기 해주는 것도 좋다. 부모의 실패에 대한 열린 자세를 통해 아이는 다시 할 수 있다는 자신감을 얻게 된다. 그리고 실패를 딛고 일어서는 회복탄력성을 키운다. 인생에 실패란 없다. 실패처럼 보이는 배움의 과정이 있을 뿐이라는 사실을 잊지 말아야 한다.

8
인생을 즐기는 힘:
호프마(유머)

미국 하버드대학 심리학과의 조사에 따르면 성공한 사람들의 공통점 중 중요한 하나는 '유머감각'이라는 분석을 내놓은 바 있다. 재치와 유머는 개인에게 긍정적인 사고를 하게 하고 유연한 삶의 태도를 갖게 한다. 또 대인관계에 있어 긴장을 완화시켜 여유를 갖게 만들고 사람들과의 소통을 원활하게 한다. 유머는 위기를 극복하게 하고 성공으로 이끄는 역할을 한다. 이러한 이유로 오늘날은 유머에 대해 높은 관심을 가지고 중요하게 생각한다. 기업들도 진지하고 점잖은 사람보다 유쾌하고 활발한 사람을 더 선호한다. 이처럼 재치와 유머는 인간이 갖춰야 할 필수 덕목인 것이다.

유대인들은 어릴 때부터 재치와 유머에 대해 배운다. 그들이 평생을 공부하는 탈무드에는 지혜의 산물인 유머가 많이 수록되어 있다. 수많은 역경과 핍박 속에서도 유대인들은 웃음과 해학으로 자신들을 지켰다. 유대인은 그들의 자녀들에게도 탈무드를 통해 재치와 유머를 가르친다. 사색하며 그 속에 담긴 교훈을 얻어 인생에서 마주하게 될 고난을 현명하게 헤쳐나가기를 바라기 때문이다. 유머를 통해 아이에게 긍정적인 마음을 길러주고 인생을 낙천적으로 바라보게 한다. 또 번뜩이는 재치를 통해 창의력을 기를 수 있도록 돕는다. 유대인에게 있어 유머는 삶의 원동력인 것이다.

(1) 유머는 삶의 비타민이다

"모든 생물 중에서 인간만이 웃는다. 인간 중에서도 현명한 사람일수록 유머가 넘친다." 탈무드에 나오는 말이다. 인간이 만물의 영장이라 일컬어지는 이유 중 하나는 웃음과 유머를 향유한다는 것이다. 동물과 다르게 인간은 웃을 줄 알고 유머로 서로 소통하는 능력이 있다. 유머는 하나님이 인간에게 준 소중한 선물이다. 사람들과의 관계에서 재치로 웃음을 나누고 서로 소통하기 위해 유머가 필요하다. 재치와 유머가 있는 사람은 스트레스를 덜 받고 마음에 여유가 있다. 심각한 상황을 가볍게 풀어내기도 하고 분위기를 즐겁게 주도하기에 어디서든 환영받는다. 상황과 자리에 맞는 유머는 사람과 사람 사이를 우호적이고 돈독하게 만든다.

유머는 유연한 생각을 하게 하고 이 유연한 생각을 통해 창의력이 발휘된다. 어떤 학자는 어른보다 아이들이 더 다양한 생각을 하는 이유가 웃음에 있다고 했다. 통계에 따르면 어린아이는 하루에 200~300번 웃고 어른은 4~20번 정도 웃는다고 한다. 웃음이 뇌를 자극하여 엔돌핀을 비롯한 21가지 호르몬을 분비해서 뇌의 활성화에 영향을 준다. 그렇기에 더 많이 웃는 아이들이 어른보다 독창성과 창의력이 뛰어나다는 것이다. 뇌과학적으로 웃을 때 뇌파가 뇌 전체에서 적극적으로 반응한다는 사실이 확인되었다. 논리를 담당하는 좌뇌와 감성을 담당하는 우뇌가 서로 상호작용이 이루어져야 웃음이 가능하다는 것이다.

유머의 장점은 단순히 우리를 웃게 만드는 것에 그치지 않는다. '웃으면 복이 온다'는 말처럼 유머는 사람들을 건강하고 행복하게 해주는 중요한 요소이다. 유머를 통해 웃음으로 삶의 긴장과 스트레스를 완화해 감정을 안정시킨다. 좋은 유머는 개인의 호감도를 높이고 인간관계를 좋게 만든다. 또 유머가 뇌를 활성화시켜 학습에 영향을 미친다는 연구결과가 있다. 유머를 통해 주의력을 환기시켜 집중력을 높이고 더불어 학습효과도 오르는 것이다. 특히 인생의 많은 어려움을 극복하고 성공적으로 행복하게 사는 힘을 얻을 수 있다. 인생을 행복하게 사는 사람들은 유머가 있고 웃음을 활용할 줄 아는 사람들이라는 것은 무시 못 할 사실이다.

유머는 때로는 어려운 문제를 쉽게 해결하는 방법이 되기도 한다. 유머는 단지 웃기기만 하는 것이 아니라 그 속에 익살과 해학을 적절히 녹여 넣는다. 유머는 인생의 희노애락을 긍정적으로 바라보게 해 준다. 유머를 통해 인생의 고난과 시련에 대해 유연하게 대처하게 하 는 힘을 얻는다. 어려운 상황이 주는 절망감 속에서도 유머가 주는 긍 정의 힘으로 삶을 위해 고군분투하게 한다. 인생을 살아가면서 누구 나 마주하게 되는 시련을 슬기롭게 극복하는 방법은 유머와 함께 하 는 것이다.

(2) 유대인은 현명한 자가 웃는다고 여긴다

앞서도 이야기했듯이 유대 민족의 역사는 수천 년 동안 고난의 연 속이었다. 숱한 역경과 고난 속에서도 유대인들을 지켜낸 요소 중의 하나가 유머다. 그들은 고난의 역사 속에서 익살과 해학의 지혜를 키 워왔다. 유대인 지혜의 산물인 탈무드를 바탕으로 만들어진 그들의 유머는 번뜩이는 기지를 담고 있다. 한 번 웃고 넘기는 개그가 아니라 의미심장한 내용들로 깊게 생각하게 하는 유머이다. 유대인들은 탈무 드를 통해 아버지로부터 자식에게로 재치와 유머를 이어나간다. 이러 한 유머와 지혜가 역경을 이겨내고 시대를 주도하는 유대민족을 만든 원동력이 된 것이다.

하나님을 예배하고 율법을 철저히 지키며 사는 유대인들은 항상 진지할 것 같은 오해를 받는다. 하지만 유대인은 '웃음의 민족'이라 불 릴 만큼 유머를 즐긴다. 그들은 나라 없는 설움과 고난의 역사를 유머와 해학으로 극복해 왔다. 무엇보다 하나님이 만든 세상을 즐겁고 밝게 살아야 한다는 의무감을 가지고 있다. 그들에게 유머는 없어서는 안 되는 것이다. 유머를 통해 긍정적인 마음을 가지고 더 밝은 미래를 꿈꾸며 고난을 견뎌왔기 때문이다. 유대인들은 유머를 배우며 세상을 긍정적으로 바라보고 미래를 낙천적으로 생각하는 법을 익힌다.

유대인은 어릴 때부터 《탈무드》를 통해 재치와 해학을 배우며 자란다. 아인슈타인도 "나의 가장 훌륭한 교사는 조크였다"고 말했다. 유머를 통해 상식을 깨고 의도적으로 뒤집어 보며 생각을 전환하는 연습을 한다. 유머에 해당되는 히브리어 '호프마'는 원래 예지나 지혜를 의미하는 말이다. 그래서 유대인들은 유머가 단순한 웃음이 아닌 수준 높은 시혜의 산물이라 여긴다. 유대인들은 유머가 없는 사람에게 "머리를 숫돌에 갈아야겠다"라고 말한다. 칼을 숫돌에 갈아 날을 세우듯이 유머로 유연한 생각을 하고 지혜를 쌓아야 한다고 생각해서다.

유대인은 유연한 생각으로부터 나오는 창의력을 매우 중요시한다. 창의력이 미래를 준비하는 힘이기 때문이다. 그들은 항상 유연한 생각과 열린 마음을 갖도록 유머를 생활화한다. 유머감각은 고정관념을 깨고 대상을 다른 시각으로 볼 수 있게 해준다. 또 생각의 폭을 넓혀 다양하게 해석하는 능력을 심어준다. 이렇듯 유머는 창의적인 사고와 밀접하게 연결되어있다. 유머가 유연한 사고를 통해 창의적인 생각을 할 수 있게 돕는 것이다. 아인슈타인은 "나를 키운 것은 유머였고, 내가 보여줄 수 있는 최고의 능력은 조크다"라고 말했다. 유대계 금융재벌인 로스차일드도 "나의 무기는 유머다"라고 말하며 유머의 위대함을 이야기했다. 이처럼 유대인들의 창의적이고 혁신적인 성공 뒤에는 유머가 있었다고 해도 과언이 아니다.

(3) 웃음이 사라진 우리

한국의 아이들은 과도한 경쟁으로 인해 웃음이 사라진지 오래다. 어릴 적부터 사교육으로 내몰려 쉼이 없는 교육으로 지치고 힘든 현실에 즐거움이 사라진 것이다. 아이들이 농담이나 유머로 분위기를 전환하려 하면 부모는 실없는 소리하지 말고 가서 공부나 하라고 다그치기 일쑤다. 당연히 아이들의 얼굴에 웃음은 사라지고 마음의 여유도 없어진다. 마음의 여유가 없는 아이들은 정신적으로 금방 지쳐 스트레스를 많이 받는다. 불행히도 OECD 국가 중 청소년 자살률 1위가 우리나라다. 역경을 극복하기 위해 유머가 필요하지만 우리 아이들에게서 웃음이 사라진 것이 현실이다.

한국의 유머는 상대를 비방하거나 조소가 일색인 인스턴트 유머가 넘친다. 잠시의 웃음을 위해 작위적인 상황을 연출하고 상대방을 깎아내리는 것이다. 유대인들처럼 재치와 해학이 넘치고 생각하는 힘을 기르게 하는 유머가 아니다. 요즘의 한국 유머는 말초신경을 자극하여 한 번 웃고 마는 일회성 웃음에 그치고 있다. 상대를 불쾌하게 하는 유머는 오히려 분위기를 경직시키고 대인관계를 어렵게 만든다. 웃자고 던진 농담이 상대에게 악담으로 전달되는 것이다. 이는 상대의 마음에 상처를 주고 분위기를 어색하게 만든다.

모든 것을 진지하게 대하게 만드는 사회적인 분위기도 유머가 사라지는데 일조했다. 한국은 정치와 경제면에서 비약적으로 발전을 이루었지만, 유머문화는 갈수록 척박해져 간다. 코로나로 어려운 경제상황으로 웃음이 사라지는 것이 요즈음 한국의 현실이다. 또 사람에게 웃음을 주거나 잘 웃는 사람은 실없는 사람이라 여겨지는 통념이 아직도 존재한다. 미국이나 유럽과 같은 서양에서는 유머감각이 없으면 성공하기 어렵다. 반면 한국에서 유머를 사용하고 사람들에게 웃음을 주면 오히려 진지하지 못하다는 인상을 준다.

(4) 인생을 즐기는 힘, 유머

프랑스의 작가 빅토르 위고는 "인생이 엄숙하면 엄숙할수록 유머가 필요하다"는 멋진 명언을 남겼다. 톱니바퀴에 기름칠을 하지 않으면 기계가 잘 돌아가지 않는다. 우리 삶에도 마음에 웃음이 사라지면 여유가 없는 팍팍한 인생이 된다. 요즘 대한민국은 엄숙한 것을 넘어 살벌하기까지 하다. 장기간에 걸친 코로나로 인해 경기는 점점 어려워지고 사람들은 우울증으로 고통을 겪고 있다. 이러한 시기에 우리는 즐겁고 행복해야 하는 마음을 작은 일에 빼앗겨 힘들어한다. 어렵고 힘든 현실을 극복하기 위해 더욱더 마음의 여유를 가져야 할 때다. 우리에게 유머가 무엇보다 필요한 시기인 것이다.

엉뚱함에서 나오는 유머는 창의력의 원천이 된다. 아인슈타인은 노벨상을 받는 자리에서 자신의 능력이 유머에서 비롯되었다고 이야기했다. 그는 "세상의 규칙을 반대로 뒤집었을 때 우리에게 가장 필요한 새로운 규칙이 나올 것이라고 믿는다"라고 말했다. 유머를 통해 기존의 것들을 다르게 생각하는 것이 창조의 기초가 된다는 뜻이다. 부모는 아이가 엉뚱한 이야기를 한다고 핀잔을 줄 것이 아니다. 시시한 이야기라도 귀 기울여 들어주고 웃어주어야 한다. 아이의 이야기에 부모가 기쁘게 반응하면 아이는 만족감을 얻게 된다. 또 어디에서나 활발하게 이야기하고 분위기를 주도할 수 있는 자신감도 생긴다.

인생이라는 여정이 항상 평탄한 것만은 아니다. 때로는 평온한 길을 걷기도 하고 때로는 험한 바다를 헤쳐나가야 할 때도 있다. 누구나 인생을 살며 큰 풍파를 만나 힘든 시기를 겪는다. 삶의 역경 속에서 낙심하지 않고 이겨내기 위해서는 웃음이 필요하다. 아이에게 힘든 상황을 유머로 이겨내는 법을 알려주자. 인생의 여정이 평탄치 않을 때일수록 부모는 웃는 얼굴로 자녀를 대하자. 부모가 웃음으로 고난을 견디며 극복하는 모습을 자녀는 보고 배운다. 부모의 모습을 통해 인생에 어떤 어려움이 와도 웃음으로 극복할 힘을 자녀는 얻는다.

유머는 삶을 즐기는 힘이다. 유머는 아이에게 마음의 여유와 유연한 사고를 갖게 한다. 특히 요즘처럼 힘들고 어려운 시기일수록 부모는 자녀들 앞에서 더욱 웃어야 한다. 아이들은 부모의 모습을 배우며 자라기 때문이다. 가성에서 부모가 무뚝뚝한 표정으로 분위기를 잡고 있으면 아이들은 부모의 눈치를 살피게 된다. 웃음이 사라지면 대화도 사라지는 것이다. 부모가 잘 웃으며 아이를 대하는 가정은 집안 분위기도 웃음이 넘친다. 부모가 재치와 유머가 있으면 당연히 자녀들도 지혜로운 아이로 자란다. 부모는 아이들에게 삶을 즐길 줄 아는 여유와 지혜를 선물해 주어야 한다. 우선 부모부터 웃는 얼굴로 자녀를 대하자. 부모의 웃는 얼굴은 자녀에게 기쁨과 위안을 준다. 서로 함께 웃고 즐거워할 때 가족 간의 유대감은 더욱 돈독해진다.

9
행복한 삶을 사는 유대인: 감사

　행복한 삶을 살기 위해 기본적으로 갖추어야 하는 성품이 감사하는 마음이다. 프란시스 베이컨은 "행복한 사람들이 감사를 느끼는 것이 아니다. 감사할 줄 아는 사람이 행복한 것이다"라고 말했다. 사람은 가진 것이 많다고 해서 행복해지는 것이 아니다. 가진 것이 없어도 감사할 때 삶은 행복해진다. 행복은 소유의 크기가 아니라 감사의 크기에 비례하기 때문이다. 아이가 진정으로 행복한 삶을 살기를 원한다면 감사하는 습관을 길러주어야 한다. 감사도 습관이다. 오늘을 감사할 줄 모르는 사람은 내일의 행복도 기대할 수 없다. 아이의 행복을 위해 작은 것에도 감사를 표현하도록 가르쳐야 한다.

　유대인들은 역경의 역사 속에서도 불평과 불만으로 무너지지 않았다. 그들의 마음에 감사가 있었기에 고난 중에도 견딜 수 있는 힘을 얻었던 것이다. 유대인은 삶에서 감사를 실천한다. 아침에 눈을 뜨자

마자 하나님께 감사기도를 한다. 저녁에 잠이 들기 전 하루를 무사히 지내게 해준 신께 감사하며 하루를 마무리한다. 매 식사시간마다 감사를 잊지 않는다. 안식일을 지내며 온 가족이 하나님께 감사하고 서로에게 감사하며 축복하는 시산을 갖는다. 김사의 절기도 잊지 않고 지낸다. 유대인들은 일상을 감사하고 만족하며 살아간다. 가족 서로에게 감사하는 마음을 표현하도록 어릴 때부터 습관을 기른다. 유대인 부모는 아이에게 감사하는 습관을 길러줌으로써 행복한 삶을 살게 하는 것이다.

(1) 감사할 줄 아는 사람이 성공한다

작은 일에도 감시할 줄 아는 사람이 진정으로 행복한 사람이다. 감사하는 마음이 우리 삶에서 행복의 원천이 되기 때문이다. 감사하는 마음을 가진 사람들은 삶에서 부족한 것을 바라보기보다 지금 가진 것에 만족한다. 부족한 것에 마음이 빼앗기면 불평과 불만이 쌓이게 되고 삶이 불행해진다. 행복한 인생을 위해서는 불평과 불만을 멀리해야 한다. 감사하는 마음을 가지면 스트레스는 줄고 행복감은 올라간다는 연구결과도 있다. 감사하는 마음으로 현재의 상태에 만족하게 되면 불만이 줄어들고 스트레스를 덜 느끼는 것이다. 감사는 스트레스를 긍정적인 에너지로 바꾸어 준다. 감사하며 사는 사람이 그렇지 않은 사람보다 더 건강하고 오래 사는 이유도 여기에 있다.

감사는 모든 것에 겸손한 마음을 갖게 한다. 감사와 겸손은 사람들과의 관계를 강화시키는 역할을 한다. 감사는 상대에게 따뜻한 마음을 전하는 것이다. 겸손은 상대를 존중하는 마음과 태도를 말한다. 상대를 존중 해주고 자신도 존중받기 위한 기본이 감사와 겸손이다. 가족 또는 친구와 같은 대인관계에서 감사하는 마음을 표현할 때 그 관계는 더욱 돈독해진다. 겸손한 사람들은 다른 사람들과 원만하게 지내며 정서적으로 안정되어있다. 이처럼 감사와 겸손은 정신적으로 행복한 삶을 유지하는 데 중요한 요소인 것이다.

감사란 성공하는 사람이 가져야 할 필수적인 덕목이다. 아무리 하찮은 일이라도 자신의 일에 감사하고 즐길 줄 아는 사람은 행복한 인생을 살 수 있다. 성공은 돈을 많이 벌고 높은 자리에 올라 권세를 누리는 것만이 아니다. 아무리 돈을 많이 벌고 높은 지위에 있어도 스스로 행복하지 못한 사람의 인생은 불행한 것이다. 성공은 하나님이 자신에게 맡긴 소명이 무엇인지 깨닫고 감사하며 그 일을 즐겁게 하는 것이다. 자신의 일을 귀하게 여기고 감사하며 즐기는 사람이 스스로 행복을 만드는 것이다. 감사하는 사람은 매일매일 행복한 삶을 살 수 있다. 진정으로 성공한 삶은 감사를 통한 행복에서 온다.

다양하고 복잡한 현대의 사회에서 혼자서 이룰 수 있는 것은 거의 없다. 독불장군처럼 혼자 잘나서 성공하는 시대는 이미 지나갔다. 성공하기 위해서는 다른 사람들의 도움이 필요한 시대인 것이다. 마르

쿠스 아우렐리우스 황제는 "만약 당신이 가진 탁월함이 없다면, 감사함으로 그것을 어떻게 얻을지 고민하라"고 말했다. 감사하는 마음을 표현하고 다른 사람의 마음과 능력을 얻는 것이 성공으로 이어질 수 있다. 다른 사람들에게 감사할 줄 아는 마음과 이를 제대로 표현하는 것이 성공을 보장하는 것이다.

(2) 행복한 삶을 위해 감사를 가르치는 유대인

"세상에서 가장 현명한 사람은 배우는 사람이고, 세상에서 가장 강한 사람은 자기를 이기는 사람이며, 세상에서 가장 행복한 사람은 범사에 감사하는 사람이다." 탈무드에 나오는 말이다. 유대인 부모는 자녀가 행복한 삶을 살기를 바라며 항상 감사의 마음을 잊지 않도록 강조한다. 유대인들은 아침에 일어나자마자 하나님에게 '모데 아니 Modeh Ani, 직역하면 'I give thanks' 즉, '나는 감사드립니다'라는 의미이다'라는 짧은 감사기도를 드린다. 유대인은 밤에 잠을 잘 때 몸과 영혼이 분리되어 별도의 세계에 머문다고 생각한다. 아침에 잠에서 깰 때 몸과 영혼은 다시 연합한다고 믿는다. 그래서 밤새 지켜주고 새로운 아침을 맞이하게 해준 하나님께 감사드리며 하루를 시작하는 것이다. 이 기도는 유대인 아이들이 부모로부터 가장 먼저 배우는 감사기도다.

유대인 아이들은 아침에 일어나 이를 닦는 습관을 배우기 전에 하나님께 감사하는 것을 먼저 배운다. 유대 격언에 '감사라는 말이 아이의 입에 붙기 전에는 아이에게 어떤 말도 가르치지 말라'는 말이 있다. 유대인 부모는 아이에게 의도적으로 감사하는 태도를 가르친다. 하나님에 대한 감사를 생활 속에서 배우며 자란 유대인 아이들은 자연스레 감사를 몸에 익히게 된다. 작은 것에도 감사하는 마음을 가지고 좋은 태도로 감사를 표현할 줄 아는 아이로 자라는 것이다. 유대인은 감사하는 마음과 태도를 지니는 것을 중요하게 여긴다. 이는 다른 사람에게 감사함을 받을 수 있는 선한 일을 하게 만든다고 생각하기 때문이다.

유대인들은 모든 일에 감사하는 마음으로 어렵고 힘든 상황을 견뎌낸다. 어떤 고통과 고난의 순간에도 하나님이 자신들을 더 좋게 이끌기 위한 과정이라 믿는다. 그렇기에 감사하는 마음으로 힘든 상황을 견디고 이길 수 있는 것이다. 유대 민족은 하나님이 이집트에서 노예로 살던 자신들을 구원해 젖과 꿀이 흐르는 가나안땅으로 인도했다고 믿는다. 그 은혜를 기억하고 감사하기 위해 매년 유월절, 맥추절, 수장절 등 3대 절기를 기억하고 지킨다. 또 연말이 되면 유대인들은 이스라엘에 모여 '하누카성전을 수리한 것을 기념하기 위한 유대교 축제일의 하나로 '봉헌'이라는 뜻이다'를 기념하여 촛대에 불을 밝힌다. 오래전부터 지금까지 유대민족을 지켜준 하나님에게 감사드리는 것이다. 유대인들의 확고한 믿음이 어떤 상황에서도 감사를 이어가는 원동력인 것이다. 유대인 아이들은 전통과 절기를 이어가며 감사하는 습관을 익힌다.

유대인 어머니들은 자녀를 행복한 사람으로 기르기 위해 항상 세 가지를 강조한다. 첫째, '어떤 경우든 모든 일에 감사하라. 작은 일이든 큰일이든 항상 감사하는 사람이 되어라'고 말하며 감사를 습관화시킨다. 둘째, '원망하는 사람과 어울리지 말고 사귀지 말라.' 원망과 불평은 전염되는 것이다. 그렇기에 행복한 인생을 살고 싶다면 원망하고 불평하는 사람을 멀리해야 한다고 강조한다. 셋째, '감사하는 사람과 친하게 지내라.' 감사도 습관이기에 서로 좋은 영향을 주는 사람을 가까이하라고 가르친다. 행복한 삶을 위해 감사하는 마음과 태도를 기르도록 아이들을 양육하는 것이다.

(3) 감사할 줄 모르는 우리

요즘 우리나라 아이들의 문제점 중 하나가 감사를 모른다는 것이다. 대부분의 부모가 맞벌이를 하다 보니 홀로 방치된 아이에게 미안한 마음을 가지고 있다. 그래서인지 아이가 원하는 것은 대부분 해주려 한다. 아이들은 자기에게 주어진 풍요가 당연한 것으로 여기게 되고 부모에게 더 많은 것을 바란다. 아이의 요구를 무작정 들어주면 모든 것이 당연하다는 생각에 감사를 모르는 아이로 자란다. 아이에게 물질적으로 모든 것을 다 채워주다 보면 정신적으로 많은 것이 부족하게 된다. 만족을 모르는 아이로 자라는 것이다. 자신의 욕구가 채워지지 않으면 아이는 떼를 쓰고 폭력을 휘두르는 일도 생기게 된다.

감사할 줄 모르는 아이는 나누는 법도 모른 채 이기적인 아이로 자란다. 자신의 욕심을 채울 것만 찾고 다른 사람에게는 크게 관심을 가지지 않는다. 자신의 요구가 채워지지 않으면 다른 사람에게 불평과 불만을 쏟아낸다. 아이를 대하는 부모의 태도도 문제가 된다. 저출산으로 외동이 많아지는 한국에서 부모들은 아이를 과잉보호한다. 그리고 아이의 기를 살린다는 명목하에 아이가 원하는 것은 대부분 들어준다. 부모가 늘 아이와 함께 해주지 못하는 죄책감을 덜기 위해 이기적인 아이의 행동을 방조하는 것이다.

표현을 자제하는 동양의 문화 속에서 자란 한국 사람들은 감사하다는 말을 잘 하지 않는다. '마음만 알면 됐지'라며 감사하다는 말을 표현하는 것을 진심이 감소되는 것으로 폄하하기도 한다. 이러한 분위기 속에서 아이들은 감사를 표현하는 태도를 제대로 배우지 못한 채 자란다. 자녀들은 부모에게 감사하지 않으며, 학생들은 교사에게 감사하지 않는다. 감사를 표현하기는커녕 오히려 무례한 경우도 많다. 감사를 잊어버린 사람의 삶은 행복하지 못하고 불행하다. 항상 불평과 불만을 쏟아내기 때문이다.

(4) 행복한 삶을 살기위한 기본, 감사

'타인의 온정과 은혜에 감사하라. 은혜를 모르는 것은 근본적인 결함이다. 그렇기에 은혜와 감사를 모르는 사람은 삶이라는 영역에서 무능한 자라고 할 수 있다. 그것은 건실한 인간의 첫 번째 조건인 것이다.' 괴테의 말이다. 감사는 인간이 갖추어야 할 기본이라는 의미다. 작은 것에도 감사할 줄 아는 사람은 인격이 잘 갖추어진 사람이다. 인격은 하루아침에 만들어지지 않는다. 그러기에 우리는 모든 일에 감사할 줄 아는 습관을 길러야 한다. 매사에 감사하는 마음을 가진 사람은 진정으로 행복한 삶을 누리며 살 수 있다. 아이가 행복한 삶을 살기를 원한다면 물질을 선물하기보다 감사하는 마음을 가르쳐야 한다.

감사는 행복한 삶을 살기 위한 필수적인 성품이다. 모든 것에 진정으로 감사하는 사람은 매일 매순간 행복한 삶을 살 수 있다. 반면 만족하지 못하고 불평하는 사람은 행복을 찾을 수 없다. 우리 자녀가 매일 행복하게 살 수 있도록 감사의 성품을 가르쳐야 한다. 아이는 부모를 보며 자라기에 일상에서 부모가 먼저 감사의 본을 보여야 한다. 남편은 아내에게, 아내는 남편에게 사소한 것이라도 먼저 감사를 표현하자. 아이들에게도 감사의 표현을 자주 들려주자. 아이들이 바르게 행동하거나 어려움을 돕는 행동을 할 때를 놓치지 말고 감사하다고 말해주자. 이는 아이에게 행복감을 심어주고 심리적으로 안정감을 갖게 하는 중요한 요소가 된다.

아이에게 너무 많은 물질을 주면 오히려 감사함을 모르게 되는 경우도 있다. 때로는 기준을 정해두고 과한 요구를 할 때는 단호하게 '안돼'라고 말하는 부모가 되어야 한다. 이를 통해 아이는 한계를 배우게 되고 절제하는 법을 깨닫게 된다. 또 아이에게 경험을 통해 감사의 마음과 태도를 기를 수 있게 하는 것도 좋은 방법이다. 다른 사람을 도울 수 있는 경험의 기회를 만들어 주자. 가족끼리 간단한 집안일 등, 서로 도울 수 있는 것들을 찾아 돕게 하자. 자녀와 함께 실천할 수 있는 봉사활동을 찾아 돕는 것도 좋다. 자녀와 함께 봉사를 실천해 보자.

감사는 행복을 만드는 위대한 힘이고 부정적인 감정들을 없애는 최고의 해독제다. 세계에서 가장 영향력 있는 사람 100인에 선정되었던 오프라 윈프리는 '자신이 성공할 수 있었던 원동력은 날마다 쓰는 감사편지였다'라고 말했다. 불행한 어린 시절을 보낸 그녀가 행복한 사람으로 자랄 수 있었던 것은 감사하는 마음을 가지려고 노력했기 때문이다. 그녀는 아침에 눈을 뜬 것, 겨우 샌드위치 하나 먹은 것 등 사소한 하나에도 매일 감사하다는 글을 썼다. 우리도 아이와 함께 매일 저녁 감사일기를 적어보자. 하루를 돌아보고 감사한 것을 찾는 습관을 들이면 감사한 마음과 습관을 기를 수 있다. 자녀와 함께 감사일기를 쓰고 나누는 사이 아이는 건강한 마음을 갖게 될 것이다.

PART 3

미래를 준비하는 유대인 교육

1. 더불어 사는 세상을 만드는 힘: 인성

2. 미래를 향해 나아가는 힘: 꿈과 비전

3. 글로벌 시대를 준비하는 힘: 외국어

4. 함께 하는 미래를 위한 투자: 자선과 나눔

5. 실패를 두려워하지 않는 도전정신: 후츠파

6. 미래라는 문을 여는 열쇠: 상상력과 창의력

7. 합리적 판단과 문제해결 능력: 비판적 사고

8. 함께 미래를 준비하는 힘: 협동과 협업

1
더불어 사는 세상을 만드는 힘:
인성

　현재 우리는 세계에서 유래가 없는 경제 발전을 이루어 물질적으로 풍요로운 사회가 되었다. 하지만 이러한 발전 속에서 정신적으로는 더욱 빈곤해지고 있다. 끊임없는 경쟁 속에서 개인주의와 이기주의가 팽배해지며 인성을 점점 잃어가는 것이다. 인성은 사람이 사람답게 살기 위한 가장 기본이 되고 필수적인 요소이다. 인성이란 각 사람이 가지고 있는 사고와 태도 및 행동 특성 등을 말한다. 즉 인간이 가지고 있는 품격을 말하는 것이다. 인성은 자신의 삶을 바르고 건전하게 하고 다른 사람과 더불어 살 수 있도록 한다. 산업화와 정보화로 각박해져 가는 시대에 인성이 더욱 필요한 이유다.

　유대인은 인성교육을 무엇보다 중요시한다. 유대인들은 신앙교육으로 하나님을 경외하는 마음과 태도를 어려서부터 기른다. 신앙교육은 자연스레 인성교육으로 이어져 사람과의 관계에서도 건전한 사고와 태도를 가지도록 한다. 신앙교육과 인성교육을 통해 유대인 아이들은 자신의 내면을 바르게 가꾸는 법을 배운다. 그리고 다른 사람과 잘 어울리며 공동체와 더불어 살아가는 법을 깨닫는다. 유대인들은 자녀가 경제적, 사회적으로 성공하는 것을 인생의 목적으로 삼지 않는다. 아이가 바른 인성을 가지고 세상에 선한 영향력을 미치는 사람으로 자라기를 바란다. 존경 받는 '멘쉬mensch'로 자라기를 원하는 것이다.

(1) 함께 사는 세상을 만드는 힘, 인성

인성은 인간이 세상을 살아가기 위해 갖추어야 할 가장 기본이 되는 중요한 요소이다. 흔히들 인성은 타고나는 것이라 여기기도 한다. 하지만 인생을 살아가며 꾸준히 갈고 닦으며 다듬어가야 하는 것이 인성이다. 끊임없이 자신을 돌아보고 성찰하며 긍정적인 생각과 태도를 가지도록 노력해야 한다. 또 다른 사람들의 마음과 생각에 공감할 줄 알고 배려하는 태도를 길러야 한다. 즉, 인성은 자신을 이해하고 다른 사람들과 더불어 살아갈 줄 아는 마음과 태도를 가지는 것이다.

언제부터인가 '각자도생各自圖生, 각자가 스스로 살 길을 찾는다는 뜻'이라는 말이 유행하기 시작했다. 어려워지는 경제 탓에 각박해진 사회의 현상을 단편적으로 나타내는 말이다. 사람 사이의 신뢰는 무너지고 더욱더 치열한 경쟁 속으로 사람들은 몰린다. 각자 알아서 살아갈 길을 찾아야 하는 현실 속에서 사람들의 인성은 점점 무너지고 있다. 본디 인간은 혼자 살아갈 수 없게 만들어졌다. 서로 의지하며 더불어 살아가는 존재이다. 가정, 공동체, 국가라는 사회를 이루며 서로 공감하고 도우며 살아가는 존재인 것이다. 사람들은 더불어 지내며 함께 웃고 함께 울어줄 사람들을 필요로 한다.

프랑스 사상가 루소는 "교육의 목적은 기계를 만드는 것이 아니라 인간을 만드는 데 있다"라고 말했다. 더 많은 것을 외우고 한 문제라도 더 풀어 좋은 점수를 받게 하는 것이 교육의 목적이 아니다. 우리가 아이들을 가르치고 배우게 하는 것은 바른 인성을 갖춘 사람을 길러내기 위함이다. 머리를 쓰는 것도 중요하지만 마음을 어떻게 쓰는지가 더 중요하기 때문이다. 과거에는 머리를 잘 쓰는 인재가 세상을 바꿀 수 있었다. 하지만 이제는 전문지식을 가진 다양한 인재가 서로 협력하여 세상을 변화시키는 시대이다. 더불어 함께 하기 위해서 무엇보다 중요시되는 것이 인성이다.

미래역량의 가장 기본은 인성이다. 첨단기술의 발달로 사람들이 살아가는 세상은 더 편해졌지만, 마음은 더 공허해 지고 있다. 이해가 서로 상충되고 차별과 갈등은 더 심해져 사람의 마음을 힘들고 지치게 한다. 지혜롭게 갈등을 해결하고 이해관계를 조정할 수 있는 능력은 인성에서 나온다. 인성은 물질보다 인간을 귀하게 생각하는 마음을 갖게 한다. 사람과 사람이 함께 어울려 살아가는 세상을 만들기 위해 인성은 반드시 필요하다. 행복한 인생을 위해 인성을 바르게 키우고 잘 다듬는 것이 무엇보다 우선 되어야 한다.

(2) 유대인은 자녀를 멘쉬로 기른다

유대인 교육을 한마디로 정의하자면 '관계의 교육'이라 할 수 있다. 유대인들은 신앙교육을 통해 하나님과 자신들 사이에 바른 믿음을 만드는 것이 최우선의 목표다. 유대인의 모든 교육은 하나님을 믿는 믿음에서부터 시작한다고 해도 과언이 아니다. 하나님을 믿는 믿음을 중요히게 여기는 것처럼 인간관계에서도 신뢰를 중요하게 생각한다. 믿음을 바탕으로 사람 사이에 신뢰를 형성하고 좋은 관계를 유지하는 인성을 배우도록 가르친다. 바른 관계를 형성할 수 있는 기본이 믿음이라 믿기 때문이다. 믿음의 신앙교육이 자연스레 인성교육으로 이어지는 것이다.

유대인들은 누구나 '멘쉬mensch'가 되기를 원한다. 《공부하는 유대인》의 저자 힐 마골린은 자신의 책에서 '멘쉬'를 다음과 같이 정의했다. "멘쉬는 주위로부터 완전한 신뢰를 받는 사람이다. 멘쉬는 타인과의 관계에 있어 정직하고 반듯한 윤리적인 인간이다. 멘쉬는 자신보다 어려운 사람들을 도와줌으로써 행복을 느끼고 좀 더 나은 관점에서 자신을 돌아볼 수 있는 인간, 쉬운 길을 버리고 어려운 길을 택하더라도 올바른 일을 하면서 정직하게 살아가는 인간, 자신이 가지고 있는 지식과 돈, 시간 등을 사회에 환원함으로써 다른 사람에게 필요한 행동을 하는 인간을 뜻한다."힐 마골린 (2013), 《공부하는 유대인》, 일상과 이상, 41~42p즉 '멘쉬'를 한마디로 표현하면 바른 인성을 가진 사람을 의미한다.

유대 격언에 "똑똑한 것보다, 친절한 것이 낫다"라는 말이 있다. 유대인들은 아이들을 남보다 더 똑똑해지라고 가르치지 않는다. 바르고 건전한 인성을 갖춘 사람이 되기를 바라며 교육한다. 유대인들은 학교의 정규과목을 배우는 것보다 인성교육을 더 중요시한다. 그들의 성공 기준은 경제적으로 돈을 많이 벌거나, 사회적으로 권력을 취득하는 데 있지 않다. 유대인이 생각하는 성공적인 삶은 사람들에게 신뢰받고 존경받는 인물이 되는 것이다. 그러기에 유대인 부모는 아이들에게 올바른 성품을 길러주기 위해 끊임없이 노력한다.

유대인 부모들은 자녀가 바른 믿음과 건강한 인성을 가지고 행복하게 살아가기를 원한다. 공동체 정신을 중요하게 생각하는 유대인들은 더불어 사는 삶을 강조한다. 힐 마골린이 말한 '멘쉬'처럼 자신을 돌아보고 타인을 돕는 것이 바른 삶이라 생각하기 때문이다. 유대인은 바른 믿음과 건강한 인성을 가지고 이웃을 돕는 선행을 행하도록 한다.

유대교의 기본 원리인 '마아심 토빔ma'asim tovim, '선한 행동'이라는 뜻이다)에 따라 선행 행동을 하게 하는 것이다. 그것이 큰 일이든 작은 일이든 선한 일을 함으로써 하나님의 뜻에 동참한다고 믿는다. 믿음으로 인성을 길러 이웃을 위해 자·선과 봉사를 실천하게 하는 것이다.

(3) 인성보다 성적을 우선시하는 우리 부모들

지금도 우리는 남보다 앞서려는 가치가 우선시 되어 경쟁위주의 교육을 하고 있다. 빠른 성장을 위해 맹목적으로 지식과 기술 습득만을 강조하는 교육을 하는 것이다. 이 과정에서 다른 사람들에 대한 배려나 도덕적 가치는 무시되고 오로지 성과에만 집중한다. 인간이 아닌 기계를 만들어 온 것이다. 이러한 교육의 병폐는 개인, 가정, 사회 곳곳에서 나타나고 있다. 학교 폭력이 일상이 되었다. 또 가정에서 유치원에서 약자인 아이들이 인성이 바르지 못한 어른으로부터 고통을 받고 있다. 반인륜적 사건들이 사회 전반에 걸쳐 일어나고 있는 것이다.

이러한 현실을 바꾸어보고자 한국은 2014년에 인성교육을 의무로 규정했다. 인성교육이 무엇보다 중요하다는 사실을 깨닫고 '인성교육진흥법'을 세계 최초로 만든 것이다. 하지만 현실은 여전히 인성을 바르게 기르기 위한 교육보다는 입시를 위한 공부가 우선이다. 한국의 아이들은 성적을 위한 지필평가와 수행평가에 집중한다. 입시를 위한 공부만을 강요당하며 지나치게 경쟁위주의 교육을 받고 있는 것이다. 경쟁이 우선이기에 자신을 돌아보고 남을 배려하는 것은 사치라 여긴다. 당연히 함께 하는 과정을 중시하는 인성은 소홀해지고 성적만 중시하며 결과에만 몰두한다.

인성교육은 자신을 돌아보는 것으로 시작된다. 자신을 돌아보며 바르고 건전하게 자신을 표현하는 법을 배우는 것이 인성교육의 시작인 것이다. 요즘 아이들은 온전히 자신을 돌아보고 바르게 표현할 기회가 거의 없다. 입시 공부에 시간을 빼앗겨 마음을 돌아볼 여유가 없는 것이다. 가족과의 대화를 통해 마음을 풀어야 하지만 이마저도 힘들다. 부모는 일하느라 바쁘고 아이들은 미디어에 정신을 빼앗겨 대화는 점차 사라져간다. 자신의 고민을 제대로 표현하지 못하는 아이들은 조금씩 마음에 병이 생기기 시작한다. 이러한 마음의 병이 때로는 잘못된 인성의 결과로 나타나기도 한다. 인성이 결여되면 개인 차원의 문제에서만 끝나는 것이 아니라 각종 사회문제까지 확대되기도 한다.

(4) 인성은 행복한 미래를 위한 핵심이다

우리 사회가 당면한 여러 문제와 위기를 해결하기 위해 인성교육은 반드시 실천되어야 한다. 또 우리 아이들의 행복한 미래를 위해서 건전한 인성을 기를 수 있도록 가르쳐야 한다. 더욱 복잡해지고 다양해지는 관계 안에서 함께 살아가기 위해 인성을 갖추는 것이 무엇보다 중요하다. 인성교육으로 아이에게 바른 가치관을 심어 옳고 그름을 잘 판단할 수 있게 해야 한다. 그리고 공동체를 위한 의식을 키우게 해 봉사와 헌신을 실천하게 해야 한다. 또 기본적인 예절을 지키며 다른 문화에 대한 이해와 포용을 할 수 있는 마음을 심어주어야 한다. 우리 아이가 바른 인성을 가지게 되면 어디서든 존중받을 것이다.

인성교육의 기본은 부모의 사랑이다. 사랑을 충분히 받고 자란 아이는 바른 인성을 가진 아이로 자란다. '열 길 물속은 알아도 한 길 사람 속은 모른다'는 속담이 있다. 표현하지 않는 마음은 아무도 모른다. 조금 쑥스럽더라도 아이에게 사랑한다 말하고 표현하자. 더불어 자신을 잘 표현할 줄 아는 아이로 기르자. 아이는 표현함으로써 자신을 돌아볼 수 있게 된다. 자신의 표현을 들어주는 부모를 통해 스스로 소중함을 알게 된다. 더불어 다른 사람을 이해하고 공감하는 마음을 배우고 가지게 된다. 부모부터 아이를 사랑하는 마음을 숨기지 말고 표현하자. 부모의 표현을 보며 아이들은 자신도 표현할 줄 아는 아이로 자란다.

아이는 자신이 존중받고 사랑받으며 자란 긍정적인 정서를 통해 바른 인성을 만들어간다. 행복하게 자란 아이가 바르고 건전한 인성을 가지는 것이다. 그렇기에 아이의 이야기를 들어주며 충분한 소통의 시간을 가져야 한다. 아이가 자유롭게 말할 수 있는 분위기를 만들어 주고 아이의 말에 귀 기울여 들어주자. 아이의 이야기를 존중하며 대화하자. 부모는 아이와 소통하며 그 마음에 충분히 공감해주어야 한다. 인성교육의 기초는 가정이다. 가정에서부터 부모가 아이를 배려해주고 존중할 때 아이의 인성은 바르게 자란다.

인성교육은 마음을 키우는 교육이다. 부모가 자신의 마음을 모른다면 아이의 마음을 헤아리고 이해할 수 없다. 아이에게 인성을 가르치기 전에 부모부터 먼저 자신의 마음에 대해 공부하고 알아야 한다. 자신의 내면을 들여다보고 성찰하는 것이 무엇보다 중요하다. 부모 자신의 상처를 먼저 치유해야 아이에게 상처를 주지 않기 때문이다. 대부분의 부모들은 아이들에게 바른 인성을 심어주는 좋은 부모가 되기를 원한다. 그렇다면 우선 부모부터 먼저 스스로를 돌아보는 시간을 가지는 것이 필요하다.

2
미래를 향해 나아가는 힘:
꿈과 비전

요즘 아이들에게 꿈이 무엇이냐고 물어보면 대부분의 아이들은 꿈이 없다고 대답한다. 아이들은 불안한 미래를 걱정하는 부모로부터 오직 공부만을 강요받기 때문이다. 아이들에게는 꿈을 찾을 시간도 경험할 기회도 부족한 것이 현실이다. 다가올 미래에 우리 아이가 행복하게 살기 위해서는 입시가 전부가 아니다. 아이 스스로 미래를 그리고 만들어가기 위해 꿈과 비전이 필요하다. 꿈과 비전이 아이의 행동을 바꾸고 운명을 바꾸는 것이기 때문이다. 이루고자 하는 꿈과 비전을 가진 아이는 행복한 미래를 만들어 갈 수 있다.

유대인들은 하나님이 사람을 세상에 보낼 때 각자에게 사명을 부여했다고 믿는다. 하나님이 창조한 세상을 더 살기 좋은 곳으로 만들어야 하는 책임이 있다고 여긴다. 하나님을 도와 세상을 치유하며 창조의 역사를 완성하는 것이 인간의 의무라 생각해서다. 유대인들은 그러한 사명을 이루기 위해 평생을 공부한다. 하나님이 자신에게 준 달란트를 찾고 세상을 개선하기 위해 노력하는 것이다. 유대인들은 자녀들에게도 하나님의 비전에 동참하도록 가르친다. 유대인 아이는 단지 자신을 위한 꿈이 아닌 세상을 이롭게 하는 비전을 품는 법을 배운다.

(1) 미래를 꿈꾸게 하라

스코틀랜드의 철학자인 토머스 칼라일은 "목적이 없는 사람은 방향타 없는 배와 같다"고 말했다. 아무리 멋지고 큰 배라도 가야 할 목적지를 정하지 못하면 출발할 수 없다. 설사 출발했다 하더라도 그저 망망대해를 떠돌 뿐이다. 인생도 마찬가지다. 삶의 목표를 정하지 않았다면 인생이라는 바다에서 헤맬 수밖에 없다. 꿈과 비전은 인생이라는 항로를 바르게 갈 수 있도록 돕는 나침반이자 방향타이다. 삶의 목적인 꿈과 비전을 찾는 것이 무엇보다 중요한 이유다.

꿈과 비전은 우리가 이 세상을 살아가는 의미를 찾게 하는 중요한 요소다. 꿈과 비전이 있는 사람은 목적의식을 가지고 자신이 가야 할 방향을 정한다. 그리고 그 꿈을 위해 열정을 가지고 열심히 노력하는 삶을 살아간다. 꿈과 비전이 인생을 주도적으로 살게 하는 에너지가 되는 것이다. 삶의 목적이 오늘보다 더 나은 내일을 꿈꾸게 하고 무엇을 하며 어떻게 할지를 결정한다. 이루고자 하는 꿈과 비전을 바라보며 의미 있는 삶을 만들어간다. 꿈과 비전이 삶을 이끄는 것이다. 목적지를 정한 배가 표지판도 없는 망망대해에서 방향을 잃지 않는 것처럼 말이다.

꿈과 비전을 가지고 있느냐, 없느냐에 따라 사람의 미래는 달라진다. 1953년 하버드대학 MBA과정을 졸업한 학생들을 대상으로 꿈과 비전에 대한 설문 조사를 실시하였다. 조사결과 학생의 3%만이 인생의 구체적인 목표와 실천계획을 가지고 있었다. 13%는 막연한 목표만 있고 실천계획은 없었으며, 나머지 84%는 목표조차 없었다. 20년이 지난 후 이들을 대상으로 어떻게 살고 있는지 다시 조사를 실시했다. 구체적인 꿈과 실천계획이 있던 3%의 사람들은 나머지 97%의 사람들보다 훨씬 성공적인 삶을 살고 있었다. 학력과 재능이 비슷했음에도 불구하고 경제적, 사회적으로 큰 격차가 있었던 것이다.

꿈과 비전은 생각만으로 얻어지는 것이 아니다. 막연하게 바라는 꿈은 이루어지지 않는다. 스티븐 코비는 《성공하는 사람들의 7가지 습관》에서 두 번째 습관으로 "끝을 생각하며 시작하라"를 이야기했다. 성공하는 사람은 이루고자 하는 꿈과 비전을 사명으로 생각한다. 즉 의미 있는 삶을 위해 인생의 목적을 사명으로 여기며 실천하는 것이다. 꿈을 이루고 비전을 성취하는 것은 생각만 한다고 이루어지지 않는다. 아무리 좋은 땅이라 해도 방치하면 쓸모없는 땅이 된다. 이처럼 인생의 비전도 이루려고 노력하지 않으면 그저 헛된 꿈일 뿐인 것이다. 행복하고 성공하는 인생을 위해서는 꿈과 비전을 품고 열심히 가꾸는 노력이 필요하다.

(2) 더 좋은 세상을 만들어라, 유대인의 티쿤 올람정신

유대인들은 사람이 태어날 때 각자 서로 다른 재능달란트을 가지고 있다고 생각한다. 하나님이 사람에게 재능을 주었다고 믿기 때문이다. 유대인은 하나님이 재능과 함께 이 세상을 위해 재능을 발휘해야 하는 책임도 주었다고 믿는다. 자신에게 있는 달란트를 발견함과 동시에 더 좋은 세상을 만들어야 하는 책임도 있다고 생각한다. 유대인들이 아이들의 재능을 발견하고 키워주기 위해 노력하는 이유도 여기에 있다. 자신의 재능을 찾아 하나님이 만든 세상을 더 좋게 만드는데 사용하기 위해 배우고 가르치는 것이다.

유대인은 하나님이 세상을 만들었다고 믿는다. 하나님의 창조는 아직 끝나지 않았기에 지금도 계속 세상을 만들어가고 있다고 생각한다. 유대인들은 선택받은 민족으로 하나님을 도와 창조사역을 완성해야 할 의무가 있다고 확신한다. 유대인의 이와 같은 믿음을 '티쿤 올람 Tikkun Olam' 사상이라고 한다. '티쿤Tikkun'은 '세상'을 의미하고 '올람 Olam'은 '고친다'는 뜻을 가진 히브리어이다. 즉 하나님이 만든 세상을 자신들이 더 좋은 곳을 만들어야 하는 것은 당연한 의무라 여긴다. 유대들은 '티쿤 올람' 정신을 통해 세상을 향한 비전을 꿈꾸고 실현하기 위해 노력한다. 이 세상을 더 좋은 곳으로 만드는 것이 유대인들의 꿈과 비전이 되는 것이다.

　유대인들에게는 아이가 세상을 향한 하나님의 역사에 동참하도록 키워야 할 사명이 있다. 유대인들은 아이마다 하나님이 태어날 때 준 각자의 재능이 있다고 믿는다. 받은 재능을 찾아 세상을 이롭게 하는 데 사용해야 하기에 아이의 달란트를 찾는데 집중한다. 아이에게 있는 재능을 발견하고 키우도록 도와주는 것이 부모의 의무라 여기기 때문이다. 유대인은 아이와 함께 토라와 탈무드를 공부하며 하나님의 뜻을 이해하도록 돕는다. 아이와 많은 시간을 함께하며 대화하고 생각을 나눈다. 아이에게 다양한 경험을 해볼 수 있는 기회를 제공하며 좋아하고 잘 하는 것을 찾을 수 있게 한다. 아이 스스로 자신의 재능을 발견하도록 돕는 것이다.

　유대인 부모는 아이에게 꿈과 비전을 강요하지 않는다. 유대인은 부모의 바람이나 기대를 아이에게 전달하지 않는 것이다. 아이에게 경제적, 사회적으로 성공하고 인정받는 직업을 가지라고 요구하지 않는다. 부모의 바람을 자녀에게 강요하는 것은 아이를 불행하게 만드는 지름길이라 여기기 때문이다. 유대인들은 아이 스스로 꿈을 찾고 비전을 만들어 갈 수 있게 도울 뿐이다. 아이가 세상을 향해 품은 비전을 존중하고 최선을 다해 노력할 수 있도록 응원해준다. 유대인 부모는 자녀가 자신의 삶을 주도적으로 살아가도록 돕는 것이다. 그것이 진정

아이가 행복하게 사는 것이라 믿기 때이다.

(3) 꿈꾸지 못하는 우리 아이들

지난 2014년 전국 초, 중, 고 학생들을 대상으로 실시한 학교 진로 교육 실태조사를 실시했다. 자료에 따르면 초등학생의 12.9%, 중학생 31.6%, 고등학생 29.5%가 꿈이 없다고 답했다고 한다. 또 2016년 연합뉴스에 따르면 청소년 중 절반 이상이 꿈을 갖지 못한다고 했다. 자신들이 무엇을 즐기고 잘 하는지 모르기 때문에 그렇다고 한다. 여전히 대학 진학률이 70%가 넘는 한국에서 유독 꿈이 없는 아이들의 비율이 높은 것이다. 그 이유는 입시에 몰려 아이 자신이 좋아하고 잘하는 것을 경험할 기회가 없기 때문이다. 아이들은 정작 자신이 하고 싶은 일을 경험할 시간이 없다. 수학 문제 하나를 더 풀고 영어단어 하나를 더 외우는데 시간을 빼앗기는 것이다.

한국의 부모들은 아이에게 좋은 대학을 나와야 꿈을 이룰 수 있다고 이야기한다. 부모들은 아이에게 공부만을 강요하며 정작 아이가 좋아하고 잘하는 것을 외면한다. 아이는 어린 시절부터 입시를 목표로 주입식 교육을 강요받는다. 가정에서 학교에서 아이들에게 좋은 대학을 인생의 목표라 가르치는 것이다. 아이들은 자신이 바라는 꿈이 없기에 좋은 대학을 나와도 꿈을 찾지 못하는 경우가 허다하다. 그저 경제적으로 사회적으로 성공하는 것이 꿈을 이루는 것이라 생각한다. 이러한 현실에서 아이에게 꿈이 없는 것은 어찌 보면 당연한 결과일지도 모른다. 아이의 가장 큰 문제는 아이가 공부를 못하는 것이 아니라 꿈이 없다는 사실이다.

세상 모든 부모는 자신의 아이가 행복한 인생을 살기를 바란다. 한국의 부모는 자녀가 행복한 삶을 살기 위해서는 안정적인 직업이 있어야 한다고 생각한다. 아이가 불확실하고 어려운 꿈을 가지는 것에 거부감을 가진다. 한 매체의 조사에 의하면 요즘 아이들의 꿈이 안정적인 공무원이거나 돈을 많이 버는 의사나 변호사였다. 또 높은 소득이 보장되는 건물주와 임대사업자를 꿈꾸는 아이들도 있었다. 이처럼 아이들이 도전의식을 잃고 안정적인 미래를 선호하는 데는 부모의 영향이 크다. 헬렌 켈러는 "세상에서 가장 불행한 사람은 눈먼 사람도 아니고, 귀먹은 사람도 아니고 말 못하는 사람도 아니다. 세상에서 가장 불행한 사람은 비전이 없는 사람이다"라고 말했다. 아이의 행복을 바라는 부모의 헛된 마음이 결국 아이를 불행하게 만드는 결과를 가져올 수도 있다.

많은 부모들이 자신이 이루지 못한 꿈을 자녀에게 강요한다. 부모가 아이의 꿈과 비전을 꺾고 부모 자신의 희망을 아이에게 억지로 주입하는 것이다. 그런 부모의 욕심이 자녀를 바라보는 눈을 가리고 귀를 닫게 한다. 아이가 좋아하고 잘하는 것이 어떤 것인지, 또 아이의 재능이 무엇인지 찾으려 하지 않는다. 그저 자녀를 통해 대리만족을 얻으려는 부모의 바람만 있을 뿐이다. 아이는 부모의 바람을 이루기 위해 공부를 강요당하고 일상을 통제받는다. 조금이라도 부족하다 싶으면 부모는 어김없이 아이를 닦달하며 잡는다. 부모는 "다 너 잘되라고 하는 소리야!"라고 말하며 자신의 욕심을 숨기려 한다. 부모의 이기심과 욕심으로 아이를 망치는 것이다. 이로 인해 부모와 자녀 사이에 강한 갈등이 생기고 극단적인 상황으로 치닫기도 한다.

(4) 아이의 미래를 위해 비전을 심어주자

생텍쥐베리의 《어린왕자》에는 비전에 대한 좋은 구절이 나온다. "배를 만들게 하고 싶다면 배 만드는 법을 가르치기 전에 먼저 바다에 대한 동경을 심어줘라. 그러면 그 사람은 스스로 배를 만드는 법을 찾아낼 것이다." 넓은 바다를 보여줌으로써 바다에 대해 동경하며 꿈과 비전을 갖게 된다. 자연스레 바다를 알고 싶은 비전을 가지고 바다로 나아가기 위해 배를 만들게 되는 것이다. 이처럼 부모는 아이가 꿈을 꿀 수 있도록 도와야 한다. 스스로 꿈을 찾고, 비전을 펼치는 아이로 자라기 위해 부모는 인내하며 지켜봐 주어야 한다.

부모들은 아이가 자신의 꿈을 찾고 비전을 세워나가기를 바란다. 하지만 자신의 꿈과 비전을 찾는 것은 결코 쉬운 일이 아니다. 일부 아이들은 자신의 꿈을 일찍 찾기도 하지만, 대부분의 아이들은 꿈을 찾는데 오랜 시간이 걸린다. 아이가 이른 나이에 꿈을 찾았다 하더라도 시간이 지나면 바뀔 수도 있다. 부모는 아이의 꿈과 비전에 대해 조바심을 내어서는 안 된다. 부모가 나서서 섣불리 아이의 꿈을 정해 주거나 비전을 강요하면 아이는 꿈을 꾸지 못한다. 결국 자신이 원하는 삶이 아닌 남에게 강요받은 삶을 살게 된다. 강요받는 삶이 어찌 행복하겠는가. 부모가 아이 스스로 꿈을 찾을 수 있게 도와주고 인내하며 기다려 주어야 하는 이유다.

아이 스스로 꿈과 비전을 가지게 하기 위해서는 먼저 자신을 충분히 이해할 수 있어야 한다. 아이들은 부모를 통해 자신을 바라보고 세상을 바라본다. 그러기에 무엇보다 부모와의 친밀한 관계를 유지하는 것이 중요하다. 자녀와 되도록 많은 시간을 함께하고 서로의 생각을 나눌 수 있게 대화하자. 부모는 자신의 생각이나 꿈을 아이에게 강요해서는 안 된다. 아이의 이야기를 듣고 이해해주며 격려해 주는 마음이 부모에게 필요하다. 아이는 자신을 믿어주고 기다려 주는 부모의 응원에 힘입어 자신의 꿈을 스스로 그려나가게 된다.

아이가 꿈과 비전을 찾을 수 있게 다양한 경험을 하게 해야 한다. 다양한 경험을 통해 아이는 자신이 진정으로 좋아하고 잘하는 것이 무엇인지 찾을 수 있다. 부모는 아이가 좋아하는 것만을 시키기보다는 다양한 경험을 할 수 있는 기회를 주어야 한다. 좋아하는 것만 하다 보면 균형감을 잃게 되고 편협한 사고를 할 수도 있다. 자신과 다른 꿈을 무시하거나 자신의 꿈만 소중히 생각하는 아이로 자랄 수 있는 것이다. 미래를 위한 비전과 꿈은 혼자 그려가는 것이 아니다. 다양한 경험을 통해 아이가 스스로 꿈과 비전을 찾는 것도 중요하다. 또 다양한 경험은 나와 다른 꿈을 이해하는 마음을 갖게 하는데에도 도움을 준다. 다양한 경험으로 꿈과 비전을 통해 세상을 이해하고 품을 수 있는 아이로 자라게 하자.

아이가 아무리 작은 꿈과 비전을 가지더라도 부모는 아이를 응원해주어야 한다. 아이의 꿈이 보잘 것 없다고 무시하거나 부모의 바람대로 아이에게 꿈을 강요하면 안 된다. 아이는 자신의 꿈을 대신 정해주는 부모 때문에 더 이상 꿈을 가지려 하지 않을 것이다. 세상이 변하는 것처럼 아이의 꿈도 수시로 바뀐다. 다가올 미래에는 부모 세대가 아는 직업 중 많은 것이 사라지고 새로운 직업이 생겨날 것이다. 미래를 준비하는 아이들의 꿈과 비전을 과거를 산 부모의 생각과 틀로 막아서는 안 된다. 부모의 역할은 아이가 앞으로 살아가야 할 방향을 정해주는 것이 아니다. 아이가 스스로 꿈을 찾고 재능을 발휘할 수 있도록 이끌어 주고 옆에서 응원을 해주는 것이다. 그렇게 하기 위해 아이의 성공보다 행복을 우선시하는 부모의 열린 마음이 필요하다.

3
글로벌 시대를 준비하는 힘: 외국어

불과 10여 년 전만해도 사람들은 이웃 나라에서 무슨 일이 일어나는지 알기 어려웠다. 그러나 지금은 세계 곳곳에서 일어나는 일들을 안방에 앉아 실시간으로 알 수 있다. 교통, 통신 등의 기술이 더욱 발전하면서 전 세계가 하나가 되어간다. 지금 우리는 세계 각국이 서로 교류하고 협력하는 글로벌 시대를 살고 있는 것이다. 글로벌화 된 시대를 살아가는 데 가장 필요한 것 중 하나가 언어이다. 언어는 사람을 이어주고 나라들을 연결해주는 중요한 역할을 한다. 언어는 서로 소통하고 이해하며 문제를 해결하게 하는 수단이다. 우리가 언어, 즉 외국어를 배워야 하는 이유다.

유대 민족은 자신들의 나라를 잃고 2,000년이 넘는 시간을 세계 곳곳에 흩어져 살았다. 기나긴 유랑생활에서 살아남기 위한 필수조건은 의사소통이었다. 유대인들에게 외국어는 성공을 위한 선택이 아니라 생존을 위한 핵심 요소였던 것이다. 언제 어디에서든 적응하기 위해 외국어를 익혀 사용할 수 있는 능력을 갖춰야 했다. 그러기에 무엇보다 외국어를 중요하게 생각하고 어려서부터 외국어를 익히도록 가르쳤다. 또 유대인은 흩어져 있는 유대 민족을 하나의 정신으로 묶는데도 언어를 사용하였다. 전 세계 어디에서든 히브리어로 토라와 탈무드를 공부하며 민족의 정신을 지켰다.

(1) 언어로 세상을 이해하게 하라

오늘날 힘들게 외국어를 공부하지 않고도 외국어를 할 수 있는 번역 프로그램을 이용하는 사용자가 늘고 있다. 영어뿐만 아니라 다양한 언어를 손쉽게 한국어로 바꿀 수 있기에 사용자는 점점 많아지고 있다. 바야흐로 '파파고'나 '구글 번역기' 같은 AI인공지능 번역기의 전성시대인 것이다. 사람들은 번역기를 이용해 간단한 문장이나 문서를 손쉽게 번역한다. 또 번역 앱app.의 등장으로 외국인과의 대화도 한결 수월해졌다. 이처럼 기술이 발전하는 시대에 더 이상 외국어 공부가 필요가 없다고 말하는 사람들도 있다. 시간과 노력을 투자해서 힘들게 외국어를 배우지 않아도 된다고 이야기하는 것이다.

굳이 외국어를 배우지 않아도 되는 시대를 살고 있음에도 불구하고 우리는 왜 외국어를 공부해야 할까? 외국어를 배우는 것은 단순히 다른 나라의 말을 배우는 것이 아니다. 한 나라의 언어를 배운다는 것은 그 나라의 역사와 문화를 배우는 것이다. 이를 통해 그 나라 사람들의 사상과 생각을 이해하는 것이다. 그 나라의 언어에는 그 나라만의 역사와 문화가 고스란히 담겨있기 때문이다. 독일의 대문호 괴테는 "외국어를 모르는 사람은 모국어도 전혀 알지 못한다"라는 말을 했다. 외국어를 배움으로써 그 나라의 문화를 잘 알게 되고, 그로 인해 자기 나라의 문화를 더 잘 이해하게 된다는 의미이다.

외국어는 새로운 세계의 문을 열어주는 열쇠가 된다. 외국어를 배우게 되면 다양한 나라의 사람들을 만나고 싶고 다른 나라를 가보고 싶은 마음이 생긴다. 자연스레 다른 나라의 사람들을 만나고 다양한 나라들을 방문할 기회가 생긴다. 기존의 세계를 벗어나 새로운 세계를 경험하는 것이다. 그곳의 사람들과 대화하며 문화를 이해하고 그들의 생각에 공감하며 자신의 경험을 풍부하게 한다. 다양한 경험을 통해 세계를 바라보는 눈이 넓어지고 열린 마음을 가지게 된다. 새로운 경험은 자신감을 더해 주고 한 단계 더 성숙하게 만들어 준다.

오스트리아 출신의 영국 철학자 루드비히 비트겐슈타인Ludwig Josef Johann Wittgenstein은 "나의 언어의 한계들은 나의 세계의 한계들을 의미한다"는 명언을 남겼다. 인간이 생각하는 사고의 범위가 자신이 아는 언어들에 의해 정해진다는 것이다. 언어가 의사소통의 역할만 하는 것이 아니라 사용하는 사람의 생각에도 영향을 미치기 때문이다. 모국어를 유창하게 하고 외국어도 할 줄 아는 사람은 사고의 한계를 더욱 넓힐 수 있다. 풍부한 언어 능력이 다른 생각을 가능하게 하고 깊고 풍부하게 사고할 수 있도록 하는 것이다.

(2) 유대인의 외국어 교육

유대 민족은 나라 없이 2,000년이 넘는 시간을 전 세계에 흩어져 살았다. 유대인들은 언어가 다르고 문화가 다른 곳에서 살아남기 위해 현지의 언어를 배워야 했다. 자신의 나라가 아닌 이국땅에서 자리 잡기 위해 현지어는 기본적으로 익혀야 했다. 그곳의 문화와 가치관, 생활습관을 익히기 위해 외국어는 반드시 알아야 하는 수단이었다. 그들에게 외국어는 생존을 위한 최선의 수단이었던 것이다. 유대민족은 1948년 이후 나라를 찾은 이후에도 여전히 외국어를 중요하게 생각한다. 유랑자였던 조상들로부터 다중언어의 문화가 자손들에게도 자연스레 이어진 것이다.

유대인들은 아이들이 외국어에 대해 거부감을 갖지 않도록 하는 것을 중요하게 생각한다. 그러기에 유대인은 외국어를 가르칠 때 모국어처럼 가르친다. 알파벳과 같은 철자를 외우고 외국어의 어순을 생각하며 말하는 것이 아니다. 일상생활에서 대화를 통해 가르치는 것이다. 질문하고 대화하며 의사소통의 수단으로 외국어를 익힌다. 유대인 아이들은 학교에서 영어 같은 외국어를 배울 때 A, B, C 같은 알파벳부터 배우지 않는다. 수업시간에 히브리어와 함께 영어를 사용하며 자연스레 익히게 한다. 2~3개의 언어를 사용하는 환경에 자연스럽게 노출되고 접하면서 배우게 되는 것이다.

유대인들은 세계 어느 곳에 있든 히브리어를 배우고 익힌다. 유대 민족은 자신들의 정체성과 믿음을 지키기 위해 히브리어를 가르치는 것이다. 토라를 읽고 탈무드를 공부하며 유대인으로 살아가기 위해 반드시 히브리어를 배워야 한다. 현지의 언어는 기본이고 히브리어도 배우고 익히는 것이다. 이처럼 유대인은 어릴 때부터 가정과 학교에서 다중언어multilingual의 환경에 노출되어 자란다. 이러한 환경에서 자란 유대인들은 대개 2~3개 이상의 언어를 능통하게 구사한다.

유대인들이 언어를 배우고 가르치는 목적은 시험을 잘 봐서 좋은 대학을 가기 위함이 아니다. 언어를 배우는 이유가 그 자체로 무엇을 이루려는 것이 아니다. 언어를 통해 사람들과 의사소통하고 즐겁게 생활하기 위해 배우는 것이다. 언어 교육학에서는 이를 '주변부 집중 효과Peripheral attention'라고 한다. 언어를 배우는 것 자체에 집중하면 효과는 떨어진다. 그것보다 즐겁게 놀거나 행동하는데 언어를 사용할 때 언어 학습 효과가 훨씬 높아진다는 것이다. 유대인들이 히브리어를 배우는 목적은 믿음과 정체성을 지키기 위함이다. 외국어를 배우는 목적도 시험이 아니라 의사소통과 외국의 문화를 이해하기 위해서다. 우리와는 목적이 다르기에 외국어를 놀이와 일상을 통해 자연스레 익히도록 하는 것이다.

유대인들은 아이들을 자연스레 외국어가 필요한 환경에 노출시킨다. 해마다 열리는 유대인 캠프에 참여해서 세계 각지의 친구들을 만나게 한다. 다른 나라에 사는 일가친척들을 만나서 이야기를 나누게도 한다. 여행을 통해 아이가 그 나라 사람들과 대화할 수 있도록 유도하기도 한다. 이러한 경험을 통해 유대인 아이들은 외국어의 필요성을 느끼고 배워야 한다는 사실을 깨닫는다. 유대인 부모는 아이가 스스로 외국어의 필요성을 느낄 수 있도록 환경에 노출 시키는 것이다. 그러기 위해 외국어에 대한 아이의 흥미와 관심을 유발시키는 데 초점을 맞춘다.

(3) 소통이 아닌 성적을 위한 외국어교육

한국에는 '수학을 포기하는 자는 대학을 포기하는 것이고, 영어를 포기하는 자는 인생을 포기하는 것이다'라는 말이 있다. 좋은 학교에 진학하기 위해 또 좋은 직장을 얻기 위해 영어는 필수다. 그래서 한국의 부모들은 아이들의 영어 학습에 목을 맨다. 한국어를 익히기도 전에 영어를 들려주고 접할 수 있는 환경에 노출시킨다. 학교도 들어가기 전부터 학원을 다니며 영어를 배우게 한다. 한국의 부모들은 아이의 영어교육에 엄청난 시간과 돈을 투자하는 것이다. 하지만 그 효과는 미미하다.

한국인의 영어에 대한 투자는 세계에서 1위라고 해도 과언이 아니다. 삼성경제연구소는 한국인의 영어공부에 쓰는 시간과 비용에 대해 '영어의 경제학' 보고서를 발표했다. 그에 따르면 한국인은 중학교부터 대학교까지 10년간 영어공부에 약 1만 4,548시간을 쓴다. 1년 동안 영어교육에 투지하는 비용도 15조 원에 이른다고 발표했다. 시간과 비용의 투자에 비해 영어를 구사하는 능력은 만족스럽지 못한 것으로 나타났다. 홍콩의 정치경제위험컨설팅PERC의 평가에 따르면 아시아 12개국 중 한국이 영어를 소통하는데 가장 힘든 나라라고 했다. 스위스 국제경영개발IMD의 조사에 따르면 한국인의 외국어 구사능력은 61개국 중 35위를 차지했다. 그만큼 한국의 영어교육이 비효율적이고 잘못되어 있다는 방증인 것이다.

한국에서 외국어는 의사소통을 위한 도구가 아니다. 단지 시험을 위해 공부해야 하는 대상이다. 영어나 외국어가 하나의 시험과목으로 자리 잡은 탓에 아이들은 수동적으로 외국어를 공부한다. 아이 스스로 외국어의 재미와 필요성 느껴 자발적으로 배우지 못하는 것이 우리의 현실이다. 단순히 시험만을 위해 외국어를 공부하는 것은 한계가 있다. 시험은 선택적 학습만을 부추긴다. 즉 시험에 나오는 내용만을 공부한다는 것이다. 외국어가 의사소통을 위한 도구임에도 정작 외국인을 만나면 말 한마디 하지 못하는 이유가 여기에 있다.

영어나 외국어를 성적으로 평가하다 보니 당연히 아이들은 외국어를 힘들게 공부한다. 외국어를 배우는 진정한 의미도 모른 채 그저 단어 하나라도 더 외우기 위해 애쓴다. 한국의 부모들은 아이의 외국어 점수를 위해 어느 학원, 어떤 선생님이 잘 가르치는지에 관심을 쏟는다. 성적을 위해 강제로라도 외국어를 배우고 익히게 한다. 점수를 잘 받는 것이 외국어를 잘하는 것이라 생각하기 때문이다. 정작 아이들이 외국어를 자연스럽게 접할 수 있는 환경에 노출시키는 것에는 크게 관심이 없다. 아이들이 외국어라고 하면 거부감을 갖고 흥미도 느끼지 못하는 것은 어찌 보면 당연한 결과이다.

(4) 글로벌 시대를 준비하는 외국어 교육

외국어 교육에서 가장 중요한 것은 흥미를 유발하고 필요성을 느끼게 하는 것이다. 단지 점수를 위해 아이에게 외국어 공부를 강요한다면 아이들은 외국어를 멀리하게 된다. 외국어를 배우는 목적이 시험 점수를 조금이라도 더 올리기 위한 것이 되면 안 된다. 아이가 외국어에 대하여 흥미를 가지는데 무엇보다 초점을 맞춰야 한다. 다양한 활동을 통해 아이가 외국어를 최대한 쉽고 재미있게 배울 수 있는 환경을 만들어야 한다. 아이와 함께 영어로 된 노래를 부르거나 놀이를 통해 영어를 접하게 하자. 아이와 함께 쉬운 영어 서적을 읽는 것도 한 가지 방법이다. 아이가 영어나 외국어와 친숙해지도록 도와주자.

아이를 세계인으로 기르기 위해 부모라면 누구나 아이에게 영어와 외국어를 가르치려 한다. 한국의 부모는 외국어를 시험을 위한 대상으로 생각하기에 아이들에게 학습만을 강요한다. 그에 반해 유대인 부모는 아이에게 히브리어나 외국어를 가르치기 위해 자신들부터 먼저 배우고 익힌다. 자신들이 할 수 없는 언어를 아이들에게 배우도록 강요하지 않는다. 일상에서 현지어로 대화하고 히브리어로 토라와 탈무드를 공부하는 것이다. 우리도 아이가 배우기를 바라는 외국어가 있다면 부모가 먼저 배워보자. 먼저 배움으로써 아이가 더 친근하게 외국어를 배울 수 있는 방법을 찾을 수 있다. 부모와 자녀가 함께 외국어를 배우고 서로 대화한다면 더욱 즐겁게 배울 수 있을 것이다.

다가오는 미래를 준비하기 위해 무엇보다 정보가 중요한 시대를 우리는 살고 있다. 전 세계적으로 다양하고 수 많은 정보들이 넘쳐난다. 우리가 주목할 것은 전 세계 인터넷 정보의 50% 이상이 영어로 작성되고 있다는 사실이다. 한글로 작성되는 인터넷 정보는 0.4% 정도에 불과하다. 다양하고 더 많은 정보를 통해 새로운 세상을 보고 다음을 준비할 수 있다. 0.4%의 정보로 우리 아이의 미래를 국내로 한정할 것인가? 아니면 더욱 다양한 정보를 통해 글로벌 시대를 준비할 것인가? 우리가 영어와 같은 외국어를 배워야 하는 이유는 자명하다.

다시 강조하지만 영어나 외국어는 좋은 대학을 가고 성공하기 위해 필요한 목적물이 아니다. 영어나 외국어는 다양한 사람들과 소통하고 세계의 문화를 이해하기 위한 수단이다. 아이는 외국어라는 열쇠를 통해 세계로 가는 문을 여는 것이다. 아이는 외국어를 통해 다양한 문화를 경험함으로써 더 넓은 생각과 마음을 가지게 된다. 부모의 단기적인 시각으로 아이의 외국어 공부를 점수에 가두지 말자. 아이가 더 큰 세계를 바라볼 수 있도록 부모는 장기적인 안목을 가지고 외국어를 배우게 하자. 결국 외국어를 즐기며 배우는 아이가 세계화 시대에 미래를 이끌어 갈 것이다.

4
함께 하는 미래를 위한 투자:
자선과 나눔

　다른 사람을 돕는 자선과 나눔은 과거에도 있었고 지금도 계속 이어져 오고 있다. 과거에는 자선이나 기부가 대부분 불우한 이웃에 대한 동정심에서 시작되었다. 현대의 자선과 나눔, 기부는 과거와 달리 세상을 치유하고 통합하는 적극적인 활동으로 인식된다. 과거에 비해 빈부의 격차는 더욱 커지고 다양한 문제들로 세상에 약자들이 늘어났기 때문이다. 사람들은 세상을 조금이라도 더 나은 곳으로 만들기 위해 자선과 나눔을 통해 노력한다. 자선과 나눔은 불안정한 사회를 보다 안정적이고 평화롭게 만들어가는 도구가 된다.

　유대인은 자선을 하나님에 대한 의무로 여기고 실천한다. 유대인들은 하나님을 도와 세상을 더 좋게 만들 책임이 있다고 믿는다. 그렇기에 자선과 기부를 게을리하지 않는다. 유대교의 교리와 율법에 따라 삶에서 자선과 나눔을 실천하고 아이들에게도 가르친다. 유대인들은 수많은 사회봉사 단체들을 통해 자선활동에 참여한다. 통계에 따르면 미국 기부금의 45% 이상이 유대인들로부터 나온다고 한다. 돈에 인색한 유대인들이지만 남을 돕는 일에는 열심으로 최선을 다한다. 하나님의 명령에 순종하고 이웃을 돌보는 '노블레스 오블리주noblesse oblige'의 삶을 실천하는 것이다.

(1) 세상을 향한 도움의 손길, 자선

오늘날 자본주의 발달로 인해 가진 사람은 더 많이 가지게 되고 없는 사람은 더 가난해졌다. 부익부 빈익빈 현상은 눈에 보이지 않는 계층을 나누게 되었다. 그리고 각종 사회문제와 갈등을 야기하고 있다. 끊임없는 경쟁 속에서 성공하는 사람도 있지만 낙오되는 사람들이 생기고 소외되기 때문이다. 갈등을 해소하고 각종 문제를 해결하기 위한 방법 중 하나가 자선과 나눔이다. 자선과 나눔은 여러 계층의 사람들을 협력하게 하여 안정적인 사회를 유지하는 중요한 역할을 한다. 자선과 나눔이 무엇보다 필요한 이유다.

과거 자선과 나눔은 단순히 어렵고 불우한 이웃을 돕기 위한 행동으로만 여겨졌다. 오늘날 자선과 나눔에 대한 인식은 세상을 더 나은 곳으로 만들기 위한 노력으로 받아들여진다. 예전처럼 단순한 동정심에서 자선이 행해지는 것이 아니다. 오늘날은 더 나은 세상을 위해 다양하고 구체적인 자선과 기부가 이루어지고 있다. 질병을 없애고, 각종 재난을 방지하기 위해 다양한 지원과 단체가 활동하고 있다. 또 빈곤국의 가난한 사람들을 도와 생계를 이어 나갈 수 있게 돕는 자선도 이루어진다. 오늘날 자선과 나눔, 기부는 더 나은 세상을 위한 투자인 것이다.

자선과 나눔을 실천하는 사람들은 대가를 바라지 않고 다른 사람을 생각하는 마음을 가진다. 이타심을 바탕으로 자발적으로 참여하는 것이다. 돈이 많다고 해서 자선과 나눔에 참여하는 것은 아니다. 자선은 자신이 쓰고 남는 것을 나누는 것이 아니다. 그렇기에 물질적인 것보다 사람을 생각하는 마음이 우선되어야 실천할 수 있다. 진정으로 이웃을 사랑하고 소외된 사람들을 돕기 위한 마음으로 자선과 기부가 이루어진다. 자선과 기부를 실천하는 사람들은 나눔의 가치를 실현하는 것이다.

자선과 나눔은 강요한다고 실천할 수 있는 것이 아니다. 자선과 나눔이 지속적으로 이루어지기 위해서는 무엇보다 공감대가 우선이다. 사회적 문제나 갈등에 대해 공감하고, 개선하기 위해 적극적인 참여가 이루어진다. 오늘날 다양한 자선 및 구호단체들이 존재한다. 결식아동을 위한 단체, 장애우를 위한 단체, 아동의 권리를 위한 단체, 여성을 위한 단체 등 자선과 나눔을 실천하는 수 많은 단체들이 있다. 사람들은 자선의 취지를 생각하고 자신이 공감하는 단체에 기부한다. 이렇듯 자선과 나눔은 자신을 돌아보고 타인을 생각하는 기회가 된다.

(2) 자선과 나눔은 유대인의 당연한 의무

탈무드는 '인간이 현세에서 가지고 있는 것은 하나님의 것이지 사람의 것이 아니라 짧은 생애동안 사람을 거쳐 갈 뿐이다'라고 가르친다. 유대인들은 자신에게 있는 모든 것은 하나님의 소유이고 자신에게 잠시 맡긴 것이라 믿는다. 재물이 있는 것도 다른 사람을 도우라고 주신 것이라 생각한다. 그러기에 어려운 이웃을 돕는 것은 당연히 해야할 책무라 여긴다. 록펠러, 워렌 버핏, 빌 게이츠와 같은 유대인들이 거액을 기부하고 자선에 참여하는 이유이기도 하다. 통계에 따르면 미국 인구의 2%에 불과한 유대인들이 미국 총 기부금의 45%를 기부한다고 한다. 온 마음을 다해 자선과 나눔을 실천하는 유대인들이 기부의 민족이라 불리는 것은 당연한 결과이다.

히브리어에는 자선을 뜻하는 단어가 없다. 앞서도 이야기했듯이 유대인은 자선을 자신들이 '당연히 해야 할 행위'로 받아들인다. 이러한 뜻을 가진 히브리어 단어로 체다카tzedakah가 있다. '체다카'는 '정의'라는 뜻을 가진 단어로 유대인들은 '정의'가 곧 약자를 돕는 행위라 여긴다. 유대인들은 삶에서 체다카를 실천한다. 율법에 따라 과부나 고아 같은 사회적 약자들을 돕는데 정성을 다한다. 또 어려운 이웃을 돌보는 것을 게을리하지 않는다. 유대인으로서 자선을 행하지 않는 것은 하나님께 죄를 짓는 것이라 여기기 때문이다. 유대인들에게 자선은 선택이 아니라 당연히 해야 하는 정의인 것이다.

유대교 율법의 기본 정신은 정의와 평등이다. 유대인은 정의를 실천하라는 하나님의 율법을 받았다. 유대인들은 율법에 따라 이웃을 돕는 것을 하나님에 대한 의무로 여기고 삶에서 정의를 실천한다. 그렇게 함으로써 하나님에게 더 가까이 갈 수 있다고 믿기 때문이다. 유대교는 하나님과의 관계를 회복하는 방법이 3가지가 있다고 말한다. 첫째는 자신의 죄를 뉘우치는 회개, 둘째는 하나님을 높이는 기도를 통해 하나님과의 관계를 회복한다. 셋째는 다른 사람을 돕는 자선을 통해 하나님과의 관계를 개선한다. 유대인들은 자선이 모든 율법을 합한 것만큼 중요하다고 가르치는 이유다.

유대인 부모는 가정에서부터 자선을 실천하고 아이들에게 가르친다. 유대인의 식탁에는 항상 동전을 넣을 수 있는 저금통이 마련되어 있다. 이웃을 도울 목적으로 만든 저금통을 '푸슈케pushke'라고 한다. 유대인들은 어릴 때부터 용돈을 아껴 푸슈케에 넣도록 가르친다. 식사를 하기 전, 예배나 기도를 드리기 전에 꼭 동전을 넣는다. 동전을 모으며 누군가 도움을 받을 것이라 확신한다. 작은 실천을 통해 유대인 아이들은 하나님의 정의를 배운다. 그리고 남을 돕는 것이 자연스레 일상이 되는 것을 체험한다.

유대인들은 일상에서 늘 자선을 실천한다. 그들은 자선을 하나님의 사랑을 나타내는 행위라 여기기 때문이다. 농사를 짓는 유대인은 추수할 시기의 농작물을 모두 거두지 않고 밭 귀퉁이의 일부를 남겨둔다. 장사를 하는 유대인은 가게 문을 닫을 때 약간의 상품을 봉지에 담아 가게 앞에 내놓는다. 유대인들은 어렵고 힘든 이웃을 위해 자신들이 할 수 있는 방법으로 자선을 실천한다. 그리고 가난한 사람들이 부끄러움과 수치심을 느끼지 않도록 배려한다. 유대인들에게 자선을 통해 이웃을 돕는 것은 일상인 것이다.

유대인은 세계에서 가장 먼저 자선을 제도화했다. 공동체를 위한 복지제도를 이어온 것이다. 오래전부터 길에서 굶어 죽는 사람이 없도록 하기 위해 공동체에는 무료숙박소가 있었다. 가난한 유대인을 돕기 위해 유대 회당 어느 곳에나 '쿠파kuppah'라 불리는 모금함이 있다. 유대인이라면 누구나 '쿠파'에서 일 주일치 생활비를 가져갈 권리가 있다. 유대 사회에서 지역 공동체 복지의 구심점이 되는 '쿠파'가 비는 적은 없었다고 한다. 또 유대인은 수입의 일부를 이웃을 돕는 데 사용한다. 자선을 통해 기부와 나눔으로 정의로운 사회를 만들기 위해서다. 유대인들은 자발적인 참여로 공동체의 복지를 지키고 하나님의 정의를 실현한다.

(3) 내 것만을 챙기는 우리

통계청이 발표한 2019년 사회조사 결과에 따르면, 1년간 기부 경험이 없는 우리나라 사람은 74.4%로 나타났다. 이는 기부 경험이 있는 사람25.6% 보다 약 3배 정도 많은 수치였다. 또한, 39.9%의 사람들이 향후 기부 의향이 있다고 대답했다. 이는 `11년 45.8%, `13년 48.4%, `15년 45.2%, `17년 41.2%로 해마다 감소하고 있는 것이다. 기부를 하지 않는 이유로 가장 많이 꼽은 것은 "경제적 여유가 없어서 51.9%'였다. 다음으로는 기부에 관심이 없어서25.2%' 기부를 하지 않은 것으로 나타났다. 이 외에도 '기부 단체 등 불신14.9%, 직접적인 요청을 받은 적이 없어서4.9%, 기부 방법을 몰라서3.0%, 기타0.1%' 의 순서였다.

국제자선단체의 기부지수 조사결과 우리나라는 전 세계 126개국 중 38위였다. 하지만 경제협력개발기구OECD 국가 중 한국은 중하위권인 20위로 나타났다. 이러한 결과로 인해 한국은 경제규모에 비해 여전히 기부가 인색한 나라로 평가된다. 여러 가지 상황으로 경제적으로 여유가 없기에 사람들은 기부를 망설인다. 또 사람들은 자선단체의 각종 비리에 신뢰가 무너져 기부를 하지 않으려 한다. 사회 곳곳에 자선과 나눔의 손길을 필요로 하는 곳은 늘어나고 있다. 하지만 정작 도움의 손길은 점점 줄어들고 있는 것이 현실이다.

통계에서도 나타나듯이 아직 우리나라의 자선이나 기부 문화는 미약하다. 한국 사회가 기부에 인색한 이유는 심리적인 요인이 크다. 많은 사람들이 기부를 하지 않는 이유로 '경제적 여유가 없어서'를 꼽았다. 하지만 기부를 많이 하는 사람의 소득이 많은 것은 아니기에 어찌 보면 자기합리화에 가까운 이유다. 정작 실질적인 이유는 '기부에 대한 관심부족'과 '기부 단체의 불신'일 것이다. 한국 사람들은 자본주의 사회에서 치열하게 경쟁하며 살기에 이웃을 돌아볼 여유가 없다. 이러한 현실에 자선을 실천하고 이웃을 위해 기부하는 것은 쉽지 않다.

과거 우리나라는 가난했지만 이웃과 쌀 한 톨이라도 나눠 먹으려 했다. 하지만 경제가 발전하고 더 잘살게 된 요즘 남을 도우려는 사람은 점점 줄어들었다. 내 것 챙기기도 바쁜 세상에서 어려운 이웃에게 관심을 돌릴 여유가 없기 때문이다. 한국은 경쟁에서 이겨 부를 축적하는 데에만 관심이 있다. 어린 자녀들에게도 나눔을 가르치기보다 경쟁에서 이기는 것만을 강요한다. 당연히 아이들은 자선에 대해 제대로 배운 적도 없고 이웃을 돌아보는 방법도 모른다. 아이들이 자라서도 자선을 실천하지 못하는 것은 어른들의 책임이 크다.

(4) 자선은 함께 하는 미래에 투자하는 것

한국 사람들의 금전에 대한 인식은 모으고 소유하는 것에 초점이 맞춰져 있다. 자본주의 사회에서 돈이 있어야 누릴 수 있는 것이 많기에 무엇보다 돈을 우선시한다. 한국 부모는 아이에게 돈을 버는 법은 가르치려 하지만 제대로 쓰는 법은 가르치지 않는다. 돈은 모으는 것도 중요하지만, 잘 쓰는 것이 더 중요하다. 돈을 잘 쓰는 것 중에 최고는 기부이다. 돈이 많다고 기부를 많이 하는 것도 아니고 가진 것이 적다고 기부를 못하는 것은 아니다. 자선과 나눔을 위해서는 우선 마음이 준비되어야 하다. 아이들에게 기부의 긍정적인 면을 설명해주고 이웃을 돌볼 수 있는 마음을 먼저 심어주자. 아이 스스로 적은 금액이라도 기부할 수 있는 기회를 찾아주자.

'자선은 가정에서 시작된다'는 외국속담이 있다. 자선과 나눔, 기부는 부모가 생활 속에서 가르쳐야 한다는 의미다. 아이들은 부모의 등을 보고 자란다. 그렇기에 부모가 자선과 나눔을 실천하는 모범을 보이는 것이 참된 가르침이다. 부모가 먼저 자선과 나눔을 실천하면 아이들은 자연스럽게 보고 배우며 따라 한다. 자녀에게 자선과 나눔을 말하기 전에 부모부터 먼저 실천하자. 유대인들처럼 식탁에 작은 저금통을 마련해보자. 아이와 함께 도울 사람들을 생각하며 모금하는 것도 좋은 방법이다. 아이들에게 자선과 나눔의 습관을 물려줌으로써 진정한 행복을 알게 하자.

자선과 나눔, 기부는 어두운 곳을 비추는 태양과 같다. 어려운 사람을 돕는 자선과 나눔은 세상을 밝고 아름답게 만드는 일이기 때문이다. 자선하고 나누며 기부하는 습관은 태어날 때부터 타고나는 것이 아니다. 꾸준한 가르침으로 길러지는 것이다. 그렇기에 자선과 나눔이 어린 시절부터 몸에 배도록 습관을 들이는 것이 중요하다. 아이들에게 자선과 나눔, 기부를 실천할 수 있는 환경을 마련해주자. 말보다는 체험 프로그램을 통해 아이와 함께 어려운 이웃을 이해하는 시간을 가지는 것이 좋다. 마음을 다해 실천하는 자선과 나눔은 아이들의 미래를 풍요롭고 행복하게 만들어 줄 것이다.

5
실패를 두려워하지 않는 도전정신: 후츠파

인류의 위대한 역사는 많은 사람들의 도전정신으로 이루어졌다. 도전정신이 없었다면 역사에 기록된 위대한 업적은 없었을지도 모른다. 위대한 역사가 도전정신으로 만들어진 것처럼 다가올 미래도 도전정신으로 만들어가야 한다. 실패를 두려워하지 않는 도전만이 새로운 발전과 도약을 만들 수 있는 것이다. 만약 도전 없이 현실에 안주한다면 변화하는 환경에 적응하지 못하고 결국 도태되고 만다. 도전을 멈추면 꿈도 함께 멈춘다. 다가올 미래에 남들과 다른 길을 가기 위해서 무엇보다 도전하려는 마음이 필요하다. 도전은 기회를 만들고 꿈을 이룰 수 있게 하는 원동력이 되기 때문이다.

유대인은 어려서부터 형식과 권위에 얽매이지 말고 항상 당당한 태도를 가지라고 가르친다. 이는 유대교의 핵심인 하나님 아래 모든 인간은 평등하다고 믿는 평등사상에서 비롯된다. 이러한 평등정신은 유대인의 후츠파Chutzpah 정신으로 이어진다. 후츠파는 우리말로 뻔뻔함, 당돌함, 무례함 등의 뜻을 가진 히브리어다. 유대인들이 이런 부정적인 의미의 후츠파 정신을 강조하는 데는 이유가 있다. 형식에 얽매이지 않고 권위를 두려워하지 않는 용기를 가지도록 가르치기 위함이다. 그리고 자신의 생각을 당당하게 표현하는 사람으로 기르기 위함이다. 부정적 의미의 후츠파를 용기와 배포, 도전을 포함하는 긍정적 의미로 아이들에게 심어주는 것이다.

(1) 언제 어디서나 당당하게 도전하라

도전정신은 과거에도 그랬고 다가올 미래에도 변화와 혁신을 주도하는 시대정신이다. 과거 인류는 도전정신으로 수많은 위대한 업적을 이루었다. 토마스 에디슨은 전구를 발명하기 위해 수천 번의 도전을 했다. 라이트 형제는 800번이 넘는 도전 끝에 하늘을 나는 비행기를 만들었다. 에이브라함 링컨은 수많은 실패에도 굴하지 않고 미국의 대통령이 되어 흑인 노예들을 해방시켰다. 스티브 잡스는 포기하지 않는 도전정신으로 혁신을 이루어냈다. 구글을 만든 래리 페이지와 세르게이 브린은 도전정신으로 다가올 미래를 준비한다. 수 많은 사람들이 실패를 두려워하지 않는 도전정신으로 새로운 역사를 써가고 있다.

뇌 과학자들은 실패를 두려워하지 않고 도전하는 사람들의 특성을 분석하기도 했다. 실험에 따르면 무언가 도전하여 성취했을 때 뇌에서 도파민dopamine, 뇌의 신경 신호 전달물질 중 하나이 분비된다고 한다. 소위 행복 호르몬으로 불리는 도파민은 신경계를 자극하여 좋은 감정을 일으킨다. 두려움을 극복하고 열심히 노력하여 좋은 결과를 얻게 되면 행복한 기억으로 남는 것이다. 도파민이 적절히 활성화된 사람은 도전정신이 높고 새로움을 추구하는 사람들이다. 대표적으로 아인슈타인, 에디슨, 워런 버핏, 빌 게이츠, 스티브 잡스 등이다. 이러한 사람들은 기존 환경에 대해 변화를 추구하고 신속하게 행동하며 목표 지향적인 특징을 가진다.

도전정신은 창업을 하거나 기업가가 되기 위해 필요한 능력으로 단징 짓기도 한다. 하지만 도전정신은 아이들이 자신의 미래를 주도적으로 이끌어가기 위해 반드시 갖추어야 할 소양이다. 다가올 미래에는 창의적으로 자신의 삶을 개척하는 사람이 필요하다. 그리고 어려운 상황을 극복하고 적절하게 대처할 수 있는 능력을 필요로 한다. 주도적으로 자신의 삶을 이끌고 스스로 혁신할 수 있는 능력을 갖춘 인재가 필요한 것이다. 그렇기에 아이들에게 도전하는 마음과 용기를 심어주는 교육이 필요하다.

다가올 미래는 끊임없이 변화하고 순간순간 새로운 것이 나오는 시대가 될 것이다. 변화에 적응하기 위해 사람들은 늘 도전해야 할지도 모른다. 도전하지 않는 삶은 도태될 수밖에 없기 때문이다. 도전한다고 해서 모두가 잘 적응하고 성공하는 것은 아니다. 도전에는 항상 두려운 마음이 생기고 실패도 따른다. 빌 게이츠는 "성공은 실패의 기반 위에서 탄생한다"고 말했다. 성공적인 도전을 위해서는 실패를 두려워하지 않는 마음이 필요하다. 그리고 미래에 대한 확실한 비전과 꿈이 있어야 한다. 실패를 두려워하지 않는 도전정신으로 비전을 그려가는 아이는 미래를 보다 행복하게 만들어 갈 것이다.

(2) 유대인의 당당한 도전정신, 후츠파

알리바바의 창립자 마윈은 이스라엘을 방문하고 두 가지 중요한 교훈을 얻었다고 이야기했다. 새로운 목표에 도전하는 용기, 즉 후츠파 정신과 혁신이었다. 유대인들은 후츠파 정신을 가지고 다양한 분야에 도전하여 놀랄 만한 성과를 만들어냈다. 농업분야에서 최첨단 기술 분야에 이르기까지 세상을 바꾸는 아이디어와 혁신을 이루었다. 사람들은 이스라엘의 성공에 주목하며 그들의 후츠파 정신에서 그 요인을 찾기 시작했다. 자유롭게 생각하고 끊임없이 새로운 도전을 하는 핵심에는 무엇보다 후츠파 정신이 있다고 보았다.

후츠파 정신은 유대교 정신의 핵심인 평등사상으로부터 시작된다. 유대인의 평등사상은 모든 인간은 하나님이 창조하였기에 인간은 모두 평등한 존재라는 것이다. 나이나 지위, 신분과 재산에 상관없이 모두 평등하다고 생각한다. 윗사람이라고 아랫사람을 하대하거나 무시하지 않는다. 아랫사람이라고 윗사람에게 무조건 순종하지도 않는다. 당연하게 생각하는 것들을 돌아보고 의심하며 끊임없이 질문을 던진다. 서슴없이 담대하게 질문함으로 기존과 다름을 찾고 새로운 것을 창조해 낸다. 이것이 후츠파 징신이다.

후츠파란 '뻔뻔함, 당돌함, 무례함' 등을 뜻하는 히브리어로 다소 부정적은 의미를 담고 있다. 유대인들이 이러한 후츠파를 강조하는 것은 용기, 배포, 도전의 긍정적인 면에 주목하기 때문이다. 유대인의 후츠파는 7가지 정신으로 이루어져 있다. 기존의 형식 파괴, 권위 대해 끊임없이 질문할 권리, 목표 지향, 섞임과 어울림, 위험 감수, 끈질김, 실패로부터 얻는 교훈이 그 7가지이다. 유대인은 이러한 7가지 마인드를 바탕으로 후츠파 정신을 가르친다. 후츠파 정신을 이해하기 위해서는 먼저 7가지 정신을 이해하고 받아들여야 한다.

유대인들은 부족한 자원과 척박한 환경에서 살아남기 위해 무엇보다 후츠파 정신을 강조했다. 아이들에게 당당하게 질문하고 두려움 없이 도전하는 용기를 가르친 것이다. 기존의 권위를 두려워하지 않고 자신의 생각을 과감하게 표현하도록 용기를 심어준다. 나이나 지위 계급에 상관없이 누구나 마음을 터놓고 이야기할 수 있는 분위기를 만든다. 열린 토론을 통해 문제해결을 위한 방법을 함께 찾으려 노력한다. 하나의 목적을 위해 모두가 협력하고 노력하는 분위기를 조성한다. 새로운 것을 창조하기 위해 기존의 형식이나 관례를 과감히

타파하기도 한다. 유대인들은 아이들의 새로운 미래를 위해 후츠파 정신을 가르치는 것이다.

후츠파 정신으로 자란 유대인들은 세계 곳곳에서 리더로 자리 잡는다. 투자계의 큰손 조지 소로스, 20세기 위대한 과학자 알베르트 아인슈타인, 할리우드 최고의 흥행감독 스티븐 스필버그, 정신분석의 창시자 지그문트 프로이트, 미국의 석유왕 존 데이비슨 록펠러, SNS 시대의 시작을 알린 페이스북 창업자 마크 주커버그, 혁신과 변화의 선도 기업 구글을 창업한 세르게이 브린과 레리 페이지 등 열거하자면 끝이 없다. 변화와 혁신으로 새로운 것을 창조하고 주목할 만한 성과를 이룬 근간에는 후츠파 정신이 있다.

(3) 도전정신을 기르지 못하는 우리 아이들

우리나라는 대대로 예의를 무엇보다 중요시해왔다. 웃어른을 공경하고 선생님을 존경하며 윗사람에 대한 예의를 지키며 살아야 한다고 배우며 자랐다. 윗사람의 권위를 우대하고 존중해야 하기에 감히 함부로 묻지도 못했다. 다른 생각이나 의견을 말하면 버릇없다고 생각하기도 한다. 유교 문화권에서 경로사상의 문화가 뿌리 깊이 자리 잡고 있다. 이러한 분위기에서 아이들은 윗사람과 다른 생각을 말하는 것을 지극히 꺼린다. 그저 대답하고 수용하며 말 잘 듣는 아이가 되는 것이다. 당연히 서로의 의견을 자유롭게 나누는 토론문화는 자리 잡지 못한다.

　한국 부모는 아이가 학교에 다녀오면 선생님 말씀을 잘 들었는지 물어본다. 무엇을 질문했는지에 관해서는 크게 관심이 없다. 우리는 어릴 때부터 배운다는 것은 듣고 적으며 외우는 것이라 생각한다. 모르는 것을 질문하는 것은 학업 분위기를 흐리고, 자신의 무지를 드러내는 것으로 부끄러워한다. 혹여 질문하는 사람은 혼자 튀려고 하거나 모난 돌이 되는 것이 우리의 분위기다. 질문을 하지 않는 분위기는 가정에서 학교에서 그리고 사회에서 오랜 시간 이어져 왔다. 이제는 깨달아야 한다. 질문하는 것이 이상한 것이 아니라 질문하지 않는 것이 잘못되었다는 사실을 알아야 한다.

　한 설문조사에서 우리 아이들의 장래희망을 조사한 적이 있다. 안타깝게도 아이들은 최고의 직업을 공무원으로 뽑았다. 아이들은 새로운 미래를 힘겹게 만들어가기보다는 편하고 익숙한 길을 선택한다. 실패를 두려워하며 새로운 것에 도전하지 않으려 한다. 불확실하고 복잡해지는 환경 탓에 아이들은 더 안정적인 것에 매달리려는 성향을 가진다. 안정적인 미래를 위해 아이들은 의사나 변호사, 공무원 같은 안정적인 직업을 선호하는 것이다. 심지어 자신이 좋아하는 것이 무엇인지 몰라 도전하지 못하는 아이들도 많다. 입시 공부에 쫓겨 자신의 적성과 꿈을 찾을 시간이 없는 것이다.

한국의 부모들은 아이들에게 공부만 하면 되는 편안한 환경을 만들어 주기 위해 노력한다. 자신들이 겪었던 어려움과 고통을 아이에게 전해 주지 않기 위해서다. 부모들은 아이의 주위를 맴돌며 아이의 일거수일투족에 대해 하나하나 판단하고 간섭한다. 그러다 보니 아이들은 부모의 눈치를 보며 실수나 실패를 두려워하게 된다. 실패하면 안 된다는 두려움에 넘어져도 일어날 수 있는 정신을 기르지 못한다. 일일이 간섭하는 부모 탓에 스스로 생각하고 판단할 수 있는 능력도 갖지 못한다. 아이들은 도전하기보다는 주어진 상황에 순응하고 부모에게 의존하도록 길러진다. 아이들이 도전정신을 가지지 못한 데에는 기성세대의 잘못이 크다.

(4) 미래를 열어 갈 도전정신을 심어주자

한국의 부모들은 아이들이 실패하지 않기를 바란다. 하지만 인생을 살아가며 실수나 실패가 없을 수 없다. 실패를 두려워해서 아무것도 하지 않으면 아이의 미래에는 아무 일도 일어나지 않는다. 오히려 아이는 급변하는 환경에 적응하지 못하고 도태되는 삶을 살게 된다. 그렇기에 부모는 아이에게 실패를 두려워하지 않는 도전정신을 심어주어야 한다. 위대한 변화의 바탕에는 항상 도전정신이 있었다. 더 큰 비전을 바라보며 실패를 두려워하지 않고 도전해서 큰 변화를 이룬 것이다. 아이에게 도전정신을 심어줌으로써 다가올 미래를 준비하는 마음을 가지게 해야 한다.

한국과 같은 유교문화권에서 후츠파 정신을 키우기란 쉽지 않은 것이 현실이다. 어른이 권위를 내세우면 아이들은 움츠려든다. 그렇다고 윗사람의 권위를 무시하면 버릇없는 아이로 자라게 된다. 아이에게 바른 후츠파 정신을 길러주기 위해서는 가정에서부터 제대로 가르쳐야 한다. 부모는 아이가 궁금한 것은 무엇이든 물어볼 수 있는 환경을 가정에서부터 만들어 주어야 한다. 우선 부모부터 아이의 어떠한 질문도 들어줄 마음과 태도를 준비하자. 엉뚱한 질문을 하더라도 핀잔하지 말고 격려하며 왜 그런 질문을 했는지 물어보자. 부모의 권위는 아이의 엉뚱한 질문으로 무너지지 않는다. 오히려 아이는 자신의 질문을 들어주는 부모를 더욱 존경하고 사랑할 것이다.

아이에게 도전정신을 심어주기 위해서 부모는 아이 뒤로 한걸음 물러나 기다려야 한다. 아이의 목표를 부모가 정해주는 것이 아니다. 아이가 스스로 자신의 목표를 정하도록 하고 도전할 수 있게 격려해주자. 부모는 아이가 스스로 할 수 있도록 자신감을 심어주어야 한다. 그러기 위해 아이를 믿고 기다려주는 것이 무엇보다 중요하다. 목표로 다가가는 방법이 잘못되었거나 다소 미숙하더라도 부모가 나서서 해결해주면 안 된다. 부모는 아이가 시행착오를 통해 스스로 문제를 해결하며 성장하도록 기다려주어야 한다.

도전을 두려워하지 않는 아이로 기르고 싶다면 노력하는 과정에 주목하고 칭찬해야 한다. 목표 달성 여부는 중요한 것이 아니다. 실패하더라도 아이의 노력과 과정을 칭찬하면 아이는 실패를 두려워하지 않게 된다. 만약 실패에 대해 아이가 실망하면 아이와 함께 작은 목표를 정해 도전하게 하자. 작은 목표라도 아이가 스스로 성취했을 때, 부모는 아이의 노력을 칭찬하면 된다. 이러한 경험을 통해 아이는 자신감을 기른다. 또 작은 목표를 달성한 경험은 더 큰 도전을 할 수 있는 마음을 길러준다. 긍정적인 성취경험은 두려움 없는 도전정신을 기르는 데 중요한 역할을 한다. 아이 스스로 새로운 미래를 준비할 수 있게 가르치는 것은 부모의 몫이다.

6
미래라는 문을 여는 열쇠:
상상력과 창의력

인간은 항상 새로운 변화를 추구해왔다. 새로운 변화의 핵심에는 항상 상상력과 창의력이 있었다. 불편하고 힘든 것들을 쉽고 편하게 변화시키려 새로운 생각을 하고 독창적인 것을 만들어냈다. 더 나은 세상을 꿈꾸는 상상력과 그 꿈을 실현하는 창의력으로 인류는 발전해왔다고 해도 과언이 아니다. 다가올 미래는 상상력과 창의력이 더욱 주목받는 시대가 될 것이다. 모든 것이 급변하는 미래에 상상력과 창의력은 새로운 혁신의 원천이 되기 때문이다. 상상력은 기존의 방식이나 틀을 뛰어넘게 하고, 창의력은 새로운 발전을 위한 원동력이 된다.

유대인은 전 세계적으로 상상력과 창의력이 뛰어난 민족으로 꼽힌다. 그들은 상상력과 창의력으로 세상의 변화를 주도해왔다. 수많은 노벨상 수상자를 배출했으며, 세계 곳곳에서 부와 명성을 일궈냈다. 유대인들이 뛰어난 성과를 이룬 이유는 상상력과 창의력이 있었기 때문이다. 어릴 때부터 보이지 않는 하나님을 믿는 믿음과 성경 속의 다양한 이야기를 통해 상상력을 키운다. 또 아이의 생각을 묻는 질문을 통해 상상을 구체화할 수 있는 창의력을 키우게 한다. 유대인은 상상력으로 원대한 꿈을 세우고 창의력으로 구체화하는 법을 배우며 미래를 준비한다.

(1) 꿈꾸는 능력 상상력, 새로운 가치를 창조하는 창의력

4차 산업혁명 시대, 세상은 끊임없이 발전하고 급변하고 있다. 인공지능이 개발되고 기술이 발달하면서 다가올 미래는 더욱 급속도로 변할 것이다. 이러한 시대에 적응하고, 변화를 선도하기 위해 무엇보다 강조되는 능력이 상상력과 창의력이다. 이미 우리는 상상력과 창의력이 얼마나 큰 힘을 발휘하는지 체험하며 살고 있다. 누군가의 상상으로 우리는 바닷속을 여행하고, 하늘을 날며, 저 멀리 우주를 탐험한다. 세상을 바꾸기 위한 상상력과 창의력은 다가올 미래에 더욱 놀라운 변화를 일으킬 것이다. 우리가 아이들에게 상상력과 창의력을 길러주어야 하는 이유다.

1869년 쥘 베른이 쓴 해양 SF소설 《해저 2만 리》에는 바다 깊은 곳을 탐사하는 잠수함 '노틸러스'가 나온다. 당시의 기술을 뛰어넘는 잠수함에 대해 설명함으로 사람들의 상상력을 자극했다. 그로 인해 잠수함에 대한 관심과 열기가 고조되고 기술력을 발전시키는 계기를 만들었다. 또 쥘 베른은 《달 세계 여행》이라는 소설을 통해 우주비행을 상상하기도 했다. 이는 사람들에게 우주를 향한 꿈을 꾸게 만들었고, 창의적인 아이디어로 우주비행을 가능하게 했다. 80년대 인기리에 방영된 〈전격Z작전〉의 인공지능 자동차 '키트'는 자율주행 자동차의 모토가 되었다. 사람들은 시대를 앞서간 상상력에 창의력을 더해 꿈을 실현시켜 가고 있는 것이다.

새로운 시대는 상상력이 풍부한 창의적인 인재를 원한다. 과거 농경사회와 산업화 사회에서는 성실한 사람이 성공하는 시대였다. 하지만 다가올 미래는 더 이상 단순히 노력만 한다고 해서 성공을 보장받는 시대가 아니다. 산업의 대부분은 컴퓨터나 로봇으로 대체될 것이기 때문이다. UN의 미래보고서에 의하면 2030년까지 현존하는 일자리의 80%가 사라진다고 한다. 말을 잘 듣고 성실히 공부하는 '모범생'은 더 이상 좋은 인재가 되지 못한다. 미래는 풍부한 상상력으로 기발한 생각을 하는 '모험생'을 필요로 한다. 창의적으로 문제를 해결하는 개성 있는 인재가 미래를 만들어가는 것이다.

상상력과 창의력은 인공지능이나 기계가 절대 따라잡을 수 없는 인간의 능력이다. 상상력과 창의력은 새로운 변화를 불러일으킨다. 단지 정답만을 찾는 공부로는 더 이상 미래를 준비할 수 없다. 미래는 끊임없이 변하므로 정해진 답이 없기 때문이다. 그렇기에 상상력과 창의력은 무엇보다 중요한 인간의 자질이 된다. 남과 다르게 생각하고, 행동할 수 있는 인재가 필요하다. 다시 말해 확산적 사고를 통해 상상력과 창의력을 발휘하는 사람이 미래를 이끌어 갈 수 있는 것이다.

(2) 질문으로 아이의 상상력을 자극하는 유대인 교육

유대인은 금융, 정치, 경제, 과학, 언론, 예술 등 다양한 분야에서 놀라운 성과를 이루었다. 세계 다른 민족들보다 유대인들이 머리가 좋거나 공부를 많이 해서 나타난 결과가 아니다. 영국의 지능연구 전문가 리처드Richard Lynn 교수의 보고서에 의하면 이스라엘의 지능지수IQ 순위는 185개국 중 45위에 그쳤다. 그럼에도 불구하고 유대인들은 거의 모든 분야에서 주목할 만한 성취를 이루어냈다. 유대인의 탁월한 성취의 바탕에는 유대인 특유의 상상력과 창의력이 있는 것이다.

유대인은 유일신인 창조주 하나님을 믿는다. 하나님은 유대인들에게 절대로 우상을 만들지 말 것을 명령했다. 유대인들은 눈에 보이지 않는 하나님을 믿고 하나님이 주신 율법을 따르며 산다. 성경을 보고 토라와 탈무드를 공부하며 하나님이 주신 율법을 삶에서 체화하고 실천하는 것이다. 유대인들은 성경 텍스트의 추상적인 의미를 논리적으로 이해하기 위해 배우고 가르친다. 결국 보이지 않는 하나님에 대한 믿음이 유대인의 사고력을 확장시킨 것이다. 확장된 사고력은 상상력과 창의력의 원동력이 된다.

유대인이 평생을 공부하는 토라와 탈무드에는 수 많은 상징들과 비유, 그리고 예화들이 있다. 이집트에서 유대민족을 구원해 가나안 땅으로 이끌며 홍해를 갈랐던 모세의 이야기, 어린아이의 몸으로 자갈돌로 거대한 골리앗을 쓰러뜨린 다윗의 이야기, 머리카락이 잘려 힘을 잃고 다른 민족의 노예로 살다가 원수를 갚은 삼손의 이야기 등. 다양한 이야기들이 유대인들의 상상력을 자극한다. 유대인들은 그냥 이야기로 끝내는 것이 아니다. 토라와 탈무드의 내용을 하브루타로 서로 토론하며 사고를 확장해 간다. 상대의 의견을 듣고 자신의 주장을 나누며 생각을 넓혀가는 것이다. 이는 유대인 창의력의 기초가 된다.

유대인 부모는 아이와 함께 책을 읽으며 아이의 상상력을 자극한다. 잠들기 전 베갯머리에서 동화나 성경이야기를 읽어주고, 남은 부분은 잠자리에서 상상하게 한다. 다음날 자연스레 아이가 상상한 이야기를 듣고 함께 생각을 나눈다. 아이가 아무리 엉뚱한 상상을 하더라도 유대인 부모는 핀잔을 주거나 잘못 생각했다고 꾸짖지 않는다. 유대인 아이는 자연스러운 분위기에서 마음껏 상상하고 이야기하며 상상력을 더욱 키워나간다. 어릴 직부터 책으로 상상력을 길러주었기에 유대인은 상상력이 뛰어난 민족이 된 것이다.

유대인은 아이에게 정답을 요구하지 않는다. 정답만을 찾는 공부로는 확산적 사고를 기를 수 없다는 사실을 유대인들은 잘 알고 있다. 유대인은 성경을 배우고 탈무드를 공부할 때도 항상 아이의 생각을 묻는다. "마따호쉐프?" 유대인 아이들이 가정에서 학교에서 가장 많이 듣는 말 중 하나이다. 유대인들은 "네 생각은 어떠니?"라고 물으며 질문과 토론을 통해 아이 스스로 답을 찾게 한다. 아이들은 정답이 아닌 자신만의 답을 찾으며 논리와 창의력으로 확산적 사고를 기른다. 유대인 부모는 정답이 중요한 것이 아니라 아이의 자신만의 생각이 더 중요하다고 생각한다. 그렇기에 그들은 아이의 생각을 지지하고 격려하며 응원한다.

(3) 정답이 없는 시대, 정답만을 찾는 우리

4차 산업혁명 시대를 맞아 한국의 경제와 사회도 급변하고 있다. 다양한 분야에서 변화를 주도하기 위해 혁신적인 생각을 갖춘 인재를 영입하려 애를 쓴다. 한국의 사회와 경제가 급변하고 있는데 반해 한국의 교육은 여전히 과거를 고집하고 있다. 여전히 교사가 수업을 주도하고 학생들은 선생님 설명을 받아 적고 암기하기 바쁘다. 암기식, 주입식 교육이 지금도 계속 이뤄지고 있다. 아이들은 다양한 생각을 하는 것을 사전에 차단당한다. 상상력과 창의력은 아예 꿈도 못 꾸는 것이 현실이다. 정답이 없는 시대에 여전히 정답만을 찾고 있는 것이다.

다가올 미래는 우리가 살고 있는 현재와 비교해서 많은 것들이 달라지고 변할 것은 자명하다. 아이들이 변화에 적응하고 또 변화를 주도하기 위해 상상력과 창의력은 반드시 필요하다. 하지만 부모와 기성세대는 자신들이 해왔던 기존의 방식을 고수하려 한다. 자녀가 엉뚱한 상상을 하고 다양한 활동을 하며 창의력을 키우는 '모험생'이 되는 것을 두려워한다. 남늘보다 열심히 공부하고 좋은 대학을 가는 '모범생'이 되기를 원하는 것이다. 부모가 아이의 미래를 상상하지 못하기 때문이다. 자신의 경험과 생각의 틀 안에서 아이를 재단한다. 그렇기에 아이의 상상력과 창의력은 무시되고 어릴 때부터 공부만을 강요받는다.

한국에는 '가만히 있기만 해도 절반은 간다'는 속담이 있다. 이러한 속담 탓은 아니겠지만 아이들에게서 질문은 좀처럼 찾아보기 힘들다. 간혹 질문을 하더라도 질문에 대한 정답만을 알려주는 것이 전부다. 아이가 엉뚱한 질문을 하면 핀잔을 주거나 공부에 방해된다며 무시하기 일쑤다. 아이들의 질문이 토론이나 논쟁으로 이어지는 일은 거의 없다. 이러한 분위기에서 아이들은 궁금한 것이 있어도 여간해서는 묻지 않는다. 그냥 책을 찾아보거나 인터넷을 검색해 정답만을 찾는다. 아이들의 상상력과 창의력이 사라지는 요인 중 하나는 아이의 질문을 무시하는 어른들인 것이다.

한국의 어느 연구소에서 아이들을 대상으로 창의성에 대해 조사한 적이 있다. 여가활동 시간에 독서나 미술, 놀이 등으로 시간을 보낸 아이들이 창의성 점수가 높게 나왔다. 반면 게임이나 TV 시청으로 시간을 보낸 아이들의 창의성은 낮은 것으로 드러났다. 최근 인터넷 매체가 급속도로 발달되면서 TV 시청은 물론 컴퓨터, 스마트폰 등 다양한 매체로 영상을 시청한다. 부모는 바쁘다는 이유로, 또 아이가 보채거나 떼를 쓰면 달래기 위해 손쉽게 영상을 보여준다. 아이들은 영상의 자극에 어느새 중독되고 집착하게 된다. 영상매체는 아이의 정신과 감정을 사로잡고 상상력을 제한하고 비판하는 능력을 떨어뜨린다. 자주 영상을 접하는 아이가 상상력과 창의력을 가지기 어려운 이유다.

(4) 아이의 상상력과 창의력을 키우자

상상력과 창의력은 호기심에서부터 시작된다. 아이들은 누구나 호기심을 가지고 있고 상상력과 창의력이 풍부하다. 그렇기에 부모는 아이의 상상을 존중하고 호기심을 잃지 않도록 도와야 한다. 아이에게 질문을 던짐으로 아이의 호기심을 유지하도록 하자. 중요한 것은 아이가 스스로 답을 찾을 수 있게 유도하는 것이다. 아이의 질문에 바로 답을 해주는 것이 아니라, 생각을 확장할 수 있도록 다시 질문해보자. 부모의 다양한 질문은 아이의 호기심을 자극하고 상상력과 창의력이 자라는 데 밑거름이 된다. 아이에게 "너는 어떻게 생각하니?" 하고 물어보자. 잊지 말아야 할 것은 아이가 엉뚱한 대답을 하더라도 격려하고 응원해주는 것이다.

아이가 학습 연령기가 되면 부모들은 알게 모르게 아이의 상상력을 가로 막는다. 주입식, 암기식 학습이 시작되기 때문이다. 더 이상 주입식 학습으로 미래를 준비할 수 없다는 것은 누구나 알고 있는 사실이다. 하지만 여전히 아이들은 주입식, 암기식 학습을 하고 있다. 남들처럼 학원을 다니고 남들보다 하나라도 더 외워야 한다는 마음의 불안감 때문이다. 더 이상 남들과 똑같이 경쟁을 시킬 것이 아니다. 이제는 남들과는 다르게 생각하고 자신을 표현할 줄 아는 아이로 키워야 한다. 우선 부모가 마음의 불안감을 떨치기 위해 노력하자. 만약 아이가 남과 다른 길을 가고자 한다면 믿고 응원해 주자. 부모의 믿음과 응원에 힘입어 아이는 창의적인 인재로 자랄 것이다.

요즘 아이들은 노는 시간이 턱없이 부족하다. 공부를 위해 학교와 학원에 시간을 빼앗기기 때문이다. 아이들의 놀이도 컴퓨터 게임이나 스마트폰 시청이 대부분이다. 짧은 놀이 시간을 즐기기 위해 사극적인 매체를 찾는 것이다. 아이가 상상력과 창의력을 키우기 위해서는 충분한 시간을 가지고 또래와 어울려 놀게 해야 한다. 아이들에게 있어 놀이가 상상력과 창의력의 원천이 되기 때문이다. 아이는 재미나게 놀기 위해 나름의 규칙을 만들고 기존의 것들로 다양한 환경을 연출하기도 한다. 소꿉놀이, 병원놀이, 경찰놀이 등 놀이환경 말이다. 잘 노는 아이로 키우자. 잘 노는 것이 상상력과 창의력을 키우는 밑거름이 된다.

상상력과 창의력의 기본은 독서다. 책 읽기는 아이들의 상상력과 창의력에 날개를 달아주는 것이다. 독서가 뇌의 전전두엽을 자극하여 상상력과 창의력이 길러진다는 사실은 연구를 통해 이미 증명되었다. 책을 읽는 것은 수많은 상상을 가능하게 하고 실제와 같은 경험을 느낄 수 있게 한다. 아이에게 책읽기를 강요하거나 단순히 책을 읽는 것에서만 그쳐서는 안 된다. 부모가 아이와 함께 책을 읽고 충분히 이야기 나누는 시간을 갖자. 책의 내용을 돌아보고 '왜 그랬을까?', '만약에 네가 주인공이라면?' 혹은 '어떻게 해결하면 좋을까?'라는 질문을 해보자. 아이는 다양한 질문을 통해 상상할 수 있는 힘과 창의적으로 사고하는 능력을 기르게 된다.

7
합리적 판단과 문제해결 능력:
비판적 사고

세상을 살다 보면 수많은 선택의 기로에 서게 된다. 이때 사람들은 무턱대고 아무렇게나 선택하지 않는다. 더 좋은 선택을 위해 꼼꼼히 따져본 후 최종 결정을 한다. 이렇듯 다양한 문제를 분석하여 합리적으로 판단하는 능력을 '비판적 사고critical thinking'라 한다. 한국에서 '비판'은 매우 공격적이고 부정적인 의미로 다가선다. 하지만 '비판'은 '현상이나 사물의 옳고 그름을 판단하여 밝히거나 잘못된 점을 지적함'의 뜻을 가진 단어다. 즉 '비판적 사고'란 남을 비난하는 생각이 아니라, 합리적 논리적으로 분석하고 평가하는 사고를 의미한다. 다양하고 복잡해지는 세상에서 합리적인 선택을 위해 꼭 필요한 능력이 바로 '비판적 사고'이다.

세계의 주요 국가들은 다가올 미래에 반드시 갖추어야 할 역량 중 하나로 비판적 사고를 꼽는다. 유대인들은 이미 오래전부터 비판적 사고를 길러왔다. 끊임없는 질문과 서로 짝을 지어 토론하는 하브루타를 통해 비판적으로 사고하는 능력을 기른 것이다. 유대인에게 비판적 사고는 생존을 위해 필요한 도구이기도 했다. 오랜 핍박과 고난의 역사 속에서 유대 민족은 살아남기 위해 더 나은 선택을 해야만 했다. 상황을 냉철하게 바라보며 합리적으로 판단하고 능동적으로 행동해야 했기 때문이다. 유대인은 비판적 사고를 가지고 자신과 공동체를 지켜온 것이다. 또 유대인들은 비판적 사고를 통해 다가올 미래를 준비한다.

(1) 종합적 사고능력, 비판적 사고

사람들은 문제해결이나 의사결정을 위해 합리적인 판단을 중요시한다. 합리적인 판단을 위해서는 무엇보다 비판적으로 사고하는 능력이 필요하다. 세계 금융계의 대부인 조지 소로스는 성공을 꿈꾸는 청년들에게 다음과 같이 조언했다. "비판적 사고를 하라. 그리고 실수할 때 깨닫고 고쳐라." 또 미국 대통령이었던 버락 오바마도 21세기 교육 개혁을 촉구하는 연설에서 비판적 사고 향상을 주요 과제로 제시했다. 세계의 여러 나라들이 이미 더 나은 미래를 위해 비판적 사고의 중요성을 깨닫고 준비하고 있다.

비판적 사고는 다양한 정보와 지식을 종합하여 합리적이고 논리적으로 분석하게 한다. 그리하여 최선의 판단을 하게 하는 고차원적이고 통합적인 사고 능력이다. 기존의 정보나 주장을 그대로 받아들이지 않고 그에 맞는 합당한 근거를 찾고 검토한다. 필요에 따라 더 나은 대안을 모색하고 창조하는 일련의 사고활동으로 특징된다. 비판적 사고는 답이 정해져 있지 않은 미래를 대비하기 위해 반드시 갖추어야 할 능력인 것이다. 여러 선진국들과 일류 기업들이 비판적 사고를 주목하는 이유다. 한국에서도 비판적 사고가 인재를 평가하는 주요한 기준이 되고 있다.

비판적 사고의 가치는 정보화 사회에서 더욱 중요해진다. 오늘날 우리는 과거와 달리 가늠하기 힘들 정도로 넘쳐나는 정보들을 접하며 살고 있다. 인터넷을 통해 몇 번의 검색만으로 필요한 정보를 쉽게 얻을 수도 있나. 매일 엄청난 양의 정보들이 쏟아진다. 다가올 미래는 넘치는 정보를 잘 받아들이고 유용하게 활용할 줄 아는 인재를 필요로 한다. 단순히 정보를 많이 가지고 있다고 해서 좋은 것이 아니다. 수많은 정보 중에서 옥석을 가리고 유용한 정보를 분별할 줄 아는 능력이 필요한 것이다. 그러한 분석과 판단을 가능하게 하는 능력이 비판적 사고이다.

비판적 사고는 미래 사회를 살아갈 아이들에게 매우 중요한 능력이다. 정보와 전문지식이 넘쳐나는 디지털 시대에 올바른 판단을 위해 비판적 사고가 필요하기 때문이다. 정보의 홍수로 인해 무엇이 옳고 그른지 더욱 애매모호 해지고 판단하기 어려울 수 있다. 이러한 시기에 비판적 사고는 좋은 판단을 위한 중요한 무기가 된다. 비판적 사고를 통해 정보와 지식의 진실 여부를 판단하는 분별력을 기를 수 있다. 또 깊은 사고를 통해 잘못된 정보를 걸러내고 자신을 조절하는 능동적 사고를 할 수 있다. 자신만이 옳다고 주장하지 않으며 다른 의견도 받아들이는 열린 사고를 가능하게 만든다.

(2) 질문과 토론으로 비판적 사고를 키우는 유대인

유대인은 하나님을 제대로 믿기 위해 비판적 사고를 기른다. 유대인들은 태어나면서부터 매일 성경을 들으며 자란다. 글을 읽을 수 있는 나이가 되면 토라를 반복하여 읽으며, 탈무드를 공부하고 토론한다. 하브루타를 통해 토라와 탈무드를 토론하며 논리적이고 비판적으로 사고하는 법을 깨닫는다. 유대인은 권위 있는 랍비의 가르침이라도 무조건 믿거나 그냥 받아들이지 않는다. 가르침에 대하여 토라와 탈무드에서 스스로 근거를 찾고 치열하게 논쟁한다. 하나님에 대한 자신의 믿음을 확고히 하기 위해서다.

비판적 사고의 출발점은 질문이다. 유대인들은 어려서부터 질문을 하고 질문을 받으며 자란다. 유대인 부모는 아이의 질문에 바로 답하지 않고 "너는 어떻게 생각하니?"라고 되묻는다. 학교에서의 학습도 주입식이 아닌 질문과 답변으로 이루어진다. 아이는 질문에 대한 답을 찾고 생각하는 과정을 통해 창의적이고 비판적인 사고의 틀을 형성하게 된다. 자신이 생각한 답의 근거가 확실한지, 또 논리적으로 맞는지 확인을 거친다. 이러한 과정을 통해 논리적, 비판적으로 생각하는 힘을 기르는 것이다. 유대인 아이들은 질문을 통해 부모와 함께 깊은 대화와 토론을 나눔으로 사고하는 힘을 기운다.

유대인은 오래전부터 하브루타를 통해 함께 토론하며 비판적 사고를 길러왔다. 탈무드에 '권위를 맹신하는 자는 자유인이 될 수 없다'는 말이 있다. 유대인들은 기존의 이론이나 윗사람의 주장을 그대로 받아들이지 않는다. 항상 의문을 품고 도전적으로 질문하기를 권한다. 질문과 토론을 통해 보다 나은 결론을 이끌어내기 위함이다. 유대인은 자신의 주장에 대해 올바른 근거를 제시하고 상대를 설득하기 위해 끊임없이 노력한다. 이러한 과정을 통해 비판적 사고가 길러지는 것이다.

유대인의 하브루타는 단순히 상대를 이기기 위한 토론이 아니다. 토론을 위해 자료를 찾아 분석하고 논리적으로 정리하는 과정이 필요하다. 또 상대와 다른 의견을 나눔으로써 다양한 시각으로 사고하고 이해할 수 있는 능력을 배양한다. 서로의 생각에 반박하고 또 반박에 대처하기 위해 논리 정연한 사고를 하려고 노력한다. 서로 설득하는 과정을 겪으며 상대를 이해하는 열린 마인드도 가지게 된다. 이러한 다양하고 종합적인 사고의 과정을 통해 보다 고차원적인 비판적 사고를 향상시킨다. 더불어 문제해결 능력도 키운다.

(3) 생각하는 힘을 키우지 못하는 우리 아이들

한국은 '비판'이라는 단어에 대하여 부정적은 정서가 강하다. 예의를 중시하여 타인에게 무례를 범하지 않는 것이 바른 행동이라 생각한다. 그래서 남을 비판하는 것은 그 사람에 대해 비난하는 것이라 착각한다. 표준국어대사전에서 '비판'은 두 가지 뜻을 찾을 수 있다. 첫째는 '현상이나 사물의 옳고 그름을 판단하여 밝히거나 잘못된 점을 지적함'을 뜻한다. 둘째는 '사물을 분석하여 각각의 의미와 가치를 인정하고, 전체 의미와의 관계를 분명히 하며, 그 존재의 논리적 기초를 밝히는 일'이다. 그에 반해 사람들이 일반적으로 '비판'이라고 착각하는 '비난'이 있다. '비난'의 뜻은 '남의 잘못이나 결점을 책잡아서 나쁘게 말함'이다. 우리나라 사람들은 비판을 비난으로 혼동하여 사용하고 있는 것이다.

창의적이고 비판적인 사고는 문제해결을 위해 다양한 방법을 모색하고 찾는 능력이다. 답이 하나가 아닌 것이다. 사람들은 인생을 살아가며 수많은 문제와 여러 가지 상황들을 만난다. 다양한 문제의 해결을 위해 '왜?', '어떻게?' 등의 질문을 끊임없이 하며 순간순간 선택하고 결정한다. 비판적 사고는 한 사람이 평생을 해야 하는 지적 활동인 것이다. 하지만 아이의 학습과 관련 없다고 판단되는 질문에 우리는 답을 주지 않는다. 그저 쓸데없는 질문 하지 말라며 핀잔하고 무시하기 일쑤다. 그런 생각은 나중에 해도 된다며 아예 차단해 버린다. 아이에게 질문을 막으면 비판적 사고는 자랄 수 없다.

　한국은 아이들이 학습연령기가 되면 거의 모든 학습을 주입식, 암기식으로 한다. 하나라도 더 외우고 한 문제라도 더 풀어야 높은 성적을 받을 수 있기 때문이다. 아이들은 기존의 지식들을 아무 생각 없이 받아들이고 암기하기 바쁘다. 아이들은 생각하는 힘을 키우기보다 정답 찾기 훈련만 하고 있다. 아이들은 사고를 요구하는 문제나 상황을 접하면 당황하고 어찌할 줄을 모르는 경우가 많다. 문제나 상황을 분석하고 판단하여 해결 방법을 찾는 비판적 사고가 길러지지 않았기 때문이다. 결과만을 중시하는 공부가 아이들이 비판적 사고를 기를 기회를 빼앗는 것이다.

(4) 비판적 사고로 문제해결 능력을 길러주자

　비판적 사고의 출발은 질문이다. 아이는 수많은 궁금증을 가지고 있다. 작은 것 하나라도 허투루 넘어가지 않고 호기심을 가지고 대한다. 하나라도 더 알기 위해 아이는 묻고 또 묻는다. 그러한 태도를 지속적으로 유지하도록 돕는 것이 부모의 역할이다. 주입식 공부를 하며 지식을 암기하고 정답 찾기만 해서는 질문을 이어갈 수 없다. 부모가 질문으로 아이의 생각하는 힘을 길러주어야 한다. 유대인들처럼 아이의 질문에 질문으로 답하자. '네 생각은 어떠니?'라고 묻는 순간 아이의 비판적 사고는 자라기 시작할 것이다.

부모는 아이보다 더 많은 질문을 생각하고 좋은 질문을 해야 할 필요가 있다. 좋은 질문은 좋은 답을 이끌어내기 때문이다. 부모는 아이의 질문에 답을 빨리 주기보다 더 좋은 질문을 위해 고민해야 한다. 즉시 답을 얻는 아이들은 스스로 생각할 시간을 갖지 않는다. 좋은 질문에 많은 사고를 하며 능동적으로 반응한다. 좋은 답을 위해 옳고 그른지를 판단하고 논리적으로 정리하며 스스로 답을 찾기 위해 노력한다. 질문을 분석하고 답을 찾는 과정을 통해 비판적으로 사고할 수 있는 힘이 길러진다. 부모는 아이가 질문에 대한 답을 찾는 과정을 즐길 수 있도록 과정 자체를 응원해야 한다.

비판적 사고는 하나의 답을 찾는 과정이 아니다. 추론하고 분석하며 다양한 문제해결을 위해 종합적으로 사고하는 힘을 기르는 것이다. 그렇기에 대화와 토론을 통해서 기르는 것이 가장 바람직하다. 의사소통의 가장 기본인 대화를 통해 자신이 하고자 하는 말을 제대로 하는 법을 익힌다. 그리고 상대의 의견을 경청하는 법도 배운다. 서로 존중하는 분위기 속에서 토론을 통해 비판적 사고를 기를 수 있다. 토론은 자신의 의견을 주장하며 반박을 대비하여 논리적 근거를 준비하게 한다. 상대의 의견을 분석하고 차이점을 파악하여 논거의 부족함을 밝히기 위해 비판적 사고가 필요하다. 토론을 통해 함께 문제를 해결해 가는 과정에서 비판적 사고를 기르는 것이다.

독서는 비판적 사고를 함양하는 가장 좋은 방법이다. 독서를 통해 대화와 토론을 위한 기반지식을 쌓고 자신의 생각을 정리할 수 있다. 하지만 단순히 책을 읽는 것만으로는 비판적 사고를 기르기는 어렵다. 비판적 사고를 위해서는 독서 후의 활동이 더 중요하다. 독서 후에 다른 사람과 생각을 나누고 의견을 교류하는 토론을 통해 비판적 사고는 길러진다. 토론을 통해 자신이 보지 못했던 것들을 알게 되고, 생각을 보다 명확하게 정리할 수 있기 때문이다. 이미 여러 선진국들이 독서와 토론을 기본 교육으로 채택하고 있는 이유이기도 하다. 독서와 토론을 통해 비판적 사고를 길러 보다 나은 미래를 준비하기 위함이다.

8
함께 미래를 준비하는 힘: 협동과 협업

산업화 시대 효율성을 높이기 위해 사람들은 분업을 통해 자신이 맡은 일을 빠르게 처리했다. 분업은 서로 간의 소통을 중요하게 생각하지 않았다. 결과만을 중시하기에 각자에게 주어진 일에만 집중했다. 이와는 달리 협업은 결과와 함께 과정을 중요시한다. 최종의 결과만을 바라보는 것이 아니다. 구성원들이 '왜 하는지', '어떻게 해야 하는지' 함께 고민하며 결과를 만들어가는 과정이 협업이다. 창의적이고 효과적인 방법을 선택하기 위해 끊임없는 대화와 토론이 필요하다. 협업은 새로운 가치를 만들기 위해 서로 다른 것들을 연결하고 조화시키는 과정이다. 이러한 협업의 중요성은 앞으로의 미래에 더욱 중요해질 것이다.

유대 민족은 자신들이 모두가 하나의 형제라 생각한다. 하나님의 선택을 받아 그 조상 아브라함에서 자신들이 시작되었다고 믿기 때문이다. 모두가 형제라는 생각 아래 유대 민족은 서로 돕고 협동하며 살아간다. 또 하나님의 율법에 따라 약자를 돌보고 형제를 돕는다. 유대인은 오랜 시간 이어진 고난의 역사를 통해 협동을 중시하는 공동체의식을 더욱 상하게 디졌다. 그들은 강력한 협동심과 협업으로 세계의 금융과 언론을 장악했다. 영화와 같은 엔터테인먼트 산업도 이끌고 있다. 유대인은 그들의 역사를 통해 협동과 협업이 얼마나 큰 힘을 가지고 있는지 증명했다. 그들은 다가올 미래 역시 협동과 협업으로 준비하고 있다.

(1) 분업이 아닌 협동과 협업의 시대

애덤 스미스는 그가 저술한 《국부론》에서 최초로 분업의 개념을 제시했다. 나라를 부유하게 하기 위한 수단으로 업무의 분업화를 제시한 것이다. 포드자동차의 설립자인 헨리 포드는 분업의 개념을 적극적으로 받아들여 대량생산을 이루었다. 분업과 전문화를 통해 효율적으로 목표를 달성한 것이다. 이처럼 분업은 정해진 목표를 효과적으로 이루기 위한 수단으로 활용되었다. 분업을 통해 사람들은 자신의 분야에 전문가는 될 수 있지만 전체를 조율하는 능력을 얻기는 힘들다. 각자 자신의 일에만 집중하므로 서로 협동하는 마음을 기대하기도 어렵다. 분업은 목표만을 바라보며 나누어진 일을 강요하기에 인간성이 무시되기도 한다.

서로 일을 나누어서 한다는 점에서 협업은 분업과 비슷해 보이기도 한다. 하지만 협업은 단순히 함께 일하는 것만을 의미하는 것이 아니다. 분업과 달리 목표와 과정을 동시에 공유하며 새로운 가치를 만들어가는 과정이다. 다양한 분야의 전문가들이 모여 공동의 목표를 이루기 위해 노력한다. 함께 생각을 나누고 토론하며 목표를 위한 과정을 만들어가는 것을 의미한다. 협업은 서로 다름을 인정하고 다양성을 존중하여 조화를 이뤄 창의성을 극대화하는 것이다. 분야가 더 세분화될수록 전문화가 더 요구될수록 협업은 더 필요하고 중요한 요소가 된다.

　스티브 잡스와 스티브 워즈니악은 애플Apple을 공동으로 창업했다. 잡스는 탁월한 통찰력과 미래를 보는 눈으로, 워즈니악은 천재 엔지니어로 서로 협동하였다. 두 스티브는 대화와 토론을 통해 애플2라는 컴퓨터를 만들며 개인용 컴퓨터의 시대를 열었다. 레리 페이지와 세르게이 브린이 함께 설립한 구글Google도 협동과 협업의 산물이다. 구글은 '전 세계의 정보를 체계화하여 모두가 편리하게 이용할 수 있도록 하는 것'이라는 공동의 목표를 정했다. 공동의 목표 아래 전혀 다른 성향의 두 사람은 서로 돕고 힘을 모아 혁신을 만들어냈다.

　과거에는 한 분야에서 뛰어난 인재가 인정받는 시대였다. 하지만 이제는 개인의 능력만으로 승승장구할 수 있는 시대가 아니다. 다가올 미래는 협동하고 협업할 줄 아는 인재를 필요로 한다. 서로의 장점과 전문성을 융합하여 새로운 가치를 만드는 시대이기 때문이다. 협동과 협업을 통해 혼자서는 생각할 수 없는 창의적인 아이디어를 떠올릴 수 있다. 그리고 힘을 합쳐 성장하고 혁신할 수 있다. 우리가 아이들을 서로 협동할 수 있는 협력가로 키워야 하는 이유다. 아이들에게 더 나은 세상을 만들기 위해 서로 협력해야 한다는 사실을 가르쳐야 한다.

(2) 함께 하는 힘을 아는 유대인

유대인은 하나님의 율법에 따라 약자를 돌보고 돕는다. 토라에서 이야기하는 정의, 즉 남을 돕는 선한 일을 실천하는 것이다. 토라에 '형세들 중에 필요한 사람이 있다면 그가 필요한 만큼 주어야 한다'는 규정이 있다. 유대인은 서로가 형제라고 생각하며 서로 돌보고 도우며 살아간다. 도움은 물질적인 것만을 의미하지 않는다. 유대민족이 가진 네트워크를 통해 서로의 정보도 공유하고 사람들의 인맥도 지원한다. 유대인들은 모든 분야에서 끌어주고 당겨주며 서로 돕고 협동한다. 유대민족의 힘의 원천은 협동과 협력인 것이다.

탈무드에 '모든 유대인은 서로를 책임진다'고 나와 있다. 유대인들은 삶에서 체다카를 실천한다. 자신의 수입에서 일정 부분을 다른 사람을 돕는 구제에 쓰는 것이다. 가정에서도 아이들에게 율법의 정의를 가르치며 푸슈케에 동전을 모으게 한다. 또 집안이 가난하여 공부를 할 수 없는 아이가 있다면 공동체에서 책임을 진다. 유대인들은 형제들의 기본적인 생존권을 보장해 주기 위해 노력한다. 각종 자선단체 등 사회적 시스템을 통해 남을 돕는다. 유대인들은 약자를 돌보고, 다른 형제를 돕는 일을 게을리하지 않는다. 그것이 자신들의 의무이자 하나님의 일에 동참한다고 확신하기 때문이다.

세계 여러 민족들 중 유대민족만큼 단결과 협동을 중요시하는 민족은 드물다. 유대인은 오랜 고난의 역사를 지나는 동안 살아남기 위해 유대인들끼리 서로 돕고 단결했다. 수천 년 동안 핍박을 당해온 경험이 유대인들을 더욱 뭉치게 한 것이다. 이스라엘과 아랍연합국 사이에서 일어난 3차 중동전쟁(6일 전쟁)당시 유명한 일화가 있다. 전쟁이 임박하자 전 세계에 흩어져 있는 유대인 학생들은 참전을 위해 이스라엘로 달려갔다. 많은 유대인들은 성금을 모아 이스라엘로 보냈다고 한다. 이들은 자신의 나라를 지키기 위해 뭉치고 협동한 것이다.

유대인은 협동과 협업으로 다양한 분야에서 주목할 만한 성과를 이루었다. 세계 금융의 지배자인 로스차일드 가문은 형제간의 협업으로 남보다 하루 빠르게 정보를 입수했다. 그 정보를 이용해 금융 산업을 주도했다. 미디어와 언론에서도 유대인은 협동과 협업을 통해 큰 영향력 미친다. 미국의 주요 언론사들은 유대인들의 손안에서 움직인다고 해도 과언이 아니다. 종합 예술로 평가되는 영화시장도 유대인들이 주도하고 있다. 영화 산업의 메카인 할리우드에서 제작자, 감독,

배우, 작가 등 절반 이상을 유대인 차지한다고 한다. 유대인들은 다양한 산업에서 함께 목표를 정하고 과정을 공유하며 서로 협동하고 협업하고 있다.

유대인들은 협업이 중시되는 IT분야에서도 서로 돕고 협력한다. 4차 산업혁명을 주도하고 있는 미국의 실리콘밸리에는 유대인들이 일군 IT기업들이 많다. 혁신을 선도하는 구글, SNS의 선두주자 페이스북, 안전한 금융거래 시스템을 구축한 페이팔, 글로벌 오픈마켓 이베이 등 헤아리기조차 힘들다. 유대인들은 서로 아이디어를 공유하고 현실화시켜 창업할 수 있도록 지원한다. 실리콘밸리에서 성공한 유대인 기업들은 이스라엘의 벤처 기업들을 적극적으로 지원한다. 물질적인 지원뿐만 아니라 정보 및 네트워크 연결 등을 지원하고 협력한다. 이러한 지원과 협동, 협업에 힘입어 유대인들은 보다 빠르게 미래를 준비하고 있는 것이다.

(3) 경쟁으로 인해 협동을 배우지 못하는 우리 아이들

미래학자 정지훈 교수는 《내 아이가 만날 미래》라는 책에서 미래를 이끌 인재로 통섭형 인재, 협업형 인재, 네트워크형 인재를 제시했다. 협업형 인재는 다른 사람을 존중하고 공감하며 소통할 줄 아는 능력을 가진 사람을 의미한다. 다가올 미래는 이러한 인재를 원하는 것이다. 하지만 우리는 여전히 내 아이만의 성공과 출세를 바라보며 이기적으로 아이를 기르고 있다. 함께 더불어 살라고 가르치기보다 혼자 성공해야 한다고 가르친다. 경제와 사회는 미래를 향해 나아가고 있는데 아이의 교육은 오래된 방식을 벗어나지 못하는 것이다.

우리는 어린 시절부터 서로 돕고 살아야 한다는 협동의 가치와 정신을 배운다. 하지만 결과만을 중시하는 경쟁교육 탓에 협동 정신은 어느새 사라져 버리고 만다. 공부가 한국 사회에서 계층을 이동할 수 있는 유일한 수단으로 여겨지기 때문이다. 부모는 아이의 성공을 바라며 아이를 경쟁의 현장으로 밀어 넣는다. 잘 가르치는 학원, 입시전문 컨설팅 등을 받으며 자신의 아이가 남보다 앞서기를 바란다. 결과만을 중시하는 경쟁 속에서 남보다 앞서야 하기에 모두가 경쟁상대로 인식된다. 다른 사람을 이기려는 마음에 서로 돕고 협동하는 것은 꿈도 꾸지 못 한다.

한국개발연구원KDI의 보고서에 따르면 우리나라의 국가 행복지수는 10점 만점에 5.85점으로 나타났다. 이는 전체 대상 국가 149중 62위에 해당한다. OECD 통계로는 37개국 중 35위에 해당되는 점수다. 이렇게 낮은 순위의 원인은 과도한 경쟁에서 오는 스트레스 때문이다. 학생들뿐만 아니라 사회에서까지 경쟁은 이어진다. 계속되는 시험과 경쟁에 심리상태는 불안해진다. 만약 경쟁에서 이기지 못했다고 생각되면 자신감을 잃고 열등감에 빠지며 불행해질 수 있다. 이러한 환경 탓에 하나의 목표를 향해 서로 돕고 협력하는 것은 찾아보기 힘들다.

(4) 미래를 위한 협동과 협업의 중요성

몇 년 전 한 온라인 커뮤니티에 한 초등학교의 운동회 모습을 찍은 사진이 화제가 되었다. 그 사진에는 5명의 아이들이 함께 손을 잡고 달리는 모습이 있었다. 사진의 주인공들은 연골무형성증으로 지체장애를 가지고 있는 친구를 위해 이벤트를 한 것이다. 달리기 경주를 시작한 네 명의 친구들이 달리다가 제자리에 멈춰 섰다. 아픈 친구들 기다려 함께 손을 잡고 나란히 결승선을 통과했다. 이 기사는 많은 사람들에게 함께하는 것이 얼마나 감동적이고 행복한지를 보여주었다. 경쟁과 차별이 넘치는 세상에서 아이들은 배려와 협동을 보여준 것이다.

아프리카 속담 중에 '빨리 가려면 혼자 가고, 멀리 가려면 함께 가라'는 말이 있다. 다가올 미래는 혼자 빨리 가는 시대가 아니다. 전문가들은 미래는 더욱 세분화되고 깊은 전문성을 요구하는 시대가 될 것으로 예상한다. 이러한 미래에 혼자서 해결할 수 있는 문제는 거의 없다. 협동과 협업을 해야만 다양한 문제들을 풀어나갈 수 있는 것이다. 2016년 세계경제포럼에서도 협업능력을 미래사회의 인재가 갖춰야 할 핵심역량 중 하나로 꼽았다. 사람들과 원활하게 소통하고 다양한 가치를 조율하며 조화를 이끌어내는 능력이 필수다. 함께 목표를 바라보고 과정을 이끌 수 있게 아이를 길러야 하는 이유다.

　인간은 혼자 살아갈 수 없는 사회적인 존재다. 그렇기에 아이에게 함께 어울려 지내는 법을 가르쳐야 한다. 또 새로운 미래를 준비하기 위해 협업하는 능력을 갖게 해야 한다. 함께 어울려 지내고 협업을 할 수 있게 하는 기본은 소통이다. 부모와 자주 대화하는 아이가 사회성도 잘 발달 되고 공감 능력도 뛰어나다는 연구결과가 있다. 부모는 아이가 자신의 이야기를 편하게 할 수 있는 분위기를 만들어주고 경청해야 한다. 경청하며 아이가 자신의 말과 행동을 돌아볼 수 있도록 적절한 평가를 해주는 것도 좋다. 아이의 말에 꼬투리를 잡거나 부모가 하고 싶은 말만하면 잔소리가 되고 결국 소통은 단절된다.

　협동과 협업은 거창한 것이 아니다. 가정에서부터 협동과 협업을 시작할 수 있다. 아빠와 엄마가 함께 대화하며 자연스레 소통하는 모습을 실천해야 한다. 또 서로 이해하고 섬기는 모습을 아이에게 보여주어야 한다. 가정이 소통의 중심이 되고, 가정에서 협동을 실천할 때 아이들의 협업 능력은 자연스레 길러진다. 가정에서 도움을 주고받은 경험이 있는 아이는 다른 곳에서도 쉽게 협동과 협업이 가능하다. 협동과 협업은 가족이 서로를 생각하고 섬기는 마음으로 함께하는 순간 시작된다. 이렇게 길러진 마음은 아이에게 협동과 협업을 할 수 있는 마음을 심어준다.

다가올 미래는 협력과 협업을 높은 가치로 여기며 서로 돕고 함께 사는 시대다. 아이가 협업 능력을 가진 미래 인재로 자라기 위해선 부모의 마음가짐이 무엇보다 중요하다. 아이가 남보다 뛰어나고 앞서기를 바라는 마음을 잃애야 한다. 미래를 위해 당장의 시험 점수 1점을 올리는 것에 연연하지 말아야 한다. 남이 알려 주는 주입식 교육으로 성적을 올리는 것은 아이에게 도움이 되지 않기 때문이다. 협동과 협업을 위해서는 아이가 또래와 잘 어울려 놀게 하는 것이 좋다. 아이는 친구들과 놀며 스스로 규칙을 정하고 문제가 있을 경우 해결 방법을 고민한다. 자연스레 협동하고 협업하는 법을 깨우쳐 가는 것이다.

PART 4

아이의 미래를 준비하는 유대인 경제교육

1. 경제교육은 빠르게 시작하라

2. 경제교육은 가정에서부터 시작하라

3. 미래를 준비하는 유대인 성인식 선물

4. 함께 사는 세상을 위해 기부를 실천하는 유대인

5. 시간을 소중히 생각하고 활용하는 유대인

1
경제교육은
빠르게 시작하라

　자본주의 사회에서 경제교육이 반드시 필요하다는 사실에 대부분의 사람들은 공감한다. 우리나라도 예외는 아니다. 선진국들은 이미 오래전부터 아이들에게 조기에 경제교육을 실시하고 있다. 반면 우리나라는 입시교육에 밀려 경제교육을 제대로 시작도 못하고 있는 것이 현실이다. 미래의 금융과 경제는 급격하게 변화할 것이다. 급변하는 미래의 경제생활을 아이가 합리적으로 영위할 수 있도록 능력을 길러주어야 한다. 아이가 현명하게 금융을 파악하고 합리적으로 경제생활을 누릴 수 있게 해야 한다. 그러기 위해 조기 경제교육이 필요한 이다.

　오늘날 유대인들이 세계 경제를 장악한 데에는 다 이유가 있다. 유대인들처럼 경제관념이 투철한 민족도 없다. 그들은 아이가 어린 시절부터 철저하게 경제교육을 시키는 것으로 유명하다. 유대인은 자녀가 갓난아기 때부터 손에 동전을 쥐어주며 돈에 대해 가르친다. 유대인들은 돈을 쓰는 것을 버는 것 이상으로 중요하게 여긴다. 돈의 유용함을 가르치고 돈의 노예가 아닌 주인으로 사는 법을 익히게 한다. 아이가 어릴 때부터 돈에 대해 바르게 인식함을 바탕으로 경제에 대해 교육하는 것이다.

(1) 돈과 경제에 대해 일찍부터 가르쳐야 한다

배우지 못해 글을 읽지 못하고 쓸 줄 모르는 사람을 가리켜 문맹이라고 한다. 이와 같이 돈의 소중함을 모르고 낭비하며 제대로 관리하는 법을 모르는 사람을 금융문맹이라 한다. 금융문맹인 사람들은 돈을 어떻게 모으고 써야 하는지 알지 못한다. 그들은 개인의 삶뿐만 아니리 사회 전반에도 여러 가지 문제를 일으킨다. 개념 없는 소비와 각종 부채로 인해 가난한 삶은 기본이다. 거기에 신용불량, 경제 양극화 촉진 등의 다양한 문제를 야기한다. 미국 연방준비제도이사회 의장을 지낸 앨런 그리스펀은 "문맹은 생활을 불편하게 하지만 금융문맹은 생존을 불가능하게 한다"고 말했다. 아이의 생존을 위해서라도 조기에 금융과 경제에 대해 가르쳐야 한다.

세계 여러 선진국들은 이미 오래전부터 경제교육을 위해 노력하고 있다. 미국은 표준 교육과정에 경제교육을 포함시켰다. 실생활에 필요한 다양한 금융지식을 배울 수 있도록 교육과정을 마련한 것이다. 또 경제활동을 체험할 수 있는 다양한 프로그램을 만들어 직접 경험해 볼 수 있게 했다. 영국은 금융과 경제의 내용을 수학과 결합하여 가르치고 있다. 캐나다는 국가전략 차원에서 금융교육을 추진하고, 학교에서도 의무교육으로 실시하고 있다. 세계는 금융과 경제의 중요성을 깨닫고 이미 정규 교육에 포함시켜 가르치는 것이다.

'세 살 버릇 여든까지 간다'는 속담이 있다. 어릴 적 형성된 돈에 대한 인식과 습관은 나이가 들어서도 계속 이어진다. 부모는 아이가 경제적으로 바른 선택을 하고 풍요로운 삶을 살 수 있기를 바란다. 그렇기에 아이에게 돈의 중요성을 가르치고 올바른 경제관을 심어주는 것이 무엇보다 중요하다. 어린 시절 익힌 경제습관이 아이의 일생을 좌우하기 때문이다. 합리적인 선택을 할 수 있는 경제관념은 어릴 적 경제습관으로부터 형성된다. 아이에게 바른 경제습관을 심어주기 위해 조기 경제교육은 선택이 아닌 필수다.

세계가 글로벌해질수록 경제에 대한 이해는 더 강하게 요구된다. 세계화된 자본주의 시대를 살아가기 위해 올바르고 합리적인 경제관이 필요한 것이다. 하지만 우리는 제대로 된 경제교육이 없고, 크게 신경도 쓰지 않는다. 그러한 환경 탓에 경제의 흐름을 제대로 읽지 못하는 사람은 더욱 늘어나고 있는 추세다. 더 이상 경제적 무지로 인해 우리 아이들이 어려움을 겪게 해서는 안 된다. 아이가 건강한 경제습관을 가질 수 있도록 어릴 때부터 경제를 가르쳐야 한다. 아이는 경제교육을 통해 어른이 된 후에도 경제적으로 독립하고 성장할 수 있다.

그렇기에 그저 학문만이 아닌 보다 체계적이고 실용적인 경제교육이 필요하다.

(2) 돈과 경제를 소기에 교육하는 유대인

유대인들이 세계의 경제를 주도하고 있다는 사실은 어제, 오늘의 이야기가 아니다. 노벨 경제학상 수상자 중 42%가 유대인이다. 전 세계 억만장자의 30% 이상을 유대인이 차지하고 있다. 어느 한 분석에 따르면 미국 400대 부자의 23%, 50대 부자의 36%는 유대인이라고 한다. 이외에도 유대인들은 경제 각 분야에서 두드러진 활약을 보여주고 있다. 연방준비제도이사회Fed의 의장을 역임한 앨런 그린스펀, 소로스 펀드 매니저먼트의 회장 조지 소로스, 메릴린치를 세계 최대 증권사로 만들었던 데이비드 코만스키, 월가의 대표적인 투자은행인 골드만삭스를 세운 마르쿠스 골드만 등 경제계 유대인들의 활약은 수없이 많다.

유대인들이 세계의 경제 무대에서 활약하는 것은 그들이 어린 시절부터 경제교육을 받은 덕분이다. '부자는 태어나는 것이 아니라 만들어진다'는 말이 있다. 이 말은 유대인에게 가장 잘 어울리는 말일 것이다. 유대인들은 자녀에게 많은 돈을 물려주지 않는다. 대신 어린 시절부터 철저하게 돈을 관리하고 어떻게 벌며 잘 쓰는 법을 배운다. 유대인들은 어려서부터 돈의 긍정적인 기능을 배우며, 절약하고 절제하는 법을 익힌다. 스스로 돈을 벌어보고 계획을 세워 저축을 하며 관리할 수 있는 능력을 기른다. 실질적인 경험을 통해 돈에 대해 올바른 개념을 심고 합리적인 경제관을 세워가는 것이다.

탈무드에는 '돈은 무자비한 주인이 되기도, 유익한 종이 되기도 한다'는 격언이 있다. 유대인은 우리와 달리 돈 자체를 나쁘게 바라보지 않는다. 사람이 돈을 어떻게 벌고 쓰느냐에 따라 악해질 수도 선해질 수도 있다고 생각한다. 유대인들은 자녀가 돈에 매여 돈의 노예로 살기를 바라지 않는다. 돈을 정직하게 벌고 바르게 쓸 줄 아는 당당한 주인으로 살기를 바란다. 그래서 유대인들은 갓난아기에게 동전을 쥐어주며 푸슈케에 넣어 체다카를 실천하게 한다. 가장 먼저 돈을 바르게 쓰는 법부터 익히게 한다. 아이에게 성경에 나와 있는 자선을 가르쳐 하나님을 믿게 하고 정의를 실천하게 하는 것이다.

(3) 물고기 잡는 법을 알려주지 않고, 잡아 주는 우리 부모들

한국의 아이들은 미래를 위해 엄청나게 많은 공부를 한다. 문제는 이러한 공부가 입시 외에 실생활에는 크게 도움이 되지 않는다는 사실이다. 예를 들어, 수학을 잘 한다고 해서 경제를 잘하는 것이 아니다. 모든 교육이 입시에 맞춰져 있다 보니 아이들의 경제교육은 전무하다고 해도 과언이 아니다. 아이들은 경제에 대해 제대로 배운 적도 없이 학교를 졸업하면 곧바로 경제생활을 해야 한다. 아무런 준비 없이 성인이 된 아이들은 여러 가지 사회문제를 일으키기도 한다. 20~30대 신용불량자가 많아지고 있는 것이 통계로 나타난다. 심지어 10대에서도 신용불량자가 생겨나고 있다.

탈무드에는 '물고기를 주지 말고, 물고기 잡는 법을 가르쳐라'는 말이 있다. 남이 주는 고기만 먹고, 스스로 물고기를 잡을 수 없다면 제대로 살아갈 수 없다. 한국의 부모들은 아이에게 물고기를 잡아준다. 부모는 자신의 자녀만큼은 부족한 것 없이 키우기 위해 물질로 충족시킨다. 다른 아이와 비교해서 결코 뒤지지 않게 경쟁적으로 과잉 사랑을 베풀기도 한다. 경제관념이 성장하기 전에 아이들은 많은 물질과 과잉 사랑 속에 자라는 것이다. 이것은 아이에게 잘못된 습관으로 굳어져 제대로 된 경제습관을 형성하지 못하게 한다. 잘못된 경제관념과 습관은 아이에게 끊임없이 부모의 도움을 요구하게 만든다. 경제교육의 부재가 최근 캥거루족을 증가시키고 있는 것도 이러한 이유에서다.

한국에서 돈은 주로 부정적으로 인식되는 경향이 많다. 대부분의 한국 부모들은 돈은 사람을 망치게 한다고 생각한다. 그렇기에 아이에게 일찍부터 돈을 알게 할 필요가 없다는 인식이 강하다. 혹여 아이가 돈에 관해 질문을 하면 부모는 "너는 아직 몰라도 돼"라며 아이의 관심을 무시한다. 어린아이가 돈에 관심을 보이는 것은 좋지 않다는 잘못된 인식이 자리 잡고 있기 때문이다. 당연히 조기 경제교육은 생각도 하지 않는다. 나중에 커서 배우거나 사회에 나가서 배워도 늦지 않다고 인식한다. 돈에 대한 부정적 인식이 경제교육을 가로막고 있는 것이다.

(4) 아이의 미래를 책임지는 조기 경제교육

한국의 문맹률은 0.2%로 전 세계에서 가장 낮다. 국민 대부분이 글을 쓰고 읽을 줄 아는 것이다. 하지만 우리의 금융문맹률은 여전히 낮은 수치다. 한국은행과 금융감독원은 2020년에 '전 국민 금융 이해력 조사'를 실시했다. 그 결과에 따르면 우리나라 성인의 금융이해력은 66.8점으로 조사되었다. 경제협력개발기구 평균62.0점을 조금 웃도는 수치다. 2018년 조사에 비해 다소 높아지긴 했지만 성인의 30% 이상이 금융을 잘 모르고 있는 것이다. 노년층은 금융지식이 부족했고, 청년층은 금융을 대하는 태도가 취약한 것으로 나타났다. 전체적으로 우리의 금융에 대한 가치관은 아직 미흡한 것이다.

바야흐로 100세 시대이다. 금융과 경제에 대해 미흡한 태도를 가지고 살다가는 부모와 아이 모두가 불행해질 수 있다. 우리의 생활도 아이의 미래도 금융과 경제를 떠나서는 살아갈 수 없기 때문이다. 경제에 대한 태도와 습관은 하루아침에 길러지지 않는다. 부모가 어릴 적부터 아이에게 올바른 경제관념을 심어주어야 한다. 또 금융과 경제를 이해하고 잘 활용하는 태도를 가질 수 있도록 가르쳐야 한다. 그러기 위해 우선 부모부터 금융문맹을 탈출할 필요가 있다. 부모가 먼저 경제를 알아야 아이에게 제대로 전달할 수 있는 것이다. 아이와 함께 금융과 경제에 대해 알아보고 공부 해보자.

　부모라면 누구나 아이의 미래가 행복하기를 바란다. 아이가 행복한 성인으로 살아가기 위해서 바람직한 경제교육은 필수다. 금융자본주의 시대에 금융과 경제에 대한 지식이 없는 것은 불행의 씨앗이 될 수 있기 때문이다. 아이의 행복한 미래를 위해서는 부모의 경제적 지원을 조절할 필요가 있다. 아이에게 무조건적으로 물질을 충족시켜 주는 행위는 잘못된 습관을 갖게 한다. 부모의 과한 사랑이 아이의 경제 습관을 망치고 미래를 불행하게 만드는 것이다. 아이가 스스로 미래를 준비할 수 있도록 부모는 적절히 경제적 도움 을 조절해야 한다.

　《부자 아빠 가난한 아빠》의 저자로 유명한 '로버트 기요사키'는 아이의 금전교육 시기를 4살로 봤다. 물건을 구입할 때 돈을 지불해야 한다는 사실을 이해하는 연령이기 때문이다. 경제 전문가들 역시 가급적 빨리 경제교육을 시작하라고 이야기한다. 하지만 무조건 돈을 모으는 저축만을 강조하는 것은 잘못된 교육이다. 일상생활에서 논과 경제에 대해 설명하고 이해하도록 돕는 실질적인 교육이 중요하다. 어릴 때 배우고 익힌 금융에 대한 태도와 경제 습관은 아이의 일생을 좌우한다. 아이가 조기에 돈과 경제에 대해 배울 수 있도록 부모의 인식전환이 필요하다.

2
경제교육은
가정에서부터 시작하라

　세계적으로 금융과 경제 상황은 매우 다양해지고 더욱 복잡해지고 있다. 이러한 상황에 금융과 경제에 대한 교육의 중요성이 무엇보다 강조되고 있는 시점이다. 하지만 앞서도 이야기했듯이 우리의 경제교육 현실은 여전히 열악하다. 부모라면 누구나 아이가 어른이 되었을 때 경제적으로 여유롭고 행복한 삶을 누리기를 원한다. 그러기 위해서는 어린 시절부터 금융과 경제에 대해 가르쳐야 한다. 아이는 어릴 때부터 배우고 익힌 경제습관으로 어른이 된 후에 경제적 자립을 이룰 수 있다. 가정에서부터 조기에 경제교육이 이루어져야 하는 이유다. 부모가 실생활에서 아이에게 금융에 대해 가르치고 경제를 보는 눈을 길러주어야 한다.

　유대인들이 세계의 경제를 주무르는 것은 가정에서부터 시작한 조기 경제교육 덕분이다. 유대인 부모들 대부분은 아이의 경제교육에 많은 시간과 노력을 투자한다. 부모는 가정에서 아이와 대화하고 토론하며 일상에서 자연스럽게 경제를 익히도록 돕는다. 이러한 교육 덕분에 유대인 아이들은 자연스레 올바른 금융습관과 경제관념을 갖게 된다. 금융과 경제를 보는 눈과 이해하는 마인드를 가지게 되는 것이다. 유대인 아이들은 가정에서부터 배운 조기 경제교육을 통해 스스로 경제적 선택을 한다. 그리고 그 선택에 책임을 지는 어른으로 성장한다.

(1) 아이의 경제교육은 가정에서부터 시작된다

세계 주요 나라들은 아이들에게 어린 시절부터 경제를 가르친다. 니이와 상관없이 경제활동은 안정적인 삶을 위해 중요하기 때문에 조기에 교육하는 것이다. 주요 선진국들은 아이가 어렸을 때부터 가정에서 경제교육을 시작한다. 조금씩 용돈을 주며 돈의 가치를 알게 하고 용돈기입장 등을 적어 스스로 관리하도록 한다. 다양한 집안일을 도우며 용돈을 벌어보게 하여 노동의 가치를 돌아보게 한다. 또 벼룩시장 같은 경제활동에 참여하게 하여 경제에 대해 직접 경험할 수 있도록 도와준다. 세계 각국의 부모들은 아이에게 맞는 경제교육으로 돈의 가치와 경제 개념을 심어주고 있다.

부모는 아이의 경제습관과 마인드 형성에 가장 큰 영향을 미친다. 아이들은 부모의 저축 및 소비습관을 가장 가까이에서 보고 자라며 배운다. 우선 부모부터 바른 경제관념을 가지고 실천해야 하는 이유다. 세계적인 투자자 워렌 버핏은 가정에서 책을 읽으며 경제를 공부하는 모습을 자녀들에게 보여주었다. 그렇게 함으로써 아이들에게 투자의 중요성과 경제를 공부해야 하는 이유를 일깨워준 것이다. 버핏 역시 어릴 때부터 주식중개인이던 그의 아버지를 따라다니며 투자의 안목을 키운 것으로 알려져 있다. 그만큼 부모가 가정에서 아이에게 보여주는 모습과 만들어 주는 환경이 중요한 것이다.

학교나 학원에서 배운 지식으로 사업가나 부자가 된 사람은 많지 않다. 성공한 사업가나 부자들을 보면 어린 시절부터 직접 몸으로 부딪히며 경제를 배웠다고 말한다. 경험을 통해 경제를 알고 마음으로 깨닫고 실천한 사람들이 대부분이다. 학교나 학원에서 지식만을 위해 경제를 배우는 것은 아이의 경제교육에 크게 도움이 되지 않는다. 가정에서 일상생활을 통해 직접 체험하는 교육이 아이에게 훨씬 더 유익한 것이다. 그렇기에 사업가나 부자들은 가정에서부터 조기에 아이의 경제교육을 시작한다. 그들은 단순히 부를 물려주기 위해 조기에 경제교육을 하는 것이 아니다. 아이에게 올바른 경제관념을 심어주기 위해 시간과 노력을 투자하여 가르치는 것이다.

(2) 가정에서부터 시작하는 유대인 경제교육

유대인들의 경제교육은 가정에서부터 시작된다. 아이의 미래를 책임질 경제교육은 하나님의 명령대로 부모가 책임지고 가르친다. 유대인 아이는 부모와 대화하고 토론을 통해 돈을 어떻게 모으고 어떤 곳에 사용할지를 정한다. 유대인 부모는 아이의 계획을 듣고 크게 잘못되지 않는 이상 많은 간섭을 하지 않는다. 아이 스스로 돈을 관리할 수 있는 능력이 생길 때까지 대화로 올바른 방향을 가르쳐준다. 아이에게 올바른 경제관념이 정착되도록 돕는 것이다. 이처럼 유대인들은 가정에서부터 아이에게 경제교육을 실시한다. 이러한 가정 경제교육을 바탕으로 유대인들은 오늘날 세계 경제를 주름잡는 것이다.

인류 역사상 최고의 부자인 록펠러 가문의 경제교육에서 유대인의 경제교육을 엿볼 수 있다. 석유왕 존 데이비슨 록펠러는 부유한 가정환경에도 불구하고 단 한 번도 자녀에게 풍족하게 용돈을 주지 않았다. 부족한 용돈은 집안일을 통해 스스로 벌도록 가르쳤다. 용돈기입장을 쓰는 요령을 알려주고 성실하게 용돈을 관리했는지 검사했다. 용돈을 잘 관리하면 인센티브를 주기도 했다. 록펠러는 자녀들에게 용돈 관리를 통해 돈의 가치와 노동의 신성함을 가르친 것이다. 록펠러 가문의 시작은 철저한 가정 경제교육에서부터 시작한다. 그런 경제교육을 통해 3대가 넘도록 세계 부자의 순위에 이름을 당당히 올려놓고 있다.

유대인들은 돈의 유익함을 누구보다 잘 아는 민족이다. 고난의 역사를 겪으며 돈은 생존을 위한 수단으로 사용되었다. 또 탈무드에 실려 있는 돈에 대한 무수한 이야기들을 공부하며 삶에 실천하기 위해 노력한다. 유대인 부모는 경제에 대한 경험과 지식을 일상생활에서 자녀에게 전달한다. 갓난아기 때부터 손에 동전을 쥐어주며 저금통에 넣는 습관을 시작으로 경제에 대해 가르친다. 돈을 모으는 습관을 들이고 올바르게 사용하는 습관을 갖게 하는 것이다. 아이가 자라면서 용돈을 넉넉히 주기보다 집안일을 도우며 직접 돈을 벌어보게 한다. 세상에는 공짜가 없다는 사실을 어려서부터 심어주는 것이다. 아이가 학교 갈 나이가 되면 벼룩시장이나 각종 모임에서 물건을 사고파는 경험을 하게 한다. 경제 개념과 마인드를 심어주는 것이다.

유대인들은 부모가 아이에게 돈과 경제에 대해 가르치지 않는 것을 죄악시한다. 하나님이 맡긴 부모의 의무를 다하지 않는 것이라 여긴다. 록펠러 3세 역시 자신의 회고록에 "현명한 부모가 제대로 인도해주지 않는 재산상속은 저주에 가깝다"라고 남겼다. 유대인들은 아이에게 많은 돈을 물려주지 않는다. 단지 아이의 미래를 위해 가정에서부터 돈의 가치를 알려주고 바른 경제습관을 길러준다. 유대인 아이는 가정 경제교육을 통해 어른이 되었을 때 합리적이고 주도적으로 경제생활을 한다.

(3) 제대로 된 경제교육을 받지 못하는 우리 아이들

우리나라의 아이들은 제대로 된 경제교육을 받지 못하고 성인이 된다. 당연히 아이들은 어른이 되어서도 금융이나 경제에 대한 이해도가 떨어진다. 아무런 준비 없이 맞이한 경제생활은 각종 시행착오를 겪는다. 무분별하게 신용카드를 사용하고, 과도하게 대출을 받기도 한다. 자신의 소득을 고려하지 않고 계획 없이 소비하는 것이다. 또 투자에 대한 이해가 부족하고 투자와 투기를 잘 구분하지 못해 막대한 손실을 입기도 한다. 마치 수업료를 지불하듯 경제적으로 시간과 자산을 낭비하는 것이다.

우리나라의 부모들 역시 제대로 된 경제교육을 받지 못하고 자랐다. 돈에 대한 부정적인 인식과 입시만을 바라보는 교육환경 탓이다. 불행하게도 이러한 경향은 우리 아이들에게도 전달된다. 부모가 경제에 대해 잘 모르기 때문에 아이들을 가르치는 데 크게 신경 쓰지 않는다. 아이가 어른이 되어서 경제에 대해 배워도 늦지 않다고 생각한다. 그러나 어린 시절 잘못된 습관은 나이가 들어서도 계속 이어진다. 가정에서부터 바른 경제교육이 이루어져야 하지만 현실은 그렇지 못하다. 결국 좋지 못한 금융습관과 무지한 경제관념이 계속 대물림되고 있는 것이다.

우리나라의 부모들은 대부분의 자녀교육을 학교나 학원에 의존하는 경향이 있다. KB국민은행연구소에서는 효과적인 경제교육의 주체를 묻는 조사를 실시한 적이 있다. 조사에 따르면 50%가 넘는 부모들이 가장 효과적인 경제교육 주체로 학교를 선택했다. 가정을 선택한 부모는 겨우 20% 정도에 불과하다고 조사되었다. 아이들은 자신들의 저축 및 소비습관 형성에 가장 큰 영향을 미치는 것은 부모라고 답했다. 그러나 부모들은 절반 정도만이 자신들의 경제습관이 자녀에게 영향을 미친다고 보고 있었다. 여전히 우리나라 부모들은 아이의 경제교육에 대해 이해가 부족한 것이 현실이다. 경제교육의 중요성과 부모의 역할을 다시 한번 돌아보아야 한다.

(4) 아이의 경제교육은 가정에서부터 시작하자

아이의 경제교육은 가정에서 어릴 때부터 시작되어야 한다. 그러기 위해서는 무엇보다 부모의 인식전환이 필요하다. 요즘 대부분의 부모들은 아이에게 경제교육이 중요하고 반드시 필요하다고 인식한다. 하지만 부모들도 경제를 어려워하기에 자녀에게 어떻게 가르쳐야 하는지 막막하게 여긴다. 먼저 부모가 경제에 관심을 가지고 간단한 재테크부터 시작해보자. 경제를 공부하는 부모의 모습을 통해 아이 역시 관심을 가지기 시작할 것이다. 아이와 함께 경제관련 서적이나 기사를 읽고 대화와 토론을 나누는 것도 경제교육의 한 방법이다. 너무 거창하게 생각하지 말고 작은 것부터 시작해보자.

프랑스의 사상가이자 소설가인 장 자크 루소는 《에밀Emile》에서 '자식을 불행하게 하는 가장 확실한 방법은 언제나 무엇이든지 손에 넣을 수 있도록 해주는 일이다'라고 이야기했다. 풍요가 아닌 결핍을 통해 더 많은 것을 배울 수 있다. 자녀에게 넘치게 주는 것은 아이가 돈의 소중함을 알지 못하고 부모에게 감사할 줄 모르게 한다. 아이에게 원칙을 세워 용돈을 주고 사용처를 기록하는 습관을 기르게 하자. 부족한 용돈은 집안일을 통해 벌어 쓰도록 습관을 들이자. 이러한 습관을 통해 아이는 돈과 노동의 가치를 알게 된다. 또 쓸데없는 낭비를 하지 않으며 계획적이고 합리적으로 소비하는 습관을 가지게 된다.

아이에게 부모 스스로 본보기를 보여주는 것이 가장 좋은 경제교육이다. 값비싼 수업료를 치르지 않아도 본이 되는 부모의 모습을 통해 경제를 배운다. 아이는 부모가 건강하게 경제생활을 하는 모습을 통해 올바르게 경제를 이해하게 된다. 부모와 금융과 경제에 대해 묻고 답하며 경제를 보는 눈과 마음을 가시게 된다. 정작 부모가 과소비를 일삼고 경제에 무관심한 태도를 가지면서 아이를 교육하기는 어렵다. 아마도 아이 역시 부모와 비슷한 습관을 갖게 될 것이다. 아이에게 돈을 아껴 쓰고 경제에 대해 공부하라고 잔소리만 하기 전에 부모부터 바른 습관을 갖자. 부모가 먼저 경제에 대해 관심을 갖고 공부하는 모습을 보여주자.

3
미래를 준비하는
유대인 성인식 선물

통계청이 발표한 자료에 따르면 우리나라 합계출산율여성 1명이 평생 낳을 것으로 예상되는 평균 출생아 수이 0.84명으로 나타났다. OECD 회원국 중 합계출산율이 0명대인 유일한 나라가 대한민국이다. 한국보건사회연구원에서 출산하지 않는 주된 이유가 무엇인지 조사하여 발표했다. 조사 결과 '경제적으로 안정되지 않아서'라는 답변이 첫 번째를 차지했다. 두 번째는 '아이 양육 및 교육비용이 부담스러워서'였다. 출산 기피의 주된 원인이 경제적 문제인 것이다. 우리나라 대학생들 역시 학자금 대출, 생활비 대출 등으로 많은 빚을 안고 사회를 준비한다. 경제적 이유로 꿈을 꾸고 이루기 위해 노력하는 것은 생각하지도 못한다. 우리 아이들이 아무런 경제적 준비 없이 어른이 되기에 여러 가지 문제에 노출되는 것이다.

유대인은 어린 나이부터 홀로서기를 준비한다. 유대교 전통에 따라 아이가 13살이 되면 성인식을 치른다. '바르 미쯔마Bar Mitzah'라 불리는 성인식을 통해 아이는 사회의 구성원으로 인정받는 것이다. 유대인 아이는 성인식에서 특별한 의미가 담긴 세 가지를 선물 받는다. 믿음을 지키라는 의미로 성경을, 시간을 소중히 하라는 의미로 손목시계를 받는다. 그리고 경제적 독립을 준비하라는 의미로 축의금을 받는다. 성인식에서 받은 축의금은 아이의 미래를 위한 종잣돈으로 준비된다. 단순히 받아서 모아두기만 하는 것이 아니라 스스로 관리하며 불리는 법을 익힌다. 유대인들은 아이를 경제적으로 독립시키기 위해 이른 나이부터 준비시키는 것이다.

(1) 미리 준비해야 하는 아이의 미래 경제

다가올 미래를 미리 준비하고 맞이하는 것과 아무런 준비 없이 마주하는 것은 천지 차이이다. 사람들은 지금 살기도 빠듯하고 현실이 어렵다는 이유로 경제적으로 미래를 대비하지 않는다. 하지만 그런 때일수록 앞으로의 미래를 생각하고 준비해야 한다. 자본주의 시대에 살아남기 위해, 다가올 미래에 안정적인 생활을 누리기 위해 경제적 준비는 필수다. 그렇기에 어린 시절부터 적은 돈이라도 스스로 관리하며 금융과 경제를 공부하고 알게 해야 한다. 스스로 돈을 관리한 경험을 통해 아이는 경제관념을 가지게 되고 진지한 마음으로 돈을 대한다. 이는 아이의 경제적 미래를 위한 중요한 초석이 된다.

급변하여 예측하기 어려운 미래를 맞이해야 하는 시대에 보다 근본적인 준비가 필요하다. 부모는 아이가 어른이 된 후에도 경제적으로 여유롭고 행복하게 살아가기를 바란다. 그러기 위해서는 어린 시절부터 실질적인 경제교육이 반드시 이루어져야 한다. 유대인들처럼 아이가 스스로 돈을 관리해보는 경험이 필요하다. 아이는 금융과 경제를 직접 경험함으로써 자립심과 책임감을 키운다. 부모는 아이가 실질적인 경제 경험을 할 수 있도록 길을 열어주고 도와야 한다. '열 번 듣는 것보다 한 번 보는 것이 낫다'는 속담처럼 경험을 통해 경제를 알게 해야 한다.

아이가 평생 쓸 수 있는 돈을 물려주면 좋겠지만, 그럴 수 있는 부모는 거의 없다. 아이에게 경제를 가르치는 것은 돈을 많이 벌어 부자로 만들기 위한 것이 아니다. 아이가 돈에 휘둘리지 않고 스스로 통제하고 올바르게 경제생활을 누리게 하기 위한 것이다. 그렇기에 경제교육을 통해 바른 가치관을 심어주고 경제습관을 길러주는 것이 중요하다. 어릴 때부터 경제를 경험하고 배운 아이는 그렇지 않은 아이들과 차이가 생길 수밖에 없다. 다양한 경제 경험이 금융과 경제에 대해 거부감 없이 다가갈 수 있게 한다. 또 시행착오를 줄여 경제적 손실을 줄일 수 있기 때문이다. 어린 시절 경제경험은 성공의 바탕이 된다.

(2) 유대인 성인식의 특별한 선물

유대인들은 다른 민족과 달리 13살에 이른 성인식을 치른다. 유대교 율법에 따라 하나님의 아들, 딸로 인정받는 것이다. 아이들은 부모와 친지들로부터 많은 축하를 받으며 특별한 의미의 세 가지 선물을 받는다. 그 중 하나가 성인이 된 것을 축하하는 의미가 담긴 축의금을 전달하는 것이나. 형편에 따라 액수에 차이는 있지만 아이는 보통 수만 달러 정도의 축의금을 받는다. 우리 돈으로 환산하면 수천만 원 정도 되는 적지 않은 금액이다. 이렇게 받은 돈은 부모가 대신 맡아두지 않는다. 유대인 부모는 축의금을 어떻게 관리하고 어디에 사용할지 자녀와 대화를 통해 결정한다. 부모는 자녀에 대한 믿음으로 자산에 대한 책임감을 심어주고 독립심을 기르게 하는 것이다.

유대들은 '돈은 버는 것이 아니라 불리는 것'이라고 가르친다. 눈뭉치 하나로 잘 굴려서 커다란 눈덩이를 만드는 것과 같은 원리다. 유대인 아이들은 자신이 받은 축의금을 부모와 상의하여 분산 투자하며 불리는 법을 배운다. 유대인 부모는 축의금의 관리를 자녀와 함께 하여 자산을 관리하는 방법을 알려준다. 또 자녀에게 직접 맡기며 스스로 관리하도록 하여 금융과 경제에 대한 구체적인 감각을 기르게 한다. 아이는 자신의 이름으로 정기예금이나 적금, 주식과 채권 등에 나누어 투자한다. 자신의 돈을 직접 관리하며 자연스럽게 금융을 경험하고 경제에 대해 깨닫는다. 그리고 실질적인 투자를 통해 경제에 대해 구체적인 감각도 키우게 된다.

유대인 자녀들은 20살 정도가 되면 부모로부터 경제적으로 독립한다. 이때 성인식에서 받은 축의금은 사회로 진출하는 기초가 된다. 장기적인 안목으로 불린 돈은 축의금의 2~3배 정도 된다. 유대인 아이들은 부모의 곁을 떠나 세상을 향해 나갈 때 돈에 대한 걱정이 크지 않다. 그들은 어떻게 돈을 벌 것인지 걱정하기보다 자신이 불린 돈을 어떻게 사용할지를 고민한다. 대게 유대인 아이들은 자신이 선택한 일을 하기 위해 자금을 사용한다. 이렇게 어려서부터 실전 경험을 익힌 유대인들이 세계의 경제를 주도하는 것은 당연한 결과이다.

(3) 잘못된 경제관념을 심어주는 우리 부모들

우리는 여전히 아이에게 성공을 위해서는 성적이 우선이라는 잘못된 인식을 강조한다. 아이의 행복한 미래를 위해 경제교육이 반드시 필요하다는 사실을 알면서도 실천하지 않는다. 더 이상 국·영·수의 시험 점수가 아이의 미래를 책임져 주는 시대가 아니다. 아이의 성공을 위해 입시만을 강조하는 것은 어리석은 행동이다. 좋은 대학에 진학하면 돈은 나중에라도 벌 수 있다는 잘못된 인식을 고쳐야 한다. 돈은 어른이 되어 벌면 된다는 생각을 바꿔야 한다. 지금은 돈을 벌기도 쉽지 않은 것이 현실이다. 아이들은 어른이 되어서도 대부분 경제적 여유가 없, 그렇기에 자신이 원하는 일을 한다거나 투자하는 것은 꿈도 꾸지 못한다.

우리는 지금 모든 것들이 급변하는 4차 산업혁명 시대를 살아가고 있다. 아이가 불확실한 미래를 대비할 수 있도록 올바른 금융습관과 경제관념을 길러주어야 한다. 자녀를 사랑하는 마음에 무턱대고 모든 것을 책임져주다가는 아이를 불행으로 이끌 수 있다. 한국의 부모들은 아이가 꽃길만을 걷기를 바란다. 힘들고 어려운 환경을 물려주지 않기 위해 지나치게 많은 경제적 지원을 하는 경향이 있다. 자녀에게 많은 유산을 물려주는 것보다 스스로 자산을 모으고 불리는 지혜를 가르쳐야 한다. 물고기를 잡아주기보다는 물고기 잡는 법을 가르쳐야 하는 것이다. 물고기를 계속 잡아주는 부모는 성인이 된 자녀를 평생 돌봐야 하는 안타까운 상황에 놓일 수도 있다.

우리는 오래전부터 돈은 모으는 것이라는 인식이 강해 투자에 대해 거부감을 가지고 있다. 또 돈을 잃을 것이라는 막연한 두려움이 투자를 가로막는다. 이러한 편견과 거부감이 부모는 물론 아이에게까지 잘못된 경제관을 심어주고 있는 것이다. 아이들은 준비되지 않고 경험해보지 못한 탓에 자산을 불리는 데 각종 시행착오를 겪는다. 스스로 경제를 파악하고 판단해서 투자하기보다 카더라 통신근거가 부족한 소문이나 추측을 사실처럼 전달하거나, 그런 소문을 의도적으로 퍼트리는 사람 또는 기관 따위를 비유적으로 이르는 말에 의존한다. 또 장기적인 안목으로 투자하기보다는 단기에 큰 이익을 얻기 위해 한탕주의식 투자를 한다. 이러한 잘못된 투자와 대출로 빚더미에 앉는 청년들이 늘고 있는 것이 우리의 현실이다.

(4) 아이의 현재가 아닌 미래를 준비하자

금융과 경제가 어떻게 돌아가는지에 대해서 무지한 부모들이 의외로 많다. 부모 자신도 경제를 잘 알지 못하기에 아이를 교육시키는 것은 꿈도 꾸지 못한다. 아이의 투자를 돕기 위해서는 부모가 먼저 경제에 대해 알고 올바른 투자인식을 가져야 한다. 부모부터 돈에 대한 편견을 버리고 바른 경제관념을 가져야 제대로 된 경제교육을 할 수 있다. 여유자금이 있다면 투자에 대한 두려움과 거부감을 버리고 부모가 먼저 투자해 보자. 이익을 내지 못하더라도 투자를 해본 경험으로 아이에게 도움을 줄 수 있다. 잊지 말아야 할 것은 많은 돈을 물려주는 것보다 경제를 바르게 가르쳐 주는 것이 더 낫다는 사실이다.

아이가 어른이 되었을 때 행복하게 살기 위해서는 경제적으로 여유가 있어야 한다. 그러기 위해서 실질적인 경제교육은 필수다. 실질적인 경제교육은 직접 실물 경제를 경험해보는 것이 가장 좋다. 아이가 받은 용돈을 그저 부모가 맡아두지 말고 아이 스스로 직접 관리하도록 해보자. 부모는 소비와 지출, 저축과 투자 등의 개념을 설명하고 매달 조금씩 투자할 수 있게 도와주자. 아이와 함께 자주 은행을 방문하거나 투자할 수 있는 기관을 가보는 것도 좋다. 아이는 경험을 통해 합리적으로 소비하고, 올바르게 투자하는 능력을 기르게 된다. 부모가 물려줄 수 있는 최고의 유산은 물질이 아니라 교육이라는 사실을 잊지 말자.

자녀를 경제교육으로 바르게 인도하기 위해서는 아이와 많은 대화가 필요하다. 아직 개념이 확실하지 않은 아이들은 부모와의 대화를 통해 경제에 관한 이해의 폭을 넓혀간다. 바른 소비와 저축, 장기적인 투자의 목적 등을 이해할 수 있는 것이다. 아이와 함께 경제를 공부하고 왜 투자해야 하는지, 어떻게 투자할 것인지 이야기해보자. 투자를 위해 용돈을 어떻게 관리하고 계획할 것인지 스스로 계획하게 하자. 어린 시절의 경험은 아이의 미래를 위한 투자다. 돈을 저축하는 것만이 아니라 용돈을 아껴 다양한 투자를 경험해보게 하자.

4
함께 사는 세상을 위해
기부를 실천하는 유대인

사람이라면 누구나 많은 돈을 소유하고 싶고 부자가 되고 싶어 한다. 자본주의 사회에서 돈으로 많은 것을 할 수 있기 때문이다. 실제로 사람은 금전적으로 여유가 있을 때 어느 정도 행복감을 느낀다. 하지만 돈이 많아진다고 해서 만족감과 행복감이 비례하여 증가하지는 않는다. 오히려 돈이 증가할수록 걱정과 근심이 커지고 심하면 마음에 병이 생기기도 한다. 진정한 행복을 위해서는 돈을 모으는 것보다 어떻게 쓰느냐가 더 중요하다. 사람은 자신보다 남을 위해 돈을 쓸 때 더 큰 행복을 느낀다는 연구결과가 있다. 사람에게는 다른 사람을 돕고자 하는 마음이 보편적으로 존재하기 때문이다.

기부는 유대인의 삶에 있어 매우 중요한 비중을 차지한다. 유대인에게 기부는 하나님의 명령을 따르는 믿음의 행동이다. 그리고 어려운 형제와 이웃을 돕는 마땅히 해야 하는 일이다. 유대인은 선택받은 하나님의 백성으로 기부의 가치를 알고 세상을 위해 실천하는 것이다. 그들은 모든 재산은 하나님의 것이라 믿는다. 하나님이 재산을 자신에게 맡긴 이유는 세상을 올바르게 고치라는 것이라 생각한다. '티쿤 올람'의 정신에 따라 정의를 실천하는 것이다. 유대인이라면 누구나 가진 재산이 많고 적음을 떠나서 기부를 하는 이유다.

(1) 행복은 돈으로 살 수 없다

'돈으로 행복을 살 수 없다'는 말이 있다. 아마도 인간의 탐욕은 끝이 없기에 가진 것이 많아도 만족할 줄 모른다는 의미일 것이다. 미국의 한 대학 연구팀은 인가은 얼마만큼의 돈을 벌어야 행복한지를 연구했다. 연구결과 연 소득이 7만5천 달러, 우리 돈으로 약 9천만 원 정도일 때 가장 행복한 것으로 나타났다. 놀라운 것은 그 이상의 수입이 있는 사람들은 상대적으로 덜 행복한 것으로 나타난 것이다. 우리는 일반적으로 돈이 많을수록 더 행복할 것이라 생각한다. 하지만 연구를 통해 '자산의 규모와 행복이 반드시 비례하는 것은 아니다'는 사실을 알 수 있다.

하버드대학 경영대학원 마이클 노턴 교수는 TED 강연에서 돈으로 행복을 살 수 있다고 말했다. 그는 돈 자체가 행복을 주는 것은 아니라고 했다. 복권에 당첨된 사람들은 돈이 생겼지만 오히려 불행해진 사람들이 많은 것이 그 이유라 설명했다. 그는 자신보다 남을 위해 돈을 사용하는 사람이 더 많은 행복감을 느낀다고 했다. 이 같은 설명을 뒷받침하기 위해 재미난 연구결과를 제시했다. 사람들은 자신보다는 다른 사람을 위해 선물이나 기부할 때 행복지수가 더 높게 나타났다. 또 대학생들에게 무작위로 지폐가 든 봉투를 나누어주고 돈을 사용토록 했다. 타인을 위해 사용한 절반의 참가자들은, 그렇지 않은 참가자에 비해 더 행복했다고 응답했다.

우리가 돈을 버는 것은 모아서 쌓아두기 위한 것이 아니다. 적절한 소비와 남을 돕는 기부를 통해 행복해지기 위해 일을 하고 돈을 모으는 것이다. 인간은 사회적 동물이기에 자신을 위한 소비로는 만족감을 느끼는 데 한계가 있다. 한 사회의 일원으로 다른 사람에게 도움을 줄 때 더 큰 자긍심과 행복감을 느낀다. 돈이 많고 적음을 떠나 기부를 하는 사람은 그렇지 않은 사람에 비해 더 행복한 삶을 산다. 다른 사람을 위해 자신이 가진 것을 흘려보냄으로써 더 큰 행복을 만들어가는 것이다.

(2) 약자를 돌보는 유대인 기부 문화

유대인들에게 기부는 가진 사람이 없는 사람을 위해 베푸는 것이 아니다. 하나님의 정의를 실현하기 위해 유대인이라면 당연히 해야 하는 의무로 여긴다. 유대인들은 하나님에게 순종하고 율법을 지키며 사는 것이 가장 바람직한 삶이라 믿는다. 유대인이라면 누구나 정의로운 삶을 위해 기부를 실천한다. 재산이 많고 적음을 떠나서 감사한 마음으로 타인을 위해 기꺼이 나눔을 실천하는 것이다. 이러한 믿음과 실천이 유대인들을 세계에서 가장 기부를 많이 하는 민족으로 만들었다.

유대인들이 기부를 계속 실천하는 이유 중 하나는 돈은 흘려보내는 것이라 생각하기 때문이다. 그들은 세상 모든 것은 창조주 하나님의 소유라 믿는다. 자신이 가진 재산은 하나님이 맡긴 것이라 여기며 하나님의 뜻을 위해 사용해야 한다고 생각한다. 그래서 유대인들은 자신을 위해 부를 쌓아두는 것을 죄악시한다. 탈무드에는 '돈과 비료는 쌓아두면 악취가 난다'는 말이 있다. 탈무드의 가르침처럼 유대인들은 돈을 쌓아두지 않는다. 기부를 통해 하나님의 정의가 실현되고 세상은 더 좋아진다는 것을 믿기 때문이다.

유대인들은 어릴 때부터 금융과 경제에 대해 교육받으며 자란다. 동시에 수입의 일부를 정의를 위해 사용해야 한다고 교육받는다. 어릴 때부터 삶에서 기부를 배우고 실천하며 자라는 것이다. 이러한 교육을 통해 유대인 아이들은 돈을 소중히 생각하고, 기부도 당연시한다. 세계적인 기부클럽인 '더 기빙 플레지The Giving Pledge'의 서약자 3분의 1이 유대인이다. '더 기빙 플레지'는 빌 게이츠와 워렌 버핏이 자신들의 재산 대부분을 사회에 환원한다는 약속으로부터 시작됐다.

이에 세계의 부호들이 자발적으로 동참하며 세계적인 기부클럽이 만들어졌다. 유대인들이 기부를 많이 하는 것은 어린 시절부터 당연한 것이라 교육받았기에 가능한 것이다.

(3) 기부가 점점 줄어드는 우리

우리는 어린 시절부터 돈을 아끼는 법을 배우며 자란다. 하지만 남을 위해 기부하는 법을 배우는 경우는 거의 없다. 기부에 대하여 학교에서 잠시 배우기는 하지만 실천으로 이어지지는 않는다. 우리는 돈을 바르게 쓰는 방법에 대해서는 거의 배우지 않았다. 제대로 기부를 교육받지 않고 자란 아이들은 자신만을 위해 돈을 사용한다. '욜로 YOLO/You only live once'를 내세우며 잘못된 소비생활을 하고 있다. 행복한 삶을 추구하는 '욜로'가 단순히 자신의 물욕을 채우는 소비로만 흐르는 것이다. 진정한 행복은 나누는 것이라는 사실을 아이들에게 가르치지 못한 부모세대의 잘못이다.

한국은 여러 가지 상황이 겹쳐 경제가 힘들어지며 기부하는 문화가 점점 줄어들고 있다. 기부 전반에 대한 인식도 부족하여 기부가 잘 이루어지지 않는다. 통계청의 조사에 따르면 예전에 비해 전체적인 기부금은 늘어난 것으로 조사됐다. 기업도 법인도 기부가 늘었지만, 상대적으로 개인의 기부참여율은 여전히 저조하다고 한다. 아직 우리나라 기부의 대부분은 개인보다는 기업과 단체를 통해 이루어지고 있는 현실이다. 따듯한 정과 마음을 나누는 기부가 점점 사라지면 사회는 더 각박하게 변하게 될 것이다.

(4) 더 밝은 세상을 위해 기부하는 법을 가르치자

기부는 마음만으로 되는 것이 아니고 가진 것이 많다고 하는 것도 아니다. 자신이 가진 것을 타인을 위해 기꺼이 돕고자 하는 마음으로 기부할 때 비로소 실현된다. 아이에게 너무 많은 것을 주기보다 자신에게 있는 것의 일부를 나누어 기부하게 하자. 작은 기부를 통해 자신도 세상을 위해 무엇인가 할 수 있다는 사실을 느끼게 하는 것이 중요하다. 아이의 기부활동에 부모의 강요나 강압이 들어가면 안 된다. 아이는 강요받는 순간 기부에 대해 거부감을 느끼기 때문이다. 부모가 먼저 실천하고 기부의 이유와 유익을 아이에게 설명하면 된다.

다른 사람을 향한 따듯한 마음은 누구나 가지고 있다. 이웃을 향한 마음을 알기에 누군가 베풀고 나누는 모습은 사람들에게 함께 기부에 동참하게 한다. 최근 연구결과에 따르면 유명인의 기부를 보고 동참하는 사람들이 그렇지 않았을 때보다 4배 정도 더 많았다고 한다. 아이들이 가장 가까이에서 접하는 사람이 부모다. 우선 부모가 먼저 기부를 실천하고 그 의미를 아이에게 설명하자. 부모의 나눔과 기부하는 모습을 통해 아이도 자연스레 기부를 실천하는 삶을 살게 된다.

기부는 한순간에 이루어지지 않는다. 기부를 해야 하는 이유를 말로 설명한다고 이루어지는 것이 아니다. 가정이나 학교에서 기부를 지식으로 배웠다고 해서 삶으로 실천하지 않는다. 유대인들처럼 어렸을 때부터 기부를 직접 경험하게 해야 한다. 우리나라만 해도 많은 자선단체들이 있고 다양한 목적의 기부 항목들이 있다. 아이와 함께 어느 단체에 기부하고 싶은지 이야기를 나누고 목적을 정해 기부하게 해보자. 아이의 기부가 사회를 어떻게 변화시키는지 찾아보고 대화를 나누어 보자. 그러면 아이는 기부의 참된 의미를 깨닫고 자연스레 기부하는 아이로 자라게 될 것이다.

5
시간을 소중히 생각하고
활용하는 유대인

하루 24시간, 일 년 365일, 시간은 누구에게나 공평하게 주어진다. 주어지는 시간은 같지만 사람들은 그 시간을 각자 다르게 사용한다. 인생은 시간의 연속이다. 에센바흐는 '시간을 지배할 줄 아는 사람은 인생을 지배할 줄 아는 사람이다'라는 명언을 남겼다. 시간을 어떻게 쓰느냐에 따라 그 사람의 인생이 결정된다. 사람들은 과거에 자신들이 보낸 시간에 따라 현재의 모습이 만들어진다. 그리고 지금의 시간을 어떻게 보내느냐에 따라 미래는 달라진다. 각자에게 주어진 시간을 소중하게 여기고 순간순간 최선을 다할 때 미래는 밝아질 것이다. 우리가 시간을 잘 관리해야 하는 이유다.

유대인들은 시간을 돈보다 중요하게 생각한다. 오랜 시간 나라 없이 떠돈 역사를 통해 물질보다 시간이 더 가치 있다는 것을 깨달은 것이다. 유대인은 안식일이라는 시간을 철저히 지키며 믿음을 지켜왔다. 또 빠른 정보력으로 나라 간의 시간차를 활용해 기회를 만들고 금융을 지배했다. 유대인들은 성인식 때 아이에게 시간을 귀중하게 여기라는 의미로 시계를 선물한다. 어릴 때부터 시간은 소중한 것이라는 것을 가르치며 관리하는 법을 배우게 한다. 아이가 시간을 잘 관리하는 습관과 태도를 길러 주도적으로 인생을 살게 하기 위함이다.

(1) 시간은 누구에게나 공평하다

우리의 인생은 시간으로 이루어져 있다. 하루 24시간, 1년 365일 누구나 같은 시간이 주어진다. 워싱턴포스트의 기자 말콤 글래드웰은 그의 저서 《아웃라이어Outliers》에서 '일만 시간의 법칙'을 이야기했다. 어느 분야든지 전문가가 되려면 일만 시간의 노력과 연습이 필요하다는 것이다. 일만 시간의 법칙이 모두에게 적용되는 것은 아니다. 하지만 최소한 자신의 꿈을 위해 시간을 투자하고 노력해야 하는 것을 의미한다. 일만 시간이 성공을 보장해 주는 것은 아니다. 하지만 그만큼의 노력이 없다면 꿈은 절대 이루어지지 않는다.

한정된 자원인 시간을 얼마나 잘 사용하느냐는 우리에게 무엇보다 중요한 문제다. 같은 시간을 보내더라도 누군가는 비효율적으로 사용하며 항상 시간이 부족하다 말한다. 하지만 다른 누군가는 주어진 시간을 충분히 활용하여 행복한 인생을 만들어간다. 성공하는 사람들은 시간 관리를 철저히 한다. 하버드대학의 리처드 J. 라이트 교수는 자신의 책 《하버드 1교시》에서 시간 관리의 중요성을 이야기했다. 하버드대 학생 1,600명을 대상으로 10년에 걸친 인터뷰를 통해 수재들의 공통점을 찾았다. 하버드생들은 시간을 적절히 배분하여 효과적으로 시간을 관리하며 공부했다. 시간 관리를 잘한 학생들이 좋은 성적을 거둔 것이다.

그리스의 철학자 디오게네스는 "시간은 인간이 쓸 수 있는 것들 중에서 가장 소중한 것이다"라는 명언을 남겼다. 시간은 모든 사람에게 공평하게 주어지는 가장 소중한 자산이다. 하지만 돈처럼 저장해 둘 수 있는 것이 아니다. 지나간 시간은 영원히 다시 돌아오지 않는다. 이러한 시간을 누군가는 돈을 낭비하듯 허비해 버린다. 다른 누군가는 돈을 귀하게 여기고 계획하여 관리하는 것처럼 시간을 소중히 사용한다. 뿌린 대로 거둔다는 말처럼 시간을 어떻게 사용하느냐에 따라 사람의 인생은 달라진다.

(2) 시간을 돈보다 귀중하게 생각하는 유대인

유대민족은 나라를 잃고 전 세계에 흩어져 수천 년을 살아왔다. 그들은 어디에 있든지 시간을 정해 기도하고 율법을 공부하며 유대인으로서 정체성을 지켰다. 또 전 세계의 모든 유대인들이 철저하게 안식일을 지켰다. 유대교에서는 하나님과의 약속인 안식일을 지키지 않는 것은 죄를 짓는 것이라 생각한다. 안식일을 지키기 위해 유대인들은 특별히 시간에 더 관심을 가졌다. 이스라엘에서 주말인 금요일에 발행되는 신문에는 안식일과 관련된 공고문이 있다. 각 지역별로 해 지는 시간에 맞춰 안식일의 시작 시간과 마치는 시간까지 정확하게 실려 있다.

탈무드에는 "매일, 오늘이 네가 끝나는 날이라고 생각하라. 매일, 오늘이 네가 시작하는 날이라고 생각하라"는 격언이 있다. 유대인들은 오늘이 삶의 마지막 날이라 생각하며 의미 있는 시간을 보내려 한다. 또 매일 아침 눈을 뜨며 희망과 기대로 새로운 날을 시작한다. 시간의 소중함을 알고 헛되이 보내지 않도록 노력하는 것이다. 유대인은 시간을 허비하는 것이 돈을 낭비하는 것보다 더 나쁜 것이라 생각한다. 시간을 귀하게 여기는 마음과 철저히 관리하는 습관이 유대인을 성공으로 이끈 것이다.

유대인은 약속을 철저히 지키는 것으로도 유명하다. 그들은 시간을 지키는 것이 약속의 가장 기본이라 생각한다. 유대 격언에 '시간을 훔치지 마라'는 말이 있다. 유대인들은 다른 사람의 시간을 조금이라도 허비하게 하는 것은 도둑질하는 것과 같다고 여긴다. 시간이 돈보다 소중하다고 생각하기 때문이다. 유대인들은 시간 약속을 지키지 않는 것도 남의 시간을 빼앗는 것이라 생각한다. 그렇기에 시간 약속을 지키지 않는 사람은 신뢰가 없다고 판단하여 함께 일을 하지 않는다.

유대인 아이는 성인식 때 성경, 축의금 외에도 하나의 선물을 더 받는다. 약속을 잘 지키고 시간을 소중히 여기며 잘 관리하라는 의미로 시계를 선물 받는 것이다. 유대인 부모는 아이가 어릴 때부터 시간을 잘 지키도록 일상에서 가르친다. 부모와 함께 정해진 시간에 기도하고 탈무드를 공부하며 시간관념을 일깨워준다. 또 아이가 해야 할 것들을 스스로 시간을 정해서 하도록 하며 시간관리 능력을 기르게 한다. '돈은 잃더라도 다시 벌면 되지만 한번 지나간 시간은 다시 돌아오지 않는다'는 사실을 강조한다. 시간을 소중하게 생각하고 잘 관리 하도록 가르치는 것이다.

(3) 스스로 시간을 관리해보지 못한 우리 아이들

우리는 시간에 쫓기듯 바쁜 일상을 살고 있다. 우리 아이들 역시 입시에 매달리느라 정신없이 시간을 보내고 있다. 하지만 정작 자신이 무엇 때문에 공부하는지 왜 열심히 해야 하는지 알고 있는 아이는 극소수다. 자신의 꿈에 대해 진지하게 고민해 본 시간이 없기에 목표가 불명확한 것이다. 시간을 잘 관리하게 하는 이유 중 하나가 목표다. 목표가 없으면 주변에 휘둘린다. 아이들이 정작 해야 하는 것에 집중하지 못하고 인터넷이나 게임에 빠지는 것도 이런 이유다. 아이는 자신의 꿈을 충분히 생각하고 그려보는 시간을 가져야 하지만 현실은 그렇지 못하다.

우리 아이들은 어릴 때부터 부모가 시간 관리를 해준다. 부모가 미리 짜놓은 스케줄에 따라 영어, 수학, 그리고 예체능학원을 다니는 것이다. 간혹 원해서 학원을 가는 아이도 있지만, 대부분은 성적을 걱정하는 부모의 강요에 의한 것이다. 심지어 학원을 빼먹기라도 하면 바로 부모에게 연락이 가고 시간을 못 지켰다고 혼나기도 한다. 이렇듯 우리의 아이들 대부분은 스스로 시간을 관리해 본 적이 없다. 그렇기에 막상 시간이 주어져도 무엇을 어떻게 해야 할지 모르고 관리하지 못한다. 아이들은 바쁘게 살지만 스스로 목표를 세운 적이 없다. 또 그것을 이루기 위해 직접 시간을 관리해 본 적도 없기 때문이다.

무슨 일이든 제시간에 하지 않고 미루는 아이들이 있다. 부모는 혼내기도 하고 협박하기도 하며 미루는 습관을 고치고 시간을 지키게 하려 노력한다. 아이들이 해야 할 일을 미루는 데는 여러 가지 요인이 있으나 대게 심리적 요인이 크다. 아이가 하고 싶지 않은 것을 억지로 해야 한다거나, 어렵다고 느껴질 때 아이들은 미룬다. 부모들은 아이의 심리적인 요인보다 할 것들을 했는지 안 했는지에 관심을 둔다. 아이의 마음을 알아줘야 하는 부모는 오히려 아이에게 늘 재촉하고 다그치며 감시한다. 아이는 부모의 눈치를 보며 시간에 쫓기듯 주어진 것들을 억지로 한다. 개중에는 아예 포기해 버리는 아이들도 있다.

(4) 시간의 소중함을 알게 하자

투자의 귀재라 불리는 워렌 버핏은 "부자는 시간에 투자하고 가난한 사람은 돈에 투자한다"라고 말했다. 그는 매일 각종 신문과 500페이지가 넘는 책을 읽고 경제관련 자료를 분석한다. 하루의 3분의 1 이상의 시간을 자신의 분야에 투자하는 것이다. 워렌 버핏은 철저히 주도적으로 시간 관리를 실천한다. 그의 성공의 바탕에는 어릴 때부터 만들어진 시간 관리 습관이 있었던 것이다. 성공한 사람 중에 시간을 낭비한 사람은 없다. 동등하게 주어지는 시간을 어떻게 사용하고 관리하느냐에 따라 인생은 달라진다.

아이에서 시간의 중요성을 가르치기 위해서는 부모부터 실천해야 한다. 시간의 중요성은 약속을 통해 가르칠 수 있다. 부모들은 '나중에 해 줄게', '조금 이따가 놀아줄게' 혹은 '다음에 사 줄게' 같은 말을 자주 한다. 이런 애매한 시간 표현은 아이에게 혼란만을 더해 줄 뿐이다. 부모부터 구체적으로 정확한 시간을 표현하자. 그리고 아이와 약속한 시간을 반드시 지키자. 아이는 시간 약속을 지키는 부모의 모습을 통해 시간 개념과 약속에 대해 알게 된다. 또 시간은 지켜야 하는 것이라는 당연한 개념을 자연스레 받아들인다.

시간 관리를 해보지 않은 아이들은 시간을 활용하기 위해 적절히 분배하는 것을 어려워한다. 계획 세우기를 어려워하는 아이는 간단한 과제를 짧은 시간 안에 할 수 있게 하는 것이 좋다. 예를 들어 5분

동안 책 1페이지 읽기 등 시간을 쪼개서 짧게 나누어 할 수 있는 과제를 주자. 이러한 방법으로 시간을 조금씩 늘려 가면 시간관리 방법을 익힐 수 있다. 아이가 하루 동안 시간을 어떻게 보내는지 기록해 보는 것도 좋다. 그렇게 함으로써 시간을 얼마나 알차게 보내는지, 아니면 낭비하는 시간이 많은지 알 수 있다.

아이가 어른이 되어서도 시간 관리를 잘하게 하려면 어려서부터 스스로 관리해보아야 한다. 아이 혼자 하루의 계획표planner를 세워보게 하자. 그날의 목표를 정하고 그에 따라 시간을 나누어 계획하고 실행하게 하자. 부모는 지나치게 간섭하지 말고 아이 스스로가 계획한 것을 잊지 않고 이룰 수 있도록 도우면 된다. 아이가 스스로 말한 시간을 잘 지키는지, 조금 느리더라도 성실히 하는지 지켜보자. 하루를 마치며 아이가 계획한 목표를 시간 내에 실천했는지 확인하고 목표와 과정을 칭찬해 주자. 혹시 다 하지 못했더라도 부모는 격려해 주자. 그러면 아이는 자신감을 얻고 목표를 위해 스스로 시간을 계획하며 관리하는 능력을 키울 것이다.

PART 5

유대인 교육으로 준비하는
우리 아이의 행복한 미래

1. 모든 교육의 시작은 가정에서부터 시작된다

2. 행복은 바른 관계에서부터 시작된다

3. 이 세상에 완벽한 부모는 없다

4. 부모가 행복해야 아이도 행복하다

5. 유대인 교육의 성공여부, 관건은 실천이다

1
모든 교육의 시작은
가정에서부터 시작된다

가정은 아이에게 최초의 학교이며 부모는 아이가 제일 처음 만나는 스승이다. 가정은 삶이 시작되는 곳이며 행복한 인생을 살기 위한 보금자리이다. 아이들은 가정에서 부모의 사랑과 보호를 받으며 정신적, 육체적으로 성장한다. 부모로부터 많은 것을 보고 배우며 세상을 살아가기 위한 마음과 태도를 형성해 간다. 가정은 사회를 이루는 근간이기에 가정교육이 바탕이 되지 못하면 사회교육은 당연히 무너진다. 가정에서부터 서로 사랑하고 존중하며, 긍정적인 마음과 태도를 가지도록 가르쳐야 하는 이유다. 부모는 사랑으로 아이를 양육하며 아이가 행복한 미래를 펼쳐 가도록 이끌어 주어야 한다.

유대인 성공의 밑바탕에는 가정교육이 있다. 유대인들은 가정이 아이를 교육할 수 있는 가장 좋은 곳이라 여긴다. 그들은 아이를 바르고 건강하게 양육하기 위해 노력하고, 많은 시간을 아이와 함께 보낸다.

유대인들은 가정교육을 통해 아이가 올바른 믿음을 가지게 한다. 또 유대인으로서 정체성을 심어주고, 세상을 위해 정의를 실천하며 살아가도록 가르친다. 유대인 부모는 아이를 자신들이 원하는 대로 키우지 않는다. 하나님이 원하는 대로 아이가 자신의 가치를 찾고 세상을 개선시킬 인재로 자라도록 돕는다.

(1) 부모는 자녀의 첫 선생님이다

모든 교육의 출발점은 가정이다. 가정은 아이가 태어나서 부모의 사랑을 받으며 자라는 곳이다. 아이는 부모와의 상호작용을 통해 부모의 모든 것을 따라하고 배운다. 부모는 아이가 만나는 최초의 선생님인 것이다. 가정에서 아이들은 어머니로부터 정서를 배우고, 아버지에게서 삶의 지혜를 배우며 자란다. 아이는 가족들과 함께 생활하며 세상을 살아가는 법과 사람들과 함께 어울리는 법을 익힌다. 부모의 모습을 통해 기본적인 삶의 방식을 배우고 가치관을 형성해 간다. 가정에서 부모와의 올바른 관계와 배움을 통해 행복하고 건강한 삶을 위한 바탕을 준비하는 것이다.

가정은 사회생활의 작은 기초이면서, 가장 기본이 되는 중요한 교육 장소이다. 가정교육은 모든 교육의 바탕이다. 가정교육이 제대로 이루어지지 않으면, 이후의 교육은 당연히 잘 될 수가 없다. 프랑스의 철학자이자 교육학자이기도 했던 장 자크 루소는 "가정은 교육의 장이요, 부모는 최초의 선생이다"라고 주장했다. 부모는 아이의 양육자로, 또 교육의 주체로 아이를 바르고 건강하게 길러야 할 책임이 있다. 부모가 올바른 가치관을 가지고 아이에게 좋은 태도와 습관을 가르칠 때 이상적인 가정교육이 이루어진다.

올바른 가정교육을 위해서는 부모와 자녀 간의 신뢰가 있어야 한다. 아이는 부모의 사랑과 지지를 받으며 부모와 바른 신뢰를 형성한다. 그러한 믿음을 바탕으로 아이는 부모를 따르고 의지한다. 좋은 가정교육은 믿음을 바탕으로 바른 관계를 형성하는 것에서부터 시작되는 것이다. 만약 바른 신뢰가 형성되지 못한다면 가정교육은 제대로 이루어질 수 없다. 가정에서부터 바르게 형성된 믿음은 학교와 사회로 연결된다. 학교 교육 이전에 가정교육이 바르게 이루어져야 하는 이유다.

(2) 유대인 성공의 바탕에는 가정교육이 있다

유대인 성공 신화의 바탕에는 가정교육이 있다. 믿음을 중시하는 유대인들은 아이가 뱃속에 있을 때부터 성경으로 태교한다. 아이가 태어나면 성경 속 여러 이야기를 들려주며 하나님의 존재를 인식하게 한다. 글을 읽을 수 있는 나이가 되면 토라와 탈무드를 함께 공부한다. 매일 아버지와 함께 토라를 배우고 토론하며 신앙을 굳건히 해나간다. 또 탈무드를 배우고 생각을 나누며 살아가는데 필요한 지혜를 얻는다. 유대인들은 다른 무엇보다 하나님을 믿는 믿음을 중요하게 여긴다. 그들이 나라 없이 전 세계를 떠돌면서도 신앙을 지킬 수 있었던 것은 가정교육이 있었기 때문이다.

유대인은 부모가 함께 자녀들의 교육을 담당한다. 유대인 아버지는 아이가 성경대로 살도록 믿음을 가르친다. 아이들에게 토라와 탈무드를 전하고 안식일을 철저히 지키며 잠들기 전 항상 아이들을 축복한다. 삶을 통해 아이들에게 신앙과 전통을 전수하는 것이다. 유대인 어머니는 사랑으로 아이의 정서를 만들어간다. 자녀와 더 많이 스킨십을 하며 아이에게 사랑을 표현한다. 유대인 아이는 어머니의 사랑으로 부모에 대한 믿음을 가지게 되고 정서적으로도 안정된다. 아이는 안정된 정서를 바탕으로 긍정적인 마인드를 만들어 간다.

유대인들은 가정에서 밥상머리 교육으로 아이들을 가르친다. 아무리 바빠도 매일 저녁 식사를 같이 하며 서로 칭찬하고 격려한다. 서로의 관심 사항을 나누고 여러 이야기를 하며 서로를 이해하는 시간을 가진다. 토라와 탈무드에 대해 질문하고 토론하며 생각하는 힘과 대화하는 힘을 기른다. 유대인에게 식사시간은 단순히 밥만 함께 먹는 시간이 아니다. 대화를 통해 서로 이해하고 공감하며 사랑을 확인하는 시간인 것이다. 또 유대인 부모는 베갯머리 이야기를 통해 아이의 상상력을 자극한다. 잠들기 전 책을 읽어주며 독서는 즐거운 것이라는 사실을 가르친다. 유대인 부모는 아이와 많은 시간을 보내려 노력하고 그 시간을 통해 사랑과 믿음을 전달한다.

(3) 가정교육이 사라져버린 우리

대대로 우리는 가정교육을 중시해 왔다. 하지만 시대가 변하면서 가정교육의 의미는 점차 퇴색되어 가고 있다. 한국의 부모들은 아이가 성공하는 것이 아이를 잘 키운 것이라 믿는다. 그렇기에 바른 가치관이나 습관을 심어주기보다는 입시에 매달린다. 가정에서 부모가 아이에게 바른 인성과 태도를 가지도록 가르치지 않는다. 성적을 위해 아이를 학원으로 내몰며 사교육에 모든 것을 의지한다. 아이의 성적이 인성이나 태도보다 우선시 되어버린 것이다. 무너진 가정교육은 결국 아이에게 잘못된 가치관을 심어준다는 사실을 명심해야 한다.

사회 구조가 변하면서 대부분의 가정의 부모들이 맞벌이를 하며 살아가고 있다. 덕분에 가족이 서로 마주 앉아 대화를 나누는 시간은 점차 줄어들고 있다. 어느 단체의 조사에 따르면 하루 중 가족이 서로 대화하는 시간은 단 13분평일 기준에 그쳤다고 한다. 반면 스마트폰이나 각종 미디어를 이용하는 시간은 84분으로 대화 시간보다 6배 이상 많았다. 부모는 일에 지치고 자녀는 학업에 지쳐 서로 대화하는 시간을 잃어버리는 것이다. 가족 간의 대화가 사라진 시점에서 가정교육을 꿈꾸는 것은 불가능하다. 제대로 된 가정교육이 없으면 아이의 정서가 안정적으로 성장하는 것을 기대하기는 어렵다.

(4) 모든 교육의 시작은 가정에서부터 시작된다

미국 자동차 왕 헨리 포드는 은퇴한 뒤에 고향으로 내려가 소박하게 집을 짓고 살았다. 친구들의 "백만장자의 집이 너무 작고 초라한 것 아닌가?"라는 질문에 그는 분명하게 말했다. "진정한 가정은 건물의 크기가 문제가 아닐세, 그 속에 사랑이 있느냐 없느냐가 문제네. 사랑이 있다면 작은 집도 위대한 가정이며, 사랑이 없다면 대리석으로 지은 집도 금방 무너질 것이네"라고 답했다. 가정은 사랑이 넘쳐야 하는 곳이다. 사랑으로 부모는 아이를 양육하고, 아이는 부모를 믿고 따를 때 올바른 가정교육이 이루어진다.

가정교육은 부모가 자녀를 올바른 사람으로 성장하도록 가르치고 배우는 과정이다. 아이의 인격 형성과 살아가는 데 필요한 지식을 습득하도록 돕는 것이다. 아이는 가정교육을 통해 올바른 가치관을 형성하고 바른 태도와 습관을 익힐 수 있다. 이러한 가정교육이 제대로 이루어지지 않으면 이어지는 다음 교육과정들은 사상누각일 뿐이다. 아이는 가정교육을 통해 형성된 가치관으로 사회를 바라본다. 그리고 어떤 삶을 살아갈지 고민하고 준비한다. 그러므로 부모는 아이를 사랑으로 양육하고 자연스레 대화할 수 있는 분위기를 만들어야 한다. 가정교육은 모든 교육의 바탕이 된다는 사실을 항상 기억해야 한다.

우리나라 부모들은 아이가 가정에서 시간을 보내는 모습에 잔소리를 하며 학원으로 내쫓는다. 성공하는 인생이 되기 위해 한시라도 허투루 보내지 말고 공부나 하라고 성화를 부린다. 이와는 달리 유대인 부모들은 아이의 미래에 간섭하지 않는다. 지금의 아이를 묵묵히 지켜보며 아이의 달란트를 발견하고 개성 있게 살아가도록 돕는다. 아이와 많은 대화를 나누고 아이의 생각을 들으며 아이를 지지하고 응원한다. 가정은 성공보다 행복이 우선되어야 하는 곳이다. 가족이 서로 존중하고 사랑을 나누며 대화를 통해 서로 이해하고 위로하며 행복을 만들어가는 장소다. 가정은 사랑이 넘치고 행복을 공유하는 소중한 안식처임을 잊지 말아야 한다.

2
행복은
바른 관계에서부터 시작된다

온전한 가정을 만들기 위해서는 부모와 자녀 사이의 관계를 바르게 형성해야 한다. 어떤 부모 밑에서 자랐느냐에 따라 아이의 인격과 태도가 결성된다. 그렇게 형성된 인격과 태도는 아이의 삶을 결정한다. 부모와 자녀의 관계는 부모가 모든 것을 주도하는 일방적인 관계가 아니다. 일상생활 속에서 부모와 자녀가 서로에게 영향을 주고받는 상호작용적인 관계다. 부모와 자녀의 관계는 아이의 인격 형성과 사회성이 발달에 중요한 요인이 된다. 아이는 가정에서의 관계를 기본으로 학교와 사회에서의 관계를 만들어간다. 세상은 끊임없는 관계의 연속이다. 아이의 행복한 삶을 위해서는 가정에서부터 건강하고 바른 관계를 만들어가야 한다.

유대인들의 모든 교육은 관계에서부터 시작한다. 하나님과의 바른 관계를 만들어가기 위해 신앙을 가르친다. 하나님과의 관계에서 세상을 위해 무엇을 할지 비전을 찾는다. 부모와의 관계를 통해 유대인으로서의 정체성을 찾고 전통을 이어간다. 다양한 사람들과의 관계를 통해 세상을 바르게 보고 자신이 하고 싶은 일을 찾는다. 유대인들이 토라와 탈무드를 평생 공부하는 것은 하나님과 바른 관계를 만들기 위함이다. 하브루타로 대화하고 토론하는 것은 사람들과 바른 관계를 형성하기 위함이다. 유대인들은 바른 관계를 통해 길러지고 성장하는 것이다.

(1) 모든 가르침은 관계로부터 시작된다

고대 그리스의 철학자 아리스토텔레스는 "인간은 사회적 동물이다"라고 말했다. 인간은 한 개인으로서 홀로 사는 존재가 아니라 함께 어울려 살아가는 존재라는 의미다. 다른 사람과의 상호작용을 통해 관계를 유지하고 자신의 존재를 확인하는 것이다. 사람은 혼자 살 때보다 더불어 살아갈 때 진정한 존재의 가치를 찾을 수 있다. 사회가 더욱 복잡해질수록 인간관계는 더더욱 중요해진다. 서로 상호 협동하는 사회적 동물이기 때문이다. 사람 사이의 관계는 인간의 삶의 질을 좌우하는 핵심 요소다.

인본주의 심리학자 매슬로우는 욕구단계 이론에서 인간의 욕구를 5단계로 나누어 설명했다. 1단계인 생리 욕구로 생명을 유지하기 위한 기본적 욕구이다. 2단계는 안전 욕구로 신체적, 정서적인 위험으로부터 안전하기를 바라는 단계다. 3단계인 애정과 소속에 대한 욕구로 사람 사이의 상호작용을 통해 인간관계를 유지하고자 하는 것이다. 4단계 역시 존경의 욕구로 다른 사람으로부터 자신의 가치를 인정받고 싶어 하는 마음이다. 마지막 5단계는 자아실현 욕구로 자신의 잠재력을 발휘하여 많은 것을 이루고자 하는 욕구이다.

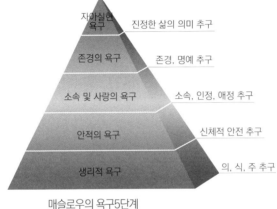

매슬로우의 욕구5단계

1, 2단계는 인간이 살아가기 위해 가장 기본적인 욕구들로 개인적인 단계이다. 이와는 대조적으로 3단계부터 5단계까지는 사회적 관계를 통해 이루어진다. 사람은 건강한 인간관계를 바탕으로 고차원적인 욕구가 충족되면서 만족하고 행복해진다. 이렇듯 행복한 삶을 위해서는 건강한 인간관계가 바탕이 되어야 한다. 건강한 인간관계의 바탕에는 건강한 가족관계가 있다. 인간이 태어나 처음으로 경험하며 가장 오랫동안 지속되는 것이 가족 간의 관계이다. 부모와 아이는 건강하고 바른 가족과의 관계를 통해 육체적으로 정서적으로 안정감을

느낀다. 이러한 안정감을 토대로 아이는 자신의 정체성을 형성하고, 사회성을 발달시키며 미래를 그려간다.

(2) 유대인 가정교육의 핵심은 바른 관계를 만드는 것이다

유대인의 교육은 관계 중심의 교육이다. 유대교를 믿는 유대인들은 하나님과 건강하고 바른 관계를 만드는 것을 제일 우선시한다. 이 세상을 만드신 하나님이 자신들을 선택해서 세상을 고치는데 동참하게 하셨다고 믿기 때문이다. 하나님과의 관계를 통해 자신이 이 세상을 위해 무엇을 할지 어떻게 살아갈 것인지를 찾는다. 선택받은 백성으로 성경을 공부하며 자신의 비전을 찾는 것이다. 유대인들은 하나님과의 관계를 기본으로 모든 관계를 형성해 간다. 가족 간의 관계에서 사회적인 관계까지 그 바탕에는 하나님과의 관계가 있는 것이다.

유대인 가족 관계는 하나님의 축복 아래 결혼한 부부의 서약으로 시작된다. 유대인은 결혼식을 신성한 두 영혼이 만나 하나의 가정을 이루는 것이라 믿는다. 서로 존중하는 부부의 모습을 바라보며 자란 아이들은 부모를 공경하는 태도를 가진다. 자녀들도 부모의 소유라 생각하지 않는다. 하나님이 잠시 맡긴 선물이라 여기고 함부로 대하지 않으며 존중한다. 자녀들 또한 아버지의 권위를 하나님이 주신 것이라 믿고 순종하며 따른다. 아버지는 자녀와 함께 토라와 탈무드를 공부하며 신앙과 유대인으로서의 정체성을 심어준다. 어머니는 아이들을 사랑으로 보살피며 건전하고 바른 정서를 기를 수 있게 돕는다. 유대인 부모와 자녀는 사랑과 믿음으로 서로 연결되어 있다.

오늘날 유대인들은 세계 각지와 다양한 분야에서 어마어마한 영향력을 행사하고 있다. 이러한 성공의 바탕에는 좋은 인간관계가 있다. 모든 유대인 가정의 책장에는 토라와 탈무드가 있다. 유대인들은 하브루타를 통해 토라와 탈무드를 학습한다. 가정에서는 아버지와, 학교에서는 친구들과, 회당에서는 랍비에게 물으며 짝을 지어 공부한다. 하브루타 학습을 통해 유대인은 자신의 생각이나 의견을 상대에게 전하는 방법을 배운다. 또 상대를 이해하는 마음과 태도를 익히게 된다. 건강하고 바른 인간관계를 형성하는 방법을 배우고 익히는 것이다. 이러한 학습을 통해 유대인 아이는 서로를 이해하는 강한 공동체 의식을 갖게 된다.

(3) 바른 관계가 사라져 버린 우리

아이의 몸과 마음이 성장해도 부모 눈에는 어리게만 보여 아이에게 많은 것을 해 주려 한다. 아이가 잘 되기를 바라는 마음으로 부모는 많은 부분에서 자신을 희생한다. 일부 부모는 자신의 희생에 대해 보상받기를 바란다. 어느 부모는 아이가 부모의 울타리를 벗어나려는 것을 허탈해하며 견디지 못하기도 한다. 자녀로 하여금 나이가 들어서도 부모를 의지하도록 기른다. 부모와 자녀 사이에 종속적인 관계가 계속 유지되는 것이다. 아이는 어른이 되고, 때가 되면 스스로 독립해 살아야 한다. 하지만 알게 모르게 사전에 그것을 차단하는 부모의 잘못된 사랑이 문제인 것이다.

핵가족 시대이며 대부분의 부모가 맞벌이로 생활하는 시대다. 부모는 가정을 위해 직장으로 아이는 공부를 위해 학교와 학원으로 각자 다니기 바쁘다. 그렇다 보니 가족끼리 서로 함께 하는 시간은 과거에 비해 현저히 줄어들었다. 가족이 함께 대화하는 시간이 하루 1시간도 되지 않는다. 아이가 고민을 털어놓고 부모는 들어주고 공감해주어야 하지만 현실은 그렇지 않은 것이다. 함께 하는 시간도 아이의 고민은 대수롭지 않게 여겨지고 부모의 잔소리로 채워진다. 결국 부모와 자녀 사이의 대화는 점점 사라지고 관계는 단절된다. 가정에서 바른 관계가 형성되지 않으면 학교나 사회에서도 사람 사이의 관계는 어려워질 수 있다.

(4) 건강하고 바른 가족 관계는 삶의 활력소다

시대가 변하면서 부모와 자녀의 관계는 이전의 수직적인 관계에서 점차 수평적으로 변하고 있다. 부모와 자녀 사이의 유대감도 과거에 비해 약화되고 있다. 핵가족화되면서 독립성이 강조되고 세대가 달라지며 여러 면에서 갈등이 생기기 때문이다. 부모의 삶과 자녀의 삶이 다름을 인정해야 한다. 아이에게 부모의 꿈을 강요하거나 아이의 성공을 통해 대리만족하려는 욕심을 버려야 한다. 아이는 강요받는 존재가 아니라 존중받아야 하는 존재인 것을 잊지 말아야 한다.

부모와 자녀 사이에 건강하고 바른 관계를 만들기 위해서는 무엇보다 신뢰가 있어야 한다. 사람 사이에 서로 관계를 유지하는데 가장 중요한 요소가 신뢰인 것이다. 사람들은 누군가 자신을 믿어 줄 때 행복감을 느낀다. 우리 아이들 역시 마찬가지다. 부모가 아이를 믿어줄 때 할 수 있다는 자신감과 끝까지 하겠다는 의지력이 생긴다. 아이 역시 부모의 믿음에 반응하여 부모를 믿고 따른다. 부모와 자녀 사이의 굳건한 믿음은 아이가 세상을 살아가는데 필요한 삶의 활력소가 된다.

우리가 유대인의 교육에서 주목해야 할 것은 아이의 공부 방법이 아니다. 부모와 자녀가 건강하고 바른 관계를 만들어가는 의도와 방법에 주목해야 한다. 부모는 아이를 사랑으로 대하고 항상 존중하고 지지함으로 아이에게 힘을 준다. 아이 역시 부모의 사랑과 인정을 받으며 하나의 독립된 인격으로 건강하게 자란다. 부모와 건강하고 바른 관계를 통해 아이는 가족의 정을 느끼며 마음에 안정을 가지게 된다. 또 사회성의 기초를 다지고 세상을 위해 무엇을 할지 의미를 찾는다. 자녀는 부모가 하기 나름인 것이다.

3
이 세상에
완벽한 부모는 없다

　　대부분의 부모들은 자신의 아이를 최고로 키우고 싶어 한다. 부모는 자녀를 성공시키는 것이 잘 키우는 것이라 여기며 몸과 마음을 바쳐 헌신한다. 자녀를 위해 모든 것을 다 해주는 완벽한 부모가 되고자 하는 것이다. 하지만 이 세상에 완벽한 부모는 없다. 아이와 함께 성장하는 부모가 있을 뿐이다. 아이를 위해 완벽한 부모가 되려고 하다 보면 결국 아이도 부모도 지쳐버린다. 모두의 행복을 위해 부모도 아이도 준비되어야 하고 함께 배우고 성장해야 한다. 성장하는 부모는 자녀를 이해하려 노력한다. 또 아이와 소통하며 건강한 관계를 형성해간다. 부모와 자녀가 함께 성장하며 행복한 삶을 만들어가는 것이다.

　　유대인들에게 완벽한 존재는 하나님뿐이다. 유대인들은 이 세상에 완벽한 사람은 없다고 생각한다. 부모 또한 완벽한 존재가 아니라는 것을 알기에 아이를 완벽하게 양육하려 애쓰지 않는다. 대신 아이를 존중하고 아이와 진정한 소통을 나눈다. 유대인 부모는 토라와 탈무드를 함께 공부하며 아이와 함께 신앙을 굳건히 한다. 부모 자신의 삶을 돌아보며 아이에게 올바른 가치관을 심어주기 위해 노력한다. 완벽한 사람은 없기에 누구나 실패할 수 있다고 가르치며 다시 일어설 수 있는 힘을 기르게 한다. 유대인 부모는 아이의 성공을 바라보는 것이 아니다. 아이의 행복한 삶을 위해 부모 자신의 삶을 나누며 아이의 성장을 돕는다.

(1) 완벽하지 않아도 괜찮다

대부분의 부모들이 자녀를 성공시키기 위해 물질적으로 아낌없이 지원하려 한다. 사녀의 성공에 집착하며 완벽하게 양육하기를 바라는 것이다. 모든 부모가 자녀에게 금수저나 은수저를 주고 싶어 한다. 그러나 물질적으로 채워준다한들 부모가 아이의 마음을 이해하고 품어주지 못하면 아무 소용없다. 다수의 조사에서 아이의 행복에 영향을 주는 가장 큰 요인은 가정의 경제력이 아닌 것으로 밝혀졌다. 돈이 많은 것보다 부모와 관계가 좋은 아이들의 행복감이 훨씬 큰 것으로 조사되었다. 부모와의 관계가 아이의 행복에 가장 크게 영향을 미친 것이다.

사람들은 행복한 결혼을 위해 많은 것을 계획하고 준비한다. 그에 반해 바른 자녀로의 양육을 위해서는 준비가 부족하다. 더욱이 예전과 달리 오늘날은 핵가족화되고 맞벌이 등으로 부모의 사회활동이 높아졌다. 산업화 사회에서 부모의 역할은 늘었고, 사회가 다양화됨에 따라 양육에 더욱 어려움을 겪는다. 많은 부모들이 자녀를 잘 양육하고 싶지만 준비가 되지 않아 어떻게 해야 할지 잘 모른다. 그저 세속적으로 성공시키는 것이 아이를 잘 양육한 것이라 착각하기도 한다. 양육에 대한 잘못된 인식을 고치고 아이를 바르게 양육하기 위해 부모도 공부를 해야 한다. 부모 교육이 필요한 이유다.

다행히도 요즘은 좋은 부모가 되기 위해 고민하고 방법을 찾는 부모들이 많아졌다. 문제는 아이의 성공을 위해 완벽해지려 하는 것이다. 자녀 양육에 정답은 없고, 완벽도 없다. 너무 완벽하려 애쓰지 않아도 된다. 그러기 위해 먼저 완벽한 부모가 없다는 사실을 인정해야 한다. 누구나 처음 겪는 부모 역할에 잘해보려 노력하지만 당연히 실수도 한다. 실수를 인정하고 받아들일 줄 알아야 건강하게 자녀를 양육할 수 있다. 또 아이들은 각자의 개성과 성향에 따라 양육 방법을 달리해야 한다. 그렇기에 부모는 자신의 아이를 이해하고 포용하려는 마음의 준비가 있어야 한다. 그리고 아이와 함께 성장하겠다는 다짐이 필요하다.

(2) 유대인 부모는 자녀와 함께 성장한다

유대인은 아픈 역사를 통해 가정교육의 중요성을 깨달았다. 나라를 잃고 학교와 회당이 없어져도 신앙과 정체성을 지키기 위해 가정에서 교육을 했다. 유대인은 가정교육을 통해 바른 신앙과 태도, 습관을 아이에게 가르쳤다. 가정에서 유대인 부모는 아빠와 엄마인 동시에 스승이었던 것이다. 이러한 전통은 지금도 유지된다. 스승으로서 유대인 부모는 항상 토라와 탈무드를 공부하고 자녀에게 가르친다. 또 아이에게 좋은 습관과 태도를 길러주기 위해 바르게 살아가는 모습을 보여준다. 유대인 부모는 신앙적으로도 일상에서도 정체되지 않고 성장하기 위해 항상 노력한다.

어린아이가 온전한 어른이 되기 위해서는 수많은 시행착오를 거쳐야 한다. 이러한 사실을 유대인들은 누구보다 잘 알고 이해하고 있나. 그뿐 아니라 부모 역시 좋은 부모가 되기 위해 노력해야 한다는 사실을 알고 실천한다. 유대인들은 결혼 1년 전부터 경건하게 준비하며 가정을 이룰 계획을 세운다. 결혼을 하면 경건하고 성스러운 가정을 꾸리기 위해 유대인 결혼교육센터에 다니기도 한다. 정통파 유대인 신랑의 경우 1년 정도 유대인 학교에 입학해 토라와 탈무드를 배운다. 남편으로 가정을 바르게 이끌고 아버지로 신앙을 성숙하게 하기 위해서다. 유대인들은 건강한 가정을 이루기 위해 미리 준비하는 것이다.

유대인 부모는 자녀와 함께 하는 시간을 소중히 생각한다. 되도록 아이와 많은 시간을 함께 하기 위해 노력한다. 유대인들은 하브루타를 통해 아이와 함께 토라와 탈무드를 공부한다. 저녁 식사시간과 안식일을 함께 하며 많은 대화와 생각을 나눈다. 유대인 부모는 아이와 대화하며 아이의 생각과 마음을 이해하기 위해 노력한다. 부모로서 생각이나 기대를 아이에게 강요하는 것이 아니다. 아이가 항상 자신의 생각을 부모에게 스스럼없이 이야기할 수 있게 분위기를 만들어 준다. 유대인 부모는 아이의 생각을 이해하고 격려해 주며 아이의 성장을 돕는다. 그리고 부모도 함께 마음이 성장하는 것이다.

(3) 아이에게 성공을 강요하는 우리 부모들

대부분의 부모들은 자녀가 잘 되기를 바라며 많은 것을 뒷받침 해주기 위해 노력한다. 하지만 여러 가지 사정으로 아이에게 다 못 해주는 것이 현실이다. 내 아이 만큼은 최고로 키우고 싶지만 그렇게 해주지 못하는 현실에 부모는 안타까워한다. 완벽하게 뒷바라지 못 해주는 자신 때문에 아이가 성공하지 못한다 생각하는 부모도 있다. 부모는 자신이 아이의 모든 것을 책임져야 한다는 심한 압박감에 지치고 힘들어한다. 모든 것을 부모가 해주다 보면 아이의 자립심은 길러지지 않고 부모를 의지하게 만든다. 부모는 아이가 어른이 되어서도 평생 자녀의 뒷바라지를 해야 할지도 모른다.

금수저나 은수저를 물려주었다고 해서 완벽한 부모가 되는 것은 아니다. 일부 부모들은 자녀에게 경제적으로 많은 것을 공급해 준다. 그렇게 함으로써 아이에게 다 해주었다 여기고 완벽한 부모라 생각하기도 한다. 아이에게 좋은 교육을 시켜주고 좋은 옷과 음식을 제공해 주며 스스로 만족감을 느끼는 것이다. 그러한 부모들은 대부분 열심히 일만 하며 가족과 함께 시간을 보내지 못한다. 자녀와 함께 시간을 보내며 대화하고 생각을 나누지 못한 것이다. 부모는 자녀와 마음의 공감을 이루지 못하고 아이에게 위로와 격려를 주지 못한다. 아이에게 물질적으로는 충족시켜 주었지만 마음은 채워주지 못한 것이다.

우리나라 대부분의 부모들은 아이에게 성공하기 위해 공부를 해야 한다고 강요한다. 정작 아이를 바르게 양육하기 위해서 부모 자신도 배워야 한다는 사실은 깨닫지 못한다. 시대가 변하고 세대가 달라지지만 부모들은 자신의 어렸을 때를 떠올리며 아이를 양육한다. 세월의 변화에 적절히 대처하지 못하고 소위 말하는 '꼰대'로 전락하고 만다. 아이들과 눈높이를 맞추고 변화하는 세대에 맞게 가르치기 위해서는 부모도 교육이 필요하다. 하지만 부모는 바쁘다는 핑계로 아이를 위해 배워야 한다는 사실을 외면한다.

(4) 아이와 함께 성장하는 부모가 되자

이 세상에 완벽한 부모는 없다. 자녀에게 금수저나 은수저를 준다고 해서 완벽한 부모가 아니다. 부모는 완벽한 부모가 되어야 하는 것이 아니다. 좋은 부모가 되기 위해 노력해야 한다. 아이가 언제든 편하게 부모에게 다가올 수 있어야 한다. 그리고 아이가 부모와 함께 있을 때 평안함과 안정감을 느낄 수 있게 양육해야 한다. 부모는 기대를 강요할 것이 아니라 아이 스스로 할 수 있도록 지지하고 응원해주어야 한다. 그러기 위해 부모는 학부모가 아닌 부모로서의 마음을 가지도록 미리 노력해야 한다. 또 아이의 상황에 따라 지혜롭게 대처할 수 있도록 준비해야 한다. 자신의 아이를 위해 부모도 준비하고 공부해야 하는 이유다.

부모의 삶은 자녀에게 고스란히 전달된다. 아이는 부모의 말과 행동을 따라하며 생활습관을 배워 나간다. 심지어 부모의 작은 습관까지 아이는 따라 하려 한다. 아이가 올바른 태도와 습관을 가지게 하기 위해서 부모가 바르게 행동해야 하는 이유다. 부모는 아이와 많은 시간을 함께 보내며 아이를 존중하고 이해하기 위해 노력해야 한다, 부모가 아이에게 사랑과 관심을 충분히 쏟아 주어야 한다. 그렇게 자란 아이는 다른 사람을 존중하고 배려할 줄 아는 아이로 자라기 때문이다.

많은 부모들이 완벽한 부모를 꿈꾸며 자녀들을 위해 무조건적으로 희생한다. 무조건적인 희생은 결국 부모도 아이도 지치게 한다. 아이를 완벽하게 기르는 것이 아니라 건강하고 바르게 양육하기 위해 부모도 교육이 필요하다. 아이는 부모의 영향 아래에서 자란다. 그렇기 때문에 부모 역시 무엇을 어떻게 해야 하는지 미리 알고 준비해야 한다. 부모가 아이를 더 잘 이해하고, 아이의 정서에 공감해주기 위해 부모도 공부해야 한다. 빠르게 변하는 시대에 아이와 눈높이를 맞추고 소통하기 위해서도 부모는 배워야 하는 것이다. 부모교육은 자녀를 완벽하게 양육하기 위한 것이 아니다. 아이와 함께 성장하기 위해 필요한 것이다.

4
부모가 행복해야
아이도 행복하다

'자녀는 부모의 거울이다'는 말이 있다. 아이는 부모의 모습을 보고 자라며 본받고 따라한다는 의미이다. 뿐만 아니라 부모의 마음까지 아이는 닮는다. 부모의 태도와 정서는 마치 아이가 거울을 보고 따라 하는 것처럼 고스란히 전달된다. 부모가 긍정적인 마음으로 행복한 인생을 살아가야 하는 이유다. 부모의 행복한 마음과 삶의 태도는 아이에게 고스란히 전달된다. 부모가 행복해야 아이 역시도 부모처럼 행복한 삶을 살 수 있는 것이다. 모든 부모는 자신의 자녀가 행복하기를 바라며 자신을 희생하고 힘들어한다. 자녀가 행복하게 자랄 수 있도록 부모 역시 행복한 인생을 통해 좋은 거울이 되어야 한다.

유대인 역시 행복한 삶을 추구한다. 유대인 부모는 아이들이 남에게 보여주기 위한 성공을 하기보다는 행복하게 살기를 원한다. 돈을 많이 벌어 경제적으로 성공하거나 큰 명예나 권력을 얻는 것을 바라지 않는다. 그것보다 이웃을 배려하고 어려운 사람들을 도우며 행복을 느끼는 멘쉬로 자라기를 바란다. 이처럼 유대인들은 돈이나 명예, 권력에서 행복을 찾지 않는다. 하나님과의 관계를 통해, 그리고 주변 사람들과 함께 살아가며, 인생의 행복을 추구한다. 유대인 부모는 이러한 행복을 자녀들에게도 전달하기 위해 삶을 통해 실천하며 보여주고 가르친다.

(1) 행복은 관계에서부터 시작된다

미국 하버드대학교 정신의학과 로버트 월딩어Robert Waldinger 교수는 TED 강의Technology, Entertainment, Design은 미국의 비영리 재단에서 운영하는 강연회이나에서 행복을 결정하는 중요한 요소에 대해 발표했다. 그는 75년 동안 추적연구를 통해 행복을 결정짓는 중요한 요소는 '관계Relationship'라고 이야기했다. 연구의 교훈은 부나 명예, 또는 열심히 노력하는 데 행복이 있지 않다는 것이다. 월딩어 교수는 '좋은 관계가 우리를 건강하고 행복하게 만든다'고 분명하게 전한다. 연구에 참여한 사람들 대부분은 젊은 시절에 부와 명성을 얻으려 했다. 그들은 높은 성취를 추구해야 행복한 삶을 살 수 있을 것이라 믿었다. 하지만 가장 행복한 삶을 산 사람들은 자신이 의지할 가족, 친구, 공동체가 있는 사람들이었다.

재산, 명예, 사회적 지위 등의 조건은 행복과 전혀 무관하지는 않다. 하지만 물질적 조건은 어느 정도 충족이 되면 더 이상 행복에 크게 영향을 주지 못한다. 행복한 사람과 그렇지 못한 사람의 차이는 가진 것의 차이가 아니라는 이야기다. 결국 인간의 행복에 영향을 미치는 가장 중요한 요인은 사람과의 관계인 것이다. 사람들은 부부 사이, 부모와 자녀 간, 친구들과 같이 사람들과 관계가 좋으면 행복을 느낀다. 그렇지 않으면 사람들은 괴로워하고 힘들어하며 마음에 병이 생기기도 한다.

90년대 이탈리아 한 대학의 신경과학 연구팀에서 인간에게 거울신경세포Mirror Neuron가 있다는 사실을 발견했다. 거울신경세포는 관찰자가 대상의 행동을 관찰하고 모방하여 행동하게 하는 역할을 한다. 마치 거울에 비친 모습을 따라 하는 것처럼 행동하는 것이다. 아이들이 부모의 모습과 행동을 그대로 따라 하는 것도 거울신경세포의 영향이다. 거울신경세포는 행동만 전달하는 것이 아니라 감정도 전달한다. 부모의 기쁘고 행복한 감정뿐만 아니라 슬프고 불행한 감정도 아이에게 전달되는 것이다. 자녀가 행복하기를 바라면 부모가 먼저 행복해야 한다. 부모가 느끼는 행복을 통해 자녀도 행복한 감정에 익숙해지고 행복해지기 때문이다.

(2) 관계를 통하여 행복을 꿈꾸는 유대인 부모

유엔 산하 자문기구인 지속가능발전해법네트워크SDSN에서 발표한 '2021 세계 행복보고서2021 World Happiness Report'에 따르면 이스라엘의 행복지수는 14위를 차지했다. 이는 경제적으로 더 부유한 미국, 독일, 프랑스 같은 나라보다 높은 순위다. 이스라엘은 주변이 적대국으로 둘러싸여 있고 크고 작은 분쟁들이 계속 일어난다. 불안한 현실을 감안할 때 유대인들의 행복지수가 높게 나온 것은 어찌 보면 놀라운 결과다. 유대인들은 하나님을 믿는 확고한 믿음을 통해 열악한 현실보다 더 나은 미래를 꿈꾼다. 또 부모와 자녀가 서로 존중하고 이해하는 공감을 통해 안정된 가정생활을 한다. 그리고 공동체가 서로 도우며 함께 연합하고자 노력한다. 이러한 요인들이 합쳐져서 유대인의 행복지수가 높게 나온 것이다.

유대인 부모들 역시 한국의 부모들과 마찬가지로 아이의 행복한 삶을 바란다. 한국은 경제적인 측면과 사회적 성공을 행복의 기준으로 생각한다. 그와 달리 유대인들은 관계에 초점을 맞춰 아이들이 행복하게 살아갈 수 있도록 기른다. 신앙적으로 하나님과, 가정적으로 부모, 형제와의 건강하고 바른 관계를 통해 행복을 느끼게 한다. 또 공동체적으로 사람들과 잘 어울리고, 어려운 이웃을 도우며 살도록 가르친다. 한마디로 감사할 줄 알고 자신이 가진 것을 나눌 줄 아는 윤리적인 인간으로 기르는 것이다. 유대인들은 사람들과의 관계를 통해 행복을 만들어가는 법을 가르치고 배우며 자란다.

유대인들은 아이의 자존감이 행복에 큰 영향을 미치는 것을 알고 있다. 그래서 아이를 온전한 인격체로 대하며 존중한다. 어리다고 무시하거나 부모의 의지대로 아이에게 강요하지 않는다. 유대인 부모는 아이들이 실수를 했을 때에도 무턱대고 혼을 내거나 꾸중하지 않는다. 오히려 축하해주며 성장할 수 있는 경험을 했다고 칭찬한다. 가정에서부터 부모에게 존중과 사랑을 받으며 유대인 아이들은 자라는 것이다. 이렇게 자란 아이들은 다른 사람을 대할 때도 존중하고 이해하려 노력한다. 유대인 아이들은 부모와의 상호관계를 통해 건강한 자존감을 형성한다. 이러한 자존감은 내면을 튼튼하게 해 타인과의 관계에서 행복감을 형성하도록 작용한다.

(3) 경제적인 행복만을 바라는 우리

80년대 전교 1등을 하던 중학교 3학년 학생이 유서를 남기고 자살했다. 이 사건은 크게 화제가 되어 〈행복은 성적순이 아니잖아요〉라는 제목의 영화로 제작되었다. 당시 공부에 지친 아이들에게 그리고 성적만을 중시하는 어른들에게 큰 울림을 주었다. 하지만 세월이 흐른 지금 우리는 여전히 행복은 성적순이라 생각한다. 시대는 변했지만 우리의 생각은 변하지 않은 것이다. 좋은 성적을 받아야 좋은 대학을 가고 사회적으로 성공하며 경제적으로도 잘 살 것이라 믿는다. 이러한 잘못된 믿음은 오래전부터 지금까지 이어지고 있다. 그 시절의 부모들처럼 우리도 여전히 아이들을 구속하고 강요하고 있는 것이다. 구속과 강요 속에서 아이들은 항상 불행하다 생각한다.

보건복지부는 5년마다 우리나라 9세에서 17세의 아동 청소년을 대상으로 '아동 종합실태 조사'를 실시한다. 2018년도 조사에 따르면 우리 아이들의 삶의 만족도는 10점 만점에 6.57로 나타났다. 이전조사 때보다 조금 나아지긴 하였으나 여전히 OECD 회원국 중에는 최하위를 기록했다. 한국의 아이들은 경제의 발전으로 물질적인 부분은 풍족해졌다. 하지만 아이들 스스로는 행복하다고 느끼지 못하며 삶의 만족도가 낮게 나온 것이다. 여러 가지 원인이 있으나 아이들은 부모의 지나친 기대감을 부담스러워한다. 그러한 기대감이 오히려 아이를 위축시키고 불행하게 만든다.

어느 순간 우리의 행복의 기준은 부가 되어버렸다. 돈을 많이 벌고 경제적으로 성공하면 행복하다고 생각한다. 행복한 삶을 위해 경제적 여유는 필요하다. 문제는 행복을 경제적 풍요에서만 찾는 것이다. 앞서도 이야기했지만 물질로 행복을 채우는 것에는 한계가 있다. 결국 행복은 사람 사이의 관계에서 찾아야 하지만 현실은 그렇지 못하다. 아이들 역시 부모의 생각과 감정을 공유하기에 행복의 기준을 물질에 둔다. 자신이 가진 것과 다른 아이의 것을 끊임없이 비교한다. 이러한 비교로 인하여 타인과의 관계는 멀어지고 행복은 찾기 어렵게 된다.

기술이 발달하고 다양한 매체들이 넘쳐나기 시작하며 사람들의 관계는 더욱 소원해졌다. 사람들은 TV, 스마트폰, 게임기, 인터넷 등 다양한 디지털 기기에 정신을 빼앗겨 버렸다. 인터넷 매체나 게임에 중독되며 그 외 다른 것에는 관심을 갖지도 않는다. 아예 사람 만나는 것을 두려워하는 사람들도 생겨난다. 사람과 소통하는 법을 잊어버리고 단절된 생활을 하는 것이다. 인터넷이나 게임에 중독된 사람들은 그 안에서 행복을 찾고자 한다. 하지만 결국에는 중독으로 인해 불안과 초조함으로 인생은 불행해진다. TV나 게임과 같은 디지털 매체가 행복의 원천인 사람과의 관계를 위협하는 것이다.

(4) 부모가 행복해야 아이도 행복하다

인간은 사회적 동물이기에 사람과 사람 서로의 관계가 행복에 큰 영향을 미친다. 가정에서 부모와의 상호작용으로 맺은 관계는 사회에까지 연결된다. 부모는 아이가 행복의 기초를 만들 수 있도록 도와야 한다. 아이를 존중하고 바른 자존감을 형성하도록 돕는 것이다. 아이는 부모와의 건강하고 바른 관계를 통해 다른 사람들과도 바른 관계를 만들어간다. 결국 부모가 아이의 마음을 얼마나 이해해주고 아이와 소통하느냐가 중요하다. 그에 따라 아이의 행복한 미래가 결정되는 것이기 때문이다. 그렇기에 부모는 아이와 함께 웃고, 울기도 하며 공감해주고 이해해주어야 한다.

아이의 행복지수에 가장 크게 영향을 미치는 것은 부모다. 가정에서 부모의 역할이 중요한 이유다. 부모는 아이에게 자신이 얼마나 소중한 존재인지 알려주고 자존감을 높여주어야 한다. 자존감이 높은 사람들이 행복한 삶을 살아갈 확률이 훨씬 더 높기 때문이다. 긍정적인 마음과 감사하는 태도를 가지게 함으로써 세상을 밝게 보는 눈을 키워주어야 한다. 긍정적인 마음은 어렵고 힘든 상황을 견디게 하고 극복하는 힘을 준다. 감사하는 태도는 사람과의 관계를 보다 좋게 발전시킨다. 긍정적인 마음과 감사하는 태도가 행복한 삶의 문을 여는 열쇠가 되는 것이다.

많은 부모들이 아이의 행복을 위해 자신을 희생한다. 부모 자신이 힘들고 어렵더라도 아이의 행복을 바라며 모든 것을 감수하고 견디는 것이다. 하지만 부모가 행복하지 않으면서 아이만 행복하기를 바라는 것은 불행이고 모순이다. 부모는 무조건적인 희생으로 삶이 무기력해지고 우울해질 수 있다. 이러한 부모의 삶과 감정은 아이에게 고스란히 전달된다. 결국 아이 역시 행복해질 수 없다. 부모도 자녀도 행복하려면 우선 부모부터 자신이 행복하기 위해 노력해야 한다. 부모의 행복은 자녀의 행복으로 연결된다는 사실을 잊지 말아야 한다. 아이는 부모의 행복을 바라보며 자신의 행복을 만들어 갈 것이다.

5
유대인 교육의 성공여부,
관건은 실천이다

　아이를 바르게 양육하는 법에 관한 지식과 정보는 이미 차고 넘친다. 부모들은 인터넷과 미디어, 책을 통해 쉽게 정보를 얻고 어떻게 해야 하는지도 알고 있다. 문제는 알고 있는 지식을 실천으로 보여주지 못 하는데 있다. 흔히들 '자녀는 부모의 뒷모습을 보고 자란다'고 한다. 아이들은 부모가 행동으로 보여주는 모습을 보고 배운다는 뜻이다. 부모가 생각하는 것 이상으로 아이들은 부모의 모습을 보고 배우며 자란다. 대부분의 부모들은 말보다 행동으로 보여주는 것이 더 유익하다는 사실도 알고 있다. 하지만 현실에서 부모는 솔선수범하기보다 잔소리가 앞선다. 아는 것과 실천하는 것 사이에 엄청난 괴리가 있는 것이다.

　유대인의 교육은 성공을 위해 지식을 전달하는 것이 아니다. 그들은 하나님의 백성으로 바르게 살아가기 위해 항상 자신들을 돌아보고 아이들을 가르친다. 매일 하나님께 기도하고 토라와 탈무드를 공부하며 율법을 실천하는 삶을 살기 위해 노력한다. 안식일과 유대교 절기를 지키고, 가족을 소중히 생각하며, 이웃을 돌보는 삶을 산다. 유대인 부모는 자신의 삶 속에서 실천을 통해 아이에게 건강하고 바르게 사는 법을 보여준다. 유대인 아이들은 믿음을 실천하고 일상을 열심히 살아가는 부모의 모습을 보고 배우며 자란다. 유대인들은 말보다 솔선수범하는 모습을 통해 아이에게 바른 삶을 전달하는 것이다.

(1) 실천이 중요하다

작가이자 철학자인 칼릴 지브란은 "아무리 좋은 격언도 습관으로 체화되기 전에는 아무런 의미가 없다"고 했다. 우리는 지식과 정보가 넘쳐나는 시대를 살고 있다. 서적, 인터넷, TV 등과 같은 다양한 매체를 통해 쉽게 원하는 정보를 얻을 수 있다. 아이를 어떻게 해야 잘 기를 수 있는지에 대한 정보 역시 무수히 많다. 이러한 지식들의 공통점은 실천을 강조한다. 아이를 행복하게 양육하기 위해 많은 지식과 교훈을 얻는 것은 누구나 할 수 있다. 하지만 그러한 지식과 교훈이 실천으로 이어지지 못한다면 아무 소용없다. 지식을 쌓고 교훈을 얻는 것보다 더 중요한 것은 삶에 적용하고 실천하는 것이다.

《칼 비테 교육법》의 저자 칼 비테는 성공적인 자녀교육을 위해 부모의 역할과 실천을 강조했다. 지금처럼 육아에 대한 정보가 많지 않던 시절 칼 비테는 자신만의 방법으로 아이를 가르쳤다. 아이에 대한 사랑을 바탕으로 자신만의 교육 철학을 만들었다. 칼 비테는 신념을 가지고 가정에서 직접 실천함으로써 아이를 천재로 성장시켜 이를 증명하였다. 그는 아이의 건강, 습관 형성, 감각 발달을 위해 많은 것들을 준비하고 실천했다. 사고력을 길러주기 위해 무제한 질문을 허용하고 함께 토론했다. 아이에게 다양한 경험을 쌓게 하며 보다 생생한 교육을 실천했다. 200년이 흐른 지금도 칼 비테의 교육법이 칭송받는 이유는 아이를 위한 부모의 노력과 실천 때문이다.

아이에게 호기심을 심어주고 배우는 것이 즐겁다는 사실을 알려주는 것은 부모다. 아이에게 바른 습관과 태도를 심어주는 것도 부모다. 반대로 아이가 공부에 흥미를 잃고 잘못된 습관을 가지는 것 또한 부모의 영향이 크다. 러시아의 심리학자 레프 비고츠키Lev S. Vygotsky는 "아이와 대화를 나누고 지도했다고 해서 아이를 교육시켰다고 착각하지 마라"고 말했다. 그러면서 그는 "생활의 매순간, 심지어 부모가 집에 있지 않을 때도 아이는 교육을 받고 있다. 아이는 부모의 일거수일투족을 눈으로 보고 마음에 기억해 둔다"고 말했다. 부모의 솔선수범을 강조한 것이다.

(2) 실천으로 완성하는 유대인 교육

유대인 부모는 우리처럼 아이에게 자신이 못 이룬 꿈을 기대하지 않는다. 사회적인 성공을 위해 공부를 강요하지도 않는다. 대신 바른 신앙, 건강한 태도와 마음을 가지도록 부모는 노력한다. 유대인 부모들은 아이와 함께 토라와 탈무드를 공부하며 바른 신앙을 전달한다. 아이에게 다정히 책을 읽어주며 독서는 즐겁고 유익한 것이라 가르친다. 온 가족이 함께하는 저녁 식사를 통해 감사하는 습관을 기르게 한다. 안식일을 함께 보내며 믿음을 굳건히 하고 가족과의 유대감을 다져 나간다. 유대인 부모는 아이가 혼자 공부하는 습관을 익히도록 강요하지 않는다. 항상 부모가 함께 하며 좋은 태도를 보여주고 아이에게 전달하며 습관을 기르게 한다.

유대인들은 아이를 건강하고 바르게 기르는 것이 하나님에 대한 부모 자신의 의무라 생각한다. 그렇기에 유내인 부모는 교육의 주제로써 가정에서부터 아이를 잘 기르기 위해 노력한다. 유대인들은 자녀에게 공부를 강요하지 않는다. 부모가 먼저 솔선수범하는 모습을 보여줄 뿐이다. 무엇보다 신앙을 중시하는 유대인들은 아이에게 믿음을 강요하지 않는다. 부모가 매일 기도하고 토라와 탈무드를 공부하는 모습을 보여줌으로써 아이에게 믿음을 전달한다. 아이가 책을 읽기를 원하면 부모가 먼저 거실에 앉아 책을 읽는다. 남을 돕는 아이로 자라기를 원하면 부모가 앞장서서 자선을 실천하고 이웃을 돕는다. 유대인 부모는 먼저 솔선수범하는 모습을 통해 아이의 교육을 완성하는 것이다.

유대인 아이는 율법과 교육을 삶에서 실천하는 부모를 통해 많은 것을 보고 배우며 자란다. 부모의 솔선수범하는 삶을 통해 배운 지혜는 아이에게 실천하는 자세를 심어준다. 아이는 실천하는 자세를 통해 자신의 인생을 주도적으로 살 수 있게 된다. 유대인 아이들은 부모의 모습을 보고 따라 하며 자연스레 좋은 습관과 태도를 익힌다. 부모와 함께 다양한 경험을 할 수 있는 환경 속에서 아이는 주도적으로 인생을 설계한다. 자신이 무엇을 좋아하고 어떤 일을 할 때 행복한지 찾고 스스로 꿈과 비전을 갖는다. 부모의 실천하는 모습과 솔선수범하는 태도가 아이의 인생을 행복하게 이끄는 것이다.

(3) 솔선수범하지 않는 우리 부모들

부모의 잔소리만으로 아이는 절대로 성장하지 않는다. 중국 남북조 시대 남조 송나라의 범엽이 지은 후한의 역사서인 후한서에는 이런 말이 있다. "몸으로 가르치니 따르고, 말로 가르치니 따지더라." 예나 지금이나 솔선수범하지 않고 하는 잔소리만 하는 것은 아이들에게 거부감만 준다. 일부 부모는 TV를 보거나 핸드폰을 하면서 아이에게 책을 읽으라고 강요한다. 휴일 늦게까지 잠을 자며 아이에게 일찍 일어나 공부하라고 잔소리를 하는 부모들도 많다. 부모가 모범이 되지 못하고 말로만 훈육한다면 아이는 부모에 대한 신뢰를 잃어버리게 된다. 한 번 무너진 신뢰는 다시 회복하기 어렵다.

자녀는 부모의 소유물이 아니다. 그러나 한국의 부모들은 자녀를 자신의 소유로 생각하는 사람들이 많다. 부모가 아이를 책임지고 양육하기에 아이도 부모의 말을 잘 듣고 따르기를 바란다. 그러면서 공부를 강요하고 생활을 통제한다. 아이가 무언가 하려고 하면 "안 돼. 하지 마." 혹은 "딴짓하지 말고 공부나 해"라며 저지한다. 부모가 솔선수범하지 않을 뿐만 아니라 아이의 체험까지 가로막는다. 아이는 통제하는 부모로 인해 다양한 경험을 하지 못하고 스스로 자립심도 기르지 못한다. 모든 것을 아이의 공부와 연결 짓는 부모가 아이의 행복을 가로막는 것이다.

(4) 결국 관건은 실천이다

요즘 부모들은 양육에 대해 많은 지식과 정보를 접하지만 정작 실천으로 이어지지 않는다. 그저 아이를 학교와 학원에 보내는 것이 부모로서의 역할을 충실히 다했다고 생각한다. 학교와 학원 교육은 가정에서 먼저 제대로 교육이 이루어진 후에 행해져야 하는 것이 순서다. 가정교육이 제대로 되지 못한 아이는 정신적으로나 도덕적으로 연약해질 수밖에 없다. 아이에게 올바른 가치관, 좋은 인성과 태도를 길러주는 것은 가정교육이다. 그리고 부모의 솔선수범하는 모습은 최고의 가정교육이다. 부모가 일상생활에서 바른 가치관과 태도로 아이에게 좋은 모습을 보여야 하는 이유다. 올바르고 건강한 부모 아래에서 바르고 행복한 자녀가 자라기 때문이다.

'세상에서 가장 먼 여행은 머리부터 가슴까지'라고 한다. 그만큼 머리로 아는 것을 마음에 새기고 실천하는 것이 어렵다는 말이다. 말로만 가르친다고 아이를 제대로 기르는 것이 아니다. 아이를 자라게 하는 것은 부모의 잔소리가 아니다. 일상을 통해 아이에게 전달되는 부모의 사랑과 행동이 아이를 만들어가는 것이다. 아이는 부모가 생각하는 것보다 훨씬 더 많은 것을 보고 생각하고 느끼며 자란다. 부모는 항상 이점을 잊지 말아야 한다. 아이에게 핸드폰을 내려놓고 책을 보라고 잔소리로 강요할 것이 아니다. 부모가 먼저 손에 든 핸드폰을 내려놓고 책을 읽는 모습을 아이에게 보여주어야 한다. 아이는 책을 읽는 부모의 모습을 보며 어느 순간 책을 들고 와서 부모의 옆자리에 앉을 것이다.

부모가 변하지 않으면서 자녀의 일상에 간섭하고 강요하는 것은 아이에게는 잔소리로만 들린다. 부모의 일방적인 잔소리는 아이에게 짜증과 같은 부정적인 감정을 불러일으킨다. 부정적인 감정은 아이의 귀를 닫게 만들고 부모에 대해 반발심을 갖게 한다. 결국 부모와 자녀 사이의 관계는 멀어져 버린다. 아이가 잘 되기를 바라는 마음에 하는 잔소리가 오히려 아이를 망치는 것이다. 부모는 아이의 첫 스승이라는 사실을 기억해야 한다. 잔소리로 아이는 절대 변하지 않는다. 아이를 변화시키기 위해서는 부모가 행동으로 솔선수범하는 모습을 보여주는 것이 가장 좋다. 당장 지금부터 작은 것이라도 아이와 함께 실천하는 습관을 만들어가 보자.

백종욱

1974년 생

경희대학교 졸업

사춘기를 지나고 있는 두 딸을 둔 대한민국의 평범한 아빠다. 평소 아이의 교육에 많은 관심을 가지고, 두 딸의 성공을 바라고 잔소리하는 욕심 많은 불량 아빠였다. 다양한 교육 관련 세미나와 유대인 자녀교육을 배우고 연구하며 양육에 대한 철학을 새로이 확립하였다. 나의 욕심을 강요하던 이전의 모습을 버리고, 성숙한 아빠로서 아이를 더욱 이해하기 위해 노력하고 아이와 함께 성장하는 부모로 거듭나고 있는 중이다. 그동안 무너졌던 아이와의 관계를 진심 어린 마음과 대화를 통해 믿음과 신뢰를 다시 쌓아가고 있다. 이제는 더 이상 아이의 성공만을 원하는 것이 아닌, 아이의 행복한 삶을 진정으로 바라는 아빠로 거듭나고 있다.

우리 아이의 행복한 미래를 준비하는
유대인 교육법

초판 1쇄 인쇄 2021년 12월 10일
　　 1쇄 발행 2021년 12월 15일

지은이 | 백종욱

펴낸곳 | 도서출판 작은씨앗
펴낸이 | 고정남
디자인 | 박원섭
마케팅 | 박광규

등　록 | 제2019-000003호(2019. 1. 3)
주　소 | 서울시 강서구 허준로47, 209동 402호(가양2단지 성지)
전　화 | 031-941-8363
팩　스 | 031-941-8364
이메일 | jk-books@daum.net
발행처 | 도서출판 제이케이

ⓒ 2021, 백종욱

ISBN 979-11-976727-0-5-03370